Jens Thiele/Jörg Steitz-Kallenbach

Handbuch Kinderliteratur

Jens Thiele/Jörg Steitz-Kallenbach

Handbuch Kinderliteratur

Grundwissen für Ausbildung und Praxis

HERDER

FREIBURG · BASEL · WIEN

Gedruckt auf umweltfreundlichem, chlorfrei gebleichtem Papier

Umschlaggestaltung und Konzeption:
R·M·E Roland Eschlbeck / Rosemarie Kreuzer

Anmerkung des Verlages:
Wir danken den Verlagen und Rechteinhabern für die Erteilung der Abdruckgenehmigungen. Bei einigen Texten und Abbildungen war es trotz gründlicher Recherchen nicht möglich, die Inhaber der Rechte ausfindig zu machen. Honoraransprüche bleiben bestehen.

www.herder.de
Satz: Barbara Herrmann, Freiburg
Druck und Bindung: fgb · freiburger graphische betriebe 2003
www.fgb.de
ISBN 3-451-28140-6

Inhalt

Zugänge zur Literatur öffnen ... 9
Jens Thiele/Jörg Steitz-Kallenbach

Teil I:
Die Bedeutung der Literatur für die Entwicklung des Kindes

1 Literarische Sozialisation im frühen Kindesalter ... 18
Jörg Steitz-Kallenbach
1.1 Was heißt literarische Sozialisation? ... 18
1.2 Pippi war die Heldin meiner Kindheit – (auto-)biografische Erkundungen ... 21
1.3 Bedeutung für die pädagogische Praxis ... 26

2 Aspekte der bildnerischen Sozialisation ... 37
Jens Thiele
2.1 Wie lernen Kinder Bilder sehen? ... 39
2.2 Die Bedeutung des Bildes in der Kinderliteratur ... 40
2.3 Veränderungen in der visuellen Kultur ... 43
2.4 Die Bedeutung der bildnerischen Praxis ... 46
2.5 Didaktische Zielsetzungen im Umgang mit Bildern ... 47
2.6 Fallbeispiel: „Flieg, Flengel, flieg!“ ... 49

3 Entwicklungspsychologische Aspekte der Rezeption von Bild und Text ... 53
Gudrun Kallenbach
3.1 Die Affektentwicklung des Säuglings ... 54
3.2 Die Entwicklung der Symbolisierungsfähigkeit und Fantasietätigkeit ... 56

3.3 Das Kindergartenkind im Übergang von Fantasie und Realität 58
3.4 Innerpsychische Konflikte und ihre Thematisierung in Bilderbüchern – drei Fallbeispiele 59

Teil II: Gattungen der Kinderliteratur in Theorie und Praxis

1 Das Bilderbuch 70
Jens Thiele
1.1 Was ist heute ein Bilderbuch? 71
1.2 Funktion des Bildes und bildnerische Stile 72
1.3 Wie Bild und Text gemeinsam Geschichten erzählen 77
1.4 Die Bilderbuchanalyse: Fallbeispiel „Die Insel" 79
1.5 Kriterien zur Analyse von Kinderfiguren im Bilderbuch 86
1.6 Voraussetzungen für die Arbeit im Kindergarten 88
1.7 Begründungen für die Arbeit mit Bilderbüchern im Kindergarten 90
1.8 Ansätze praktischer Bilderbucharbeit 91

2 Für andere erzählen können – Zur Rezeption und Präsentation von Bilderbüchern im Kindergarten 99
Claudia Blei-Hoch
2.1 Wie eine Erzieherin Bilderbücher erlebt: eine Fallstudie 101
2.2 Analyse des Bilderbuchs „Steinsuppe" 104
2.3 Zur Präsentation des Bilderbuchs „Steinsuppe" im Kindergarten – ein Fallbeispiel 107
2.4 Konsequenzen für die pädagogische Praxis 110

3 Bildersachbücher und Sachgeschichten – Wissensvermittlung durch Bild und Text 114
Jörg Steitz-Kallenbach
3.1 Definition und historische Entwicklung 115
3.2 Mit welchen Mitteln Sachbücher die Wirklichkeit gestalten 122
3.3 Zur Typologisierung von Sachbüchern 124
3.4 Themenschwerpunkte für Kinder im Vorschulalter 147
3.5 Anregungen für die pädagogische Praxis 152

4 Kinderlyrik ... 157
Jörg Steitz-Kallenbach
4.1 Zur Definition von Kinderlyrik ... 160
4.2 Zu den Formen der Kinderlyrik und ihrer Geschichte ... 162
4.3 Kinderlyrische Praxis im Kindergarten ... 174

5 Märchen als frühes literarisches Erlebnis ... 182
Irmhild Wragge-Lange
5.1 Märchen: eine Definition ... 182
5.2 Zur Bedeutung von Märchen ... 183
5.3 Was Märchen von anderen Gattungen abgrenzt ... 186
5.4 „Dornröschen“ – Interpretation eines Märchens über ein heranwachsendes Mädchen ... 189
5.5 „Dornröschen“ als Unterhaltung: Walt Disney ... 194
5.6 „Die dreizehnte Fee“ – kindliche Fantasien über Dornröschen 197
5.7 Kriterien für die Arbeit mit Märchen im Kindergarten ... 200

Teil III:
Kinderliteratur im Medienverbund

1 Literaturverfilmungen ... 206
Sabine Wallach
1.1 Einige geschichtliche Aspekte ... 207
1.2 Wie Kinderliteratur in das Medium Film übertragen wird ... 209
1.3 Bücher und Filme im Vergleich – zwei Fallstudien ... 213
1.4 Praktische Hinweise zum Einsatz von Filmen im Kindergarten 224

2 Hörkassetten als auditive Medien der Kinderliteratur ... 231
Renate Hinz
2.1 Zur Bedeutung von Hörkassetten im Medienalltag der Kinder 232
2.2 Kriterien zur Bewertung von Hörkassetten ... 234
2.3 Kinderliteratur und ihre Hörspielfassungen ... 236
2.4 Didaktische Überlegungen zur Hörerziehung ... 238
2.5 „Bär und Biene“ – Methodisch-didaktische Überlegungen für den Hörspieleinsatz ... 242
2.6 Die Rolle der Erzieher/innen ... 244

Ausblick ... 248
Jens Thiele

Anhang ... 251
1. Institutionen zur Förderung von Kinder- und Jugendliteratur und Kindermedien ... 251
2. Zeitschriften zur Kinder- und Jugendliteratur ... 253
3. Nützliche Internetadressen ... 253

Angaben zu den Autorinnen und Autoren ... 254

Auf den Seiten 129–144 ist ein farbiger Bildteil eingefügt.

Zugänge zur Literatur öffnen

Jens Thiele/Jörg Steitz-Kallenbach

Wer erinnert sich nicht an bestimmte Worte, Sätze oder Figuren aus Romanen, Erzählungen oder Gedichten, an dramatische oder stille Momente literarischer Erfahrungen, ganz unabhängig von der Qualität der gelesenen Bücher? Solche Erinnerungen sind oft lebenslang gegenwärtig, manchmal eingeschrieben in unsere Identität, auch wenn die Lektüre bereits weit zurückliegt. Literatur kann Wegbegleiter sein, Hilfe bei der Suche nach der eigenen Identität, sie kann aber auch einfach nur unterhalten, zerstreuen und Freude bereiten. Wer mit solchen literarischen Erfahrungen aufwächst, weiß um die Kraft der Worte und auch der Bilder, die die Texte oft begleiten. Mag man als Kind auch manche Formulierung und manche Symbolik gar nicht oder nur unbewusst verstanden haben, so blieb die Lektüre doch als eine ungewöhnliche Erfahrung in der eigenen Biografie bestehen.

Dieses Handbuch möchte Erzieher/innen anregen, sich erneut oder ganz neu mit aktuellen Fragen der Kinderliteratur auseinander zu setzen, vor allem mit solchen, die sich auf die Arbeit im Kindergarten beziehen. Die vorliegenden Texte wollen dazu auffordern, sich auf vertrauten, aber auch unbekannten Pfaden an kinderliterarische Fragen und Phänomene heranzutasten, sich einzulassen auf die Vielfalt literarischer, bildnerischer und medialer Erfahrungsprozesse – bei Kindern und bei sich selbst.

Kinderliteratur ist in diesem Buch der Oberbegriff für eine verzweigte, interdisziplinäre Kultur aus Sprache, Texten und Bildern, in die Kinder heute über verschiedene Medien und in unterschiedlichen Zusammenhängen hineinwachsen. Literatur ist keine isolierte Gattung, kein separates Bildungssegment, das man für sich betrachten könnte, sondern eingewoben in die vielfältigen medialen Kontexte sowie in unterschiedliche Lebenssituationen der Kinder. Sprache, Texte und Bilder sind zum einen Teil der täglichen kindlichen Kommunikation; das reicht von den tröstenden Worten der Mutter über den Zeichentrickfilm, der im Fernsehen angeschaut wird, bis hin zu Vorlesesituationen vor dem Einschlafen. Zum anderen heften Sprache, Texte und Bilder sich an Medien wie das Bilderbuch, die Zeitschrift, an Hörkassetten oder Kinderfilme, die von Kindern in unterschiedlichen Kontexten genutzt werden. Darüber hinaus stoßen Kinder nicht nur in Büchern auf Figuren und Motive der Kinderliteratur, sondern immer häufiger an allen möglichen alltäglichen Gebrauchsgegenständen, vom Aufkleber für die Kindergartentasche bis zum Dekor auf dem T-Shirt. Kinder erleben auch, dass Erwachsene es ihnen gleich tun und selbst Nutzer und Träger kinderliterarischer Zeichen sind; die breite Vermarktung von Janosch-Motiven ist nur ein Beispiel von vielen. Angesichts einer solchen Entgrenzung der Literatur bei gleichzeitiger ständiger Präsenz literarischer Zeichen ist es sinnvoll, die verschiedenen Facetten, Entwicklungen und Veränderungen genauer zu betrachten, die dem Gegenstand „Kinderliteratur" Eigen sind. Zugleich ist es aber auch notwendig, die Wege literarischer Entgrenzungen kritisch wahrzunehmen und zu den Ursprüngen einzelner Gattungen und Textsorten zurückzugehen, um die besonderen Stärken und Chancen etwa des Märchens oder des Bilderbuchs nicht aus den Augen zu verlieren. Daher gliedert das vorliegende Handbuch die Kinderliteratur auch in durchaus traditionelle Kategorien wie Bilderbuch, Sachbuch, Kinderlyrik und Märchenbuch. Aber es stellt diese kinderliterarischen Gattungen in aktuelle Zusammenhänge, in denen sie heute erfahren werden und bezieht das mediale Umfeld kritisch mit ein, in dem Texte und Bilder heute weiterleben und weiterwirken.

Ein besonderes Anliegen des Handbuchs ist es, Erziehern und Erzieherinnen Einblicke in die Gefühls- und Erlebniswelten des Kindes zu vermitteln, in denen es Bilder, Texte und Geschichten wahrnimmt, erlebt und verarbeitet. Eine Auseinandersetzung mit Kinderliteratur, ohne die entwicklungsbedingten und sozialen Voraussetzungen und Prozesse des Kindes zu berücksichtigen, ist im Kindergarten zum Scheitern verurteilt, denn die Bedeutung fiktionaler Stoffe ergibt sich vor allem aus der stark erlebnisorientierten Situation der Drei- bis Sechsjährigen. Die einzelnen Kapitel wollen an Beispielen vor Augen führen, wie Kinder heute in literarische, bildnerische und mediale Welten hineinwachsen, wie sich Prozesse des Lernens an Literatur entwickeln, wie die Zugänge zu Text und Bild erfolgen und welche Rolle dabei die gezielte Förderung im Kindergarten spielen kann.

Dabei ist es wichtig, dass Erzieher/innen sich ihrer eigenen Kindheitserfahrungen mit Literatur, Bildern und Medien erinnern, sie aufarbeiten, um sich der eigenen frühen Prägungen, Vorlieben und Abneigungen bewusst zu werden und sie in Bezug zu den Erfahrungen heutiger Kinder setzen zu können. Damit ist die Voraussetzung für einen offenen und dynamischen Dialog zwischen Kindern und Erziehern/Erzieherinnen geschaffen.

Der Umgang mit Literatur im Kindergarten bedarf aufgrund der besonderen kindlichen Situation auch besonderer Förder- und Lernformen. Im Kindergarten geht es noch nicht um den Erwerb einer Lesekompetenz, wie sie in der Grundschule nach systematischen Konzepten erlernt wird. Aber es geht bereits hier um Erfahrungen und Experimente im Umgang mit Sprache und Text, um Interesse und Neugier gegenüber Sprache, Worten, Sätzen und Bildern. Der Kindergarten kann als Elementarschule bildnerisch-literarischen Erprobens verstanden werden, als Spiel- und Erfahrungsfeld für eine aktive Teilnahme an der Wort-Bild-Kultur und damit an langfristigen Bildungskompetenzen.

Wie geht man als Erzieher/in mit Kinderliteratur im Kindergarten um, wenn man sich seiner eigenen Position gegenüber literarischen Entwicklungen nicht sicher ist? Welche Wege der Annäherung und der Auseinandersetzung gibt es? Woher weiß man, wie Kinder auf bestimmte Angebote reagieren und welche für sie wichtig sind? Das Handbuch versucht hierauf Antworten zu geben, ohne zu belehren oder zu bevormunden; es möchte einführen in die verschiedenen Teilaspekte literarischer Bildung und durch möglichst konkrete, anschauliche Beispiele Anregungen für gemeinsame Erfahrungen an literarischen, bildnerischen und medialen Phänomenen vermitteln. Die verschiedenen Kapitel sollen vor Augen führen, dass der Zugang zur Literatur für Kinder und Erwachsene gerade nicht „kinderleicht" ist, sondern vieler Versuche und Anstrengungen bedarf. Ein erfolgreicher Erwerb dauerhafter literarischer Motivation ist kein Kinderspiel, sondern erfordert vielfältige Anregungen und Unterstützung.

Das Handbuch gliedert sich in drei Teile, die sich auf unterschiedliche Weise mit kinderliterarischen Fragen auseinandersetzen. Im ersten Teil geht es um die sozialen und psychologischen Voraussetzungen, unter denen Drei- bis Sechsjährige heute in Kindertageseinrichtungen im weitesten Sinne Literatur erleben. Das Wissen um die sozialen und psychosozialen Einflüsse und Prägungen, die Kinder bereits erfahren haben, wenn sie in den Kindergarten eintreten, sollte zu den Grundqualifikationen von Erziehern/innen gehören.

Unter die Begriffe der literarischen bzw. bildnerischen Sozialisation wird heute die Summe aller Einflussfaktoren gefasst, die ein Kind auf seinem Lebensweg im Umgang mit Sprache, Texten und Bildern erfährt. Dabei spielen, wie der Beitrag von Jörg Steitz-Kallenbach zur *literarischen Sozialisation* vor Augen führt (Kapitel I.1), vor allem die familiären Rahmenbedingungen eine entscheidende Rolle für spätere Motivationen und Kompetenzen im Umgang mit Literatur. Im Kindergarten wird es darum gehen, den Weg zur Lesemotivation vorzubereiten, nicht aus falsch verstandenem Lerneifer, sondern aus der Erkenntnis, dass Kinder darauf angewiesen sind, vielfältige Anregungen zur Sprach-, Erzähl und Vorlesekultur zu erhalten. Nur dann können sie ein vielfältiges Kommunikationsspektrum entwickeln und nur dann können sie die Kraft der Literatur und der literarischen Sprache für sich entdecken. Dies setzt jedoch voraus, dass Erzieher/innen Kenntnisse auch über ihre eigenen literarischen Entwicklungsprozesse haben. Wie wichtig ihre eigenen frühen Erfahrungen mit Literatur für eine offene, produktive Arbeit mit Kinderliteratur im Kindergarten sein können, belegen die in diesem Kapitel vorgestellten Lesebiografien von Erwachsenen.

Ganz ähnlich verhält es sich mit den erworbenen bildnerischen Vorlieben und Abneigungen; auch hier sind es die frühkindlichen Erfahrungen im Elternhaus, die maßgeblich Grundeinstellungen gegenüber Bildern und ästhetischen Phänomenen lenken. Die kulturellen Lebensstile der Erwachsenen haben nachhaltigen Einfluss auf den Umgang der Kinder mit Bildern. Angesichts einer allumfassenden visuellen Kultur, in die Kinder heute hineinwachsen, kommt auch den bildnerischen Qualifikationen eine zentrale Rolle zu, um sich in der Welt der Bilder zu orientieren und sie selbstbestimmt zu nutzen. Das *Erlernen des Bildersehens* unterliegt, wie in Kapitel I.3 zu bildnerischen Sozialisation gezeigt wird, einer Reihe kollektiver und individueller Einflussfaktoren, die im Kindergarten zur Kenntnis genommen werden müssen. Bilder sind für Kinder vor allem Träger und Auslöser von Gefühlen, sie sind eng mit erlebten Situationen oder Geschichten verknüpft. Bilder können Erfahrungs- und Übungsfelder für vielfältige Wünsche, Projektionen und Identifikationen der Kinder sein.

Welche psychologischen Voraussetzungen bringt das Kindergartenkind mit, wenn es an Bilder und Texte herangeführt wird? Welche literarischen und bildnerischen Sozialisationsprozesse haben beim drei- bis sechsjährigen Kind bereits stattgefunden? Welche Kenntnisse über die kindliche Psyche sind erforderlich, um literarische und bildnerische Lernprozesse in Gang zu bringen? Gudrun Kallenbach verfolgt in ihrem Beitrag (Kapitel I.3) die *Prozesse der psychischen Entwicklung* des

Kindes und zeigt auf, wie sich allmählich Formen symbolischer Handlungen entwickeln, die das Kind erst befähigen, Fantasie in Bezug auf Gegenstände, Geschichten oder Bilder zu erproben.

Der zweite Teil des Buches thematisiert dann Kinderliteratur in der Breite und Tiefe ihrer jeweiligen Gattungen, ohne den Ort, an dem sie vermittelt werden soll, aus dem Blick zu verlieren. Welche Kraft besitzen kinderliterarische Texte und Bilder? In welcher Weise bilden sie für das künftige Leben des Kindes? Welche besonderen Qualifikationen sind an einzelnen Gattungen wie Bilderbuch, Sachbilderbuch, Kinderlyrik und Märchen zu erwerben? Was macht ein Märchen für heutige Kinder noch attraktiv, welches Wissen erwerben sie über ein Sachbilderbuch, und in welchen Zusammenhängen können Kinderlyrik und Abzählverse für Kinder bedeutsam sein?

Diesen Fragen wird auf mehreren Reflexionsebenen nachgegangen: es werden Sachinformationen über die einzelnen Gattungen gegeben; Vorschläge für Analysen und Interpretationen anhand konkreter Text- und Bildbeispiele gemacht, und es werden Wege für die praktische Arbeit im Kindergarten aufgezeigt, von grundsätzlichen didaktischen Entscheidungen bis zu einzelnen ästhetischen Arbeitsschritten. Diese Vorschläge erfolgen nicht in Form von Rezepten, sondern als problembezogene, kritische Anregungen. In der Auseinandersetzung damit soll die Erzieherin/der Erzieher die eigene Position überdenken und abwägen, in welcher Weise das Angebot auf die eigene Lerngruppe übertragbar ist und wo Modifikationen angebracht sind.

So ist auch die Auseinandersetzung mit dem *Bilderbuch* in Kapitel II.1 offen und problemorientiert angelegt. Auf der Basis von Sachinformationen über bildnerische Stile und Bild-Text-Beziehungen werden Anregungen zur Auseinandersetzung mit solchen Bilder-Geschichten gegeben, die die Lebenswirklichkeit des Kindes berühren und ihnen zugleich einen emotionalen, sinnlichen Zugang ermöglichen. Bilderbücher, sofern sie die kindliche Perspektive einnehmen, können als Herausforderung an Kinder und Erzieher/innen verstanden werden, sich mit elementaren Fragen des Lebens zu befassen und dabei die Besonderheiten von Bild und Text wahrzunehmen und zu erfahren. So verstanden, können Bilderbücher im Kindergarten in der Tat eine „Grundschule der Künste“ (Mattenklott 2002, S. 33) sein.

Welche Bilderbücher für Kinder ausgewählt und wie sie im Kindergarten vermittelt werden, sind zentrale Fragen zur *Vorbereitung und Planung* der täglichen Arbeit. Der Beitrag von Claudia Blei-Hoch (Kapitel II.2) zeigt an einer Fallstudie auf, in welche komplexen Findungs- und Entscheidungsprozesse Erzieher/innen eingebunden sind, wenn sie ihre Arbeit mit Bilderbüchern ernst nehmen. Das Beispiel verdeutlicht, wie schwierig der Balanceakt zwischen erworbener Routine im Umgang mit Bilderbüchern und der Bereitschaft zur Offenheit gegenüber bildnerischen und literarischen Angeboten ist.

Neben den fiktionalen Kinderbüchern, die über Bild und Text Geschichten erzählen, hat im Kindergarten auch das *Sachbuch* seinen Platz. Sachbücher boomen derzeit auf dem Kinderbuchmarkt, da vielen Eltern die Welt immer unübersichtlicher und undurchschaubarer erscheint und sie das Bedürfnis haben, Kindern die Welt über Bücher zu erklären. In Kapitel II.3 zum Sachbuch wird allerdings hervorgehoben, dass die frühe Sachvermittlung im Kinderbuch vor allem unmittelbare Anschauung der Welt meint und weniger reine Vermittlung von Faktenwissen. Dabei spielen Bilder gerade für das Vorschulalter eine zentrale Rolle, da sie durch ihre sinnliche Präsenz einen direkten Zugang zu Sachverhalten, Handlungen und Gegenständen ermöglichen und eine „Sache" in erlebnisbetonter Weise erfahrbar machen.

Die Auseinandersetzung mit *Kinderlyrik* (Kapitel II.4) ist im Kindergarten zum einen in kindliche Spielformen und Rituale eingebunden, von den Abzählversen über Kinderlieder bis zu Klatschspielen. Zum anderen können sich über die Rhythmisierung von Sprache, über Intonation und Körpererfahrung Anlässe für eine gezieltere Beschäftigung mit Reimen, Versen, Liedern und einfachen kinderlyrischen Texten ergeben. Kinderlyrik ist für die Vermittlungsarbeit im Kindergarten keine Sondersparte der Literatur, sondern selbstverständlicher Bestandteil einer spielerisch erfahrbaren literarischen Bildung. An der gegenwärtigen Kinderlyrik lassen sich Sprachkompetenz und Sprachgefühl vermitteln und unmittelbare Bezüge zu aktuellen Fragen von Kindheit thematisieren.

Das *Märchen* gilt weithin als genuin kindliches Bildungsgut; Kinder kommen oft schon mit vielfachen Kenntnissen über die bekannten Märchen der Brüder Grimm in den Kindergarten. In Kapitel II.5 wird herausgearbeitet, in welcher Weise Märchen Kindern wichtige Basiserfahrungen für das Leben bereitstellen können. Der Kindergarten sollte hier an die mündliche Erzähltradition anknüpfen, aus der heraus die Märchen entstanden sind, aber zugleich die vielfältigen textlichen, bildnerischen und medialen Interpretationen und Adaptionen einbeziehen, mit denen Kinder heute wie selbstverständlich umgehen. Angesichts einer fortschreitenden Entgrenzung literarischer

Gattungen in der Medienkultur kommt auch schon dem Kindergarten die Aufgabe zu, ursprüngliche literarische Formen wie das Märchen in kritischen Bezug zu den medialen Umdeutungen zu setzen.

Der dritte Teil des Buches will schließlich, zumindest beispielhaft, eben diese veränderten medialen Kontexte verdeutlichen, in die Kinderliteratur heute geraten ist. Exemplarisch für solche Entgrenzungen werden hier Filme und Hörkassetten untersucht, die auf kinderliterarischen Texten basieren und die Originaltexte auf gänzlich andere Weise und in grundsätzlich anderen Präsentationsmedien erfahrbar machen. Sabine Wallach geht in Kapitel III.1 auf die engen Verzahnungen zwischen Kinderliteratur und *Kinderfilm* ein und macht zugleich die grundlegenden Unterschiede deutlich, die sich ästhetisch, dramaturgisch und im medialen Erleben zwischen Buch und Film zeigen. Der Beitrag veranschaulicht an zwei Filmadaptionen von Kinderliteratur, welche besonderen Qualitäten die bewegten Bilder gerade für das Vorschulkind haben können, wenn sie vorurteilslos in den Bildungskanon integriert und nicht mit bewahrpädagogischen Argumenten abgewehrt werden.

Medienpädagogische Kompetenz ist ein vielzitierter Anspruch, der auch bereits im Kindergarten seine Berechtigung hat, damit Kinder sich in einer multimedialen Welt selbstbestimmt verhalten können. Vor diesem Hintergrund untersucht Renate Hinz (Kapitel III.2) auditive Formen von Kinderliteratur. Im Mittelpunkt steht ein äußerst populäres Alltagsmedium, die *Lied- und Hörspielkassette*, die den Medienalltag der Kinder begleitet und prägt. Eingebettet in das emotionale, soziale und räumliche Umfeld von Familie und Kinderzimmer, besitzen Hörkassetten wichtige alltagsstrukturierende Funktionen; sie gehören dazu, wenn sich das Kind zurückzieht zur Entspannung und Regeneration.

Ein besonderes Anliegen des Handbuchs ist es, den Nutzerinnen und Nutzern ein breites und differenziertes Angebot an Büchern, Filmen und Hörkassetten vorzustellen. Die besprochenen Beispiele orientieren sich zum einen an erfolgreichen und beliebten Produktionen, die sowohl Erzieher/innen als auch die meisten Kinder kennen dürften und die größtenteils auch noch im Handel sind. Andererseits ist es auch ein Anspruch der Autorinnen und Autoren, ungewöhnliche, schwierige und durchaus umstrittene Text- und Bildangebote zur Diskussion zu stellen, um zu veränderten Positionen gegenüber der Kinderliteratur aufzufordern. Da die gegenwärtige Kinderliteratur keine in sich abgeschlossene, statische Erscheinung ist, sollte auch die Auseinandersetzung mit ihr im Kindergarten offen und diskursfreudig geführt werden. Die Leser/innen des Handbuchs können aus der Fülle der zitierten und analysierten Beispiele selbst auswählen, welche Angebote sie für die jeweilige Lernsituation im Kindergarten bevorzugen.

Die einzelnen Kapitel des Handbuchs sind in sich abgeschlossene Einheiten, die die Leser/innen ohne Kenntnis der vorherigen Texte für ihre jeweiligen Interessen und Arbeitsbedingungen nutzen kann. Dennoch sind sie so angelegt, dass sie Bezüge und Verweise zu anderen Kapiteln herstellen und eine größtmögliche Offenheit zu den Grenzgebieten und Nachbardisziplinen suchen. Die Mehrschichtigkeit und Vernetzung von Kinderliteratur legt eine solche durchlässige Konzeption nahe. Die Kapitel sind auch, obwohl von unterschiedlichen Autoren und Autorinnen verfasst, in ihrer Grundstruktur ähnlich angelegt: sie definieren ihren Gegenstand genau, sie zeigen seine Bedeutung für Kinder und Erzieher/innen gleichermaßen auf und liefern Kriterien seiner systematischen Erschließung. Daneben werden Anregungen und Impulse zur Vermittlung des Gegenstands unter den Bedingungen der Kindertagesstätten angeboten.

Das vorliegende Handbuch ist eine Publikation der Forschungsstelle Kinder- und Jugendliteratur an der Carl von Ossietzky-Universität Oldenburg. Allen Beiträgern und Beiträgerinnen, die an diesem Projekt mitgearbeitet haben, sei an dieser Stelle ein besonderer Dank ausgesprochen.

Literatur

Mattenklott, Gundel (2002): Das Bilderbuch als Grundschule der Künste. Ein Abecedarius. In: Wintersteiner, Werner (Hrsg.): Bilder-Bücher, Themenheft der Zeitschrift Informationen zur Deutschdidaktik, Heft 2/02, Studienverlag: Innsbruck u. a., S. 33–43

Teil I:

Die Bedeutung der Literatur für die Entwicklung des Kindes

1 Literarische Sozialisation im frühen Kindesalter

Jörg Steitz-Kallenbach

Nicht erst seit der PISA-Studie wissen wir, dass der Grundstein dafür, ob sich jemand zum Leser bzw. zur Leserin entwickelt, lange vor dem Erwerb der eigentlichen Lesefertigkeit gelegt wird. Im Rückgriff auf Forschungen zum Spracherwerb und zur Entwicklung der Lesekompetenz (vgl. Hurrelmann u. a. 1993 sowie Ninio/Bruner 1978) stellen die PISA-Autoren fest:

> *„Familiäre Lesesozialisation baut auf alltäglichen Kommunikationsformen auf. Sie besteht neben dem expliziten Vorlesen und den begleitenden Dialogen auch darin, dass über Bücher bzw. gelesene Geschichten gesprochen wird, Leseopportunitäten geschaffen werden, Leseempfehlungen gegeben werden und Kinder ihre Eltern lesend erleben.“* (Deutsches PISA-Konsortium 2001, S. 75)

Die familiäre Lesesozialisation findet in der Vorschulzeit durch die Institutionen der vorschulischen Kinderbetreuung und -erziehung eine wichtige Ergänzung. Die literarischen Erfahrungen aus dem familiären Binnenraum werden dort nicht nur aufgenommen, sondern bereits in Richtung auf die literarische Sozialisation in der Schule weiterentwickelt. Diese Überlegungen sollen im Folgenden genauer entfaltet werden. Doch zunächst bleibt noch zu klären, was unter „literarischer Sozialisation“ verstanden werden soll.

1.1 Was heißt literarische Sozialisation?

Literatur für individuelle Bedürfnisse nutzen

Unter literarischer Sozialisation verstehen wir den Prozess, innerhalb dessen ein Subjekt vor allem zwei Fähigkeiten entwickelt: Literatur für sich zu nutzen und sie als Kunstform zu verstehen. Die Kompetenz, Literatur für sich gewinnbringend zu nutzen, kann heißen, dass man Literatur zur Entspannung liest, dass man in ihr Fragen begegnet, die einen bewegen oder gar bestimmen, und dass man auch Antworten auf Fragen findet, die einen beschäftigen. So kennen fast alle Kinder Gefühle von Ärger und Wut den eigenen Eltern gegenüber, die mit dem Wunsch gepaart sind, wegzugehen und die Eltern spüren zu lassen, wie das ist, wenn das Kind plötzlich weg ist. Bücher wie Astrid Lindgrens „Lotta zieht um“ oder Maurice Sendaks „Wo die wilden Kerle wohnen“ können diese kindlichen Gefühlslagen spiegeln. Dabei helfen sie dem Kind, die eigenen Gefühle zu verstehen. (Sendak 1963; Grundlegendes zu diesem Mechanismus und weitere Beispiele in Kapitel I.3). Gewinnbringend im Sinne der Definition der literarischen Sozialisation kann aber auch heißen, dass man Literatur zur Informationsbeschaffung bis hin zur eigenen Weiterbildung aufgabenorientiert nutzen kann.

Literatur als Kunstform verstehen

Der zweite wichtige Lernbereich innerhalb der literarischen Sozialisation zielt auf die Fähigkeit, Literatur nach ihren eigenen Gesetzen zu verstehen. Literatur ist ja eine Kunstform, die Regeln folgt und auf eine bestimmte Art und Weise gemacht ist. So bilden viele Bilderbücher die Realität ja nicht einfach fotografisch ab, sondern gestalten sie. Und gerade da, wo sich Unterschiede zwischen der „literarischen“ und der „außerliterarischen“ Realität auftun, können Irritationen entstehen.

Abb. 1 Das Hühnernest in Janoschs „Emil Grünbär“.
Aus: Janosch (1990): Emil und seine Bande. Diogenes Verlag, Zürich 1990, S. 10

Solche Irritationen sind ein Qualitätsmerkmal von Literatur, erst sie setzen kognitive und emotionale Prozesse in Gang und ermöglichen ästhetische Erlebnisse. Deshalb müssen wir lernen, bewusst mit diesen Irritationen umzugehen. So würde es etwa keinen Sinn machen, Janoschs Gestaltung von Innenräumen einfach Chaos und mangelnden Realitätssinn vorzuwerfen, denn in welchem Zimmer sieht es schon so aus wie in dem von Emil Grünbär (Janosch 1990, S. 5) und welches Hühnernest ist ein Bett, in dem der Hahn mit drei Hühnern nächtigt (vgl. ebenda, S. 10; Abb. 1).

Gestaltungen wie diese sind das Ergebnis überwiegend bewusster Entscheidungen von Autoren und Autorinnen. Und solche Gestaltungen als literarisches Gemacht-Sein verstehen zu können, ist ein Ziel der literarischen Sozialisation. Dass mit einem solchen Verständnis eine Entwicklungslinie gezeichnet ist, die weder im Kindergarten noch in der Grundschule vollständig beschritten wird, ist klar. Aber bereits mit Vorschulkindern lassen sich die beiden skizzierten Dimensionen deutlich voneinander unterscheiden.

Literarische Sozialisation als Prozess der Enkulturation

Der Begriff der literarischen Sozialisation hebt durch das Element „Sozialisation“ zudem darauf ab, dass es sich hierbei um einen Prozess handelt, der das Individuum als Teil eines gesellschaftlichen Gefüges begreift. Der Umgang mit Literatur, mit dem Geschriebenen, sei es nun fiktional oder non-fiktional, gehört zu denjenigen Qualifikationen, deren Beherrschung andere gesellschaftliche Bereiche öffnet. Er stellt eine Schlüsselqualifikation dar. Der Prozess der literarischen Sozialisation ist daher als ein Prozess der Enkulturation zu bezeichnen. Das bedeutet: In seinem Verlauf erlernt das Individuum wichtige Kulturtechniken und kann so an der Kultur einer Gesellschaft aktiv teilhaben.

Exkurs zum Verhältnis von literarischer Sozialisation und Mediensozialisation

Es mag widersprüchlich und unzeitgemäß erscheinen, angesichts unserer von Medien bestimmten Umwelt ein solch großes Augenmerk auf die Literalität zu legen, also auf Bildung durch Literatur, Lesen und Schreiben. Warum spielt der Erwerb der Kompetenzen im Umgang mit Produkten, die im Wesentlichen auf Schrift basieren, sowie die Kompetenz zur Nutzung der Schrift selbst im vorliegenden „Handbuch der Kinderliteratur“ eine solch herausgehobene Rolle?

Zum einen stellt der Umgang mit Schrift und Schriftlichkeit – das schließt mündlich vorgetragene/vorgelesene Literatur mit ein – eben

Lesen und Schreiben stellen eine Schlüsselqualifikation dar

jene bereits erwähnte Schlüsselqualifikation dar, deren Beherrschen auf andere Phänomene übertragbar ist. Diese Auffassung bestimmt die Konzeptionen der schulischen Leseförderung (vgl. Hurrelmann 1994), hat auch nach PISA Bestand (vgl. Deutsches PISA-Konsortium 2001, S. 78) und muss daher als eine wichtige Aufgabe von Erziehung, in welchem institutionellen Kontext auch immer, betrachtet werden. Zum anderen beschäftigt sich das „Handbuch Kinderliteratur" eben schwerpunktmäßig mit Kinder*literatur*, sodass auch vom Gegenstand her eine Konzentration auf Literalität und den Prozess der literarischen Sozialisation gerechtfertigt ist.

1.2 Pippi war die Heldin meiner Kindheit – (auto-)biografische Erkundungen

Erinnerungen an erste kinderliterarische Erfahrungen

Ein anschauliches Bild von den Lesestoffen und den frühen Erfahrungen mit Kinderliteratur im weitesten Sinne des Wortes können wir so genannten Lesebiografien entnehmen. In der Erforschung der literarischen Sozialisation stellen sie heute eine wichtige Datenquelle dar (vgl. Eggert/Garbe 1995, S. 59 ff). Bei diesen Lesebiografien handelt es sich entweder um autobiografische Skizzen, in denen meist jugendliche oder erwachsene Personen sich an die Lesestoffe ihrer Kindheit und Jugend erinnern. Neben den Lesestoffen werden auch die Bedeutung des Lesens im Verlauf der Biografie sowie die Szenen des Lesens selbst, also die Situationen, in denen gelesen/vorgelesen wurde, festgehalten und beschrieben. Außer dem autobiografischen Text ist das biografische Interview eine zweite Möglichkeit zur Erhebung entsprechender Daten.

Sensibilisierung für die Erfahrungen von Kindern

Die Beschäftigung mit den biografischen Wurzeln und Dimensionen des Lesens und des Umgangs mit Büchern ist für Erzieher/innen aus zweierlei Gründen interessant. Zum einen können sie darüber erfahren, mit welch vergleichbaren Erfahrungen es die Kinder in ihren Einrichtungen zu tun haben. Im Prozess der Vermittlung von literarischer Kompetenz spielt zum anderen aber auch die eigene literarische Sozialisation eine große Rolle. Die Bedeutung, die man als Erzieher/in dem Vorlesen im Besonderen und dem Umgang mit Kinderliteratur im Allgemeinen beimisst, hat nicht nur etwas damit zu tun, dass man gelernt hat, dass es sinnvoll ist vorzulesen etc. Ebenso wichtig wie die professionelle Überzeugung sind die eigenen Erfahrungen der Erzieher/innen. Auch sie bestimmen die Gestaltung des literarischen Lernumfelds in der Kindertageseinrichtung mit. Sich dies bewusst zu machen und zu berücksichtigen ist Teil der professionellen Arbeit.

Die folgenden Auszüge aus Lesebiografien dienen daher auch als Anregungen, selbst einmal über die frühen Lesestoffe und frühen Leseszenen nachzudenken, die man als Kind erfahren hat.

> *„Als ich ca. drei Jahre alt war, spielte meine Mutter mit mir immer folgendes Fingerspiel: ‚Das ist der Daumen, der schüttelt die Pflaumen, der sammelt sie auf, der trägt sie nach Haus – und der Kleine isst sie alle auf.‘ Zu Anfang ließ ich sie den Reim sagen und bewegte nur meine Finger dazu. Die Spannung war jedes Mal sehr groß und ich konnte es kaum erwarten, bis endlich der kleine Finger an der Reihe war und ich „der Kleine frisst sie alle auf" sagen konnte, was von meiner Mutter und mir immer von einem Lachen begleitet war. Mir machte dieses Fingerspiel unheimlich viel Spaß, aber nur dann, wenn meine Mutter es mit mir spielte. Mit der Zeit steigerte sich ihr Sprechtempo, sodass ich aufpassen musste, wann mein Einsatz ‚vom kleinen Finger‘ kam."*[1]

Fingerspiele und Kniereiter werden oft von Generation zu Generation weitergegeben

Mit diesen Worten schildert eine 1973 geborene Frau eine ihrer Erinnerungen an frühe kinderliterarische Erfahrungen. In ihrer kleinen autobiografischen Skizze erinnert sie sich einer ganzen Reihe von „Texten" und Büchern aus ihrer Kindheit. Der Fingerspielreim „Das ist der Daumen …" ist sicher allseits bekannt; er hat Generationen von Kindern begleitet und findet sich in vielen Lesebiografien bis heute. Neben anderen Reimen, Fingerspielen, Kniereitern, aber auch Bilderbüchern und Märchen stellt er ein kulturelles Gut dar, das von Generation zu Generation weitergegeben wird. In den Erinnerungen an frühe kinderliterarische Erfahrungen tauchen folglich auch Beispiele von Kniereitern („Hoppe, hoppe Reiter") oder weiteren Fingerspielen auf, die zum Teil sogar im ersten Lebensjahr, beispielsweise auf dem Wickeltisch, gespielt werden („Geht ein Mann die Treppe rauf …"). Aber auch Bilderbücher werden erinnert: etwa die von Ali Mitgutsch („Rundherum in meiner Stadt", „Hier in den Bergen", „Bei uns im Dorf"), Eric Carles „Kleine Raupe Nimmersatt" oder Leo Lionnis „Frederick".

[1] Die Zitate stammen aus der Lesebiografiesammlung des Autors.

Märchen spielen in den Erinnerungen eine wichtige Rolle

Mit der Erinnerung an Astrid Lindgrens Geschichten um Lotta ist häufig ein Wechsel vom Bilderbuch („Na klar, Lotta kann Rad fahren“) zum Vorlesebuch mit überwiegendem Text („Die Kinder aus der Krachmacherstraße“) verbunden. Märchen spielen in den Erinnerungen eine nach wie vor wichtige Rolle. Die genannten Titel entstammen vornehmlich aus der Sammlung der „Kinder- und Hausmärchen“ der Gebrüder Grimm – wie etwa „Hänsel und Gretel“, „Aschenputtel“ oder „Schneeweißchen und Rosenrot“. Die Erinnerungen sind hier sehr verschieden, weil sich gerade bei dieser Gattung die jeweils eigenen Vorlieben in der Erinnerung festsetzen.

Die oben zitierte Erinnerung führt uns aber nicht nur einen „Text“, ein Fingerspiel vor. Ebenso bedeutsam ist die erinnerte Szene in Bezug auf die Beziehung zwischen Mutter und Tochter. Das Fingerspiel wurde offenbar als ein sehr lustvolles Spiel mit der Mutter erlebt – und es war wichtig, dass es mit der Mutter gespielt wurde. Dabei ging es nicht nur um die Koordination der Bewegung der Finger mit dem Tempo der gesprochenen Sprache, sondern vor allem auch um die Vorstellung des Kindes, die Szene beherrschen zu können, magisch über die Mutter bestimmen zu können: „Zu Anfang ließ ich sie den Reim sagen ...“.

Szenen dieser Art bilden häufig den Kern von Erinnerungen an frühe kinderliterarische Erfahrungen. Gerade auch Vorlesesituationen, meistens um die Ins-Bett-Geh-Zeit herum angesiedelt, lassen eine besonders vertraute und kuschelige Atmosphäre lebendig werden.

> *„Als Kind las meine Mutter mir und meiner Schwester sehr oft vor. Ich erinnere mich immer noch gern an dieses Vorlesen und das damit verbundenes Gefühl von Wärme und Geborgenheit.“*

Manchmal findet sich bereits im Vorschulalter ein wahrer Fundus an kinderliterarischen Klassikern. Und häufig mischt sich in den Erinnerungen auch das Vorlesen mit dem freien Erzählen von Geschichten:

> *„Beim allabendlichen Vorlesen schafften wir es auch relativ dicke Bücher durchzulesen, wie ‚Carlson vom Dach‘, ‚Die rote Zora‘, ‚Oliver Twist‘ oder auch andere Bücher von Astrid Lindgren. Sowie an ‚Max und Moritz‘ und an andere Geschichten von Wilhelm Busch erinnere ich mich. Kinderbuchklassiker, wie ‚Emil und die Detektive‘, ‚Pünktchen und Anton‘ von Erich Kästner und ‚Tom Sawyers Abenteuer‘ von Mark Twain waren auch dabei. Auch ‚Der kleine Häwelmann‘*

ist mir besonders gut in Erinnerung geblieben, da Papa ihn so gerne betont vorgelesen hat. Heldensagen, wie ‚Odysseus' und die ‚Nibelungen' hat er teilweise erzählt und auch vorgelesen. Odysseus fand ich immer etwas unheimlich. ‚Jim Knopf und die wilde 13' war auch sehr spannend. Die Auswahl der Bücher traf häufig mein Vater, aber mein Bruder und ich konnten auch mitbestimmen, ob wir ein Buch weiterlesen wollten, oder wir trafen unsere Entscheidungen nach dem Klang der Titel.
Die Vorlesestunden fanden im Vorschulalter und in den ersten Schuljahren statt. Sie überschnitten sich mit den ersten eigenen Leseerfahrungen des Lesenlernens. Sie hörten auf, ohne dass es mir besonders aufgefallen ist, da ich wahrscheinlich selber mit meinem eigenen Lesen beschäftigt war."

Vorgelesenbekommen spielt eine wichtige Rolle für das selbstständige Lesen

Besonders deutlich wird in dieser Lesebiografie der Tochter eines Lehrers aus einer süddeutschen Großstadt der Übergang vom Vorgelesenbekommen zum selbstständigen Lesen. Das Selbst-Lesen-Können wird als Bereicherung deutlich, das aber aus der Erfahrung des Vorgelesenbekommens herauswächst. Dies unterstreicht, wie wichtig die Erfahrung eines frühen Umgangs mit Büchern für die Entwicklung der eigenen Lesefähigkeit ist.

Lesereiche und lesearme Herkunft

Allerdings wirft dieser letzte Auszug aus einer Lesebiografie auch die wichtige und notwendige Frage nach den Kindern auf, die nicht aus solchen buch- und lesebegeisterten Familien kommen. Wir müssen davon ausgehen, dass die Mehrzahl der Kinder und möglicherweise auch der Erzieher/innen, aus deutlich buchferneren und leseärmeren Familien kommt. Können da literarische Sozialisationsprozesse, wie der beschriebene, überhaupt ein sinnvolles Beispiel sein? Häufig stellen Erwachsene fest, dass ihnen als Kind gar nicht vorgelesen wurde. Oft ist diese Erkenntnis auch mit dem Eindruck verbunden, es habe im eigenen Elternhaus eigentlich kaum Bücher gegeben und für die Eltern selbst sei das Lesen eine große Anstrengung gewesen, in der sie wenig Übung hatten.

„Ich, 36 Jahre alt, komme aus einer Arbeiterfamilie in Ostfriesland, in der es außer einem Märchenbuch und zwei Tierlexika keine Bücher gibt. Ich kann mich nicht erinnern, meine Eltern lesend gesehen zu haben, außer die Tageszeitung und vor Kaninchenausstellungen den ‚Ka-

ninchenstandard' (...) Er [der Vater, StK] *hatte große Schwierigkeiten beim Lesen, die er mir damit erklärte, dass er in seiner Schulzeit kaum Zeit zum Lernen und Lesen hatte, weil er die Kühe hüten musste und im Betrieb (Bäckerei und Gaststätte) mithalf.*"

Die sprachliche und die literarische Sozialisation liegen eng beieinander

Der Unterschied zu dem, was wir frühe literarische Bildung nennen können, ist nicht wegzudiskutieren. Die Autorin der ersten biografischen Skizze verfügt zweifelsohne über eine größere kinderliterarische Bildung als die Tochter des ostfriesischen Arbeiters. Aber auch sie schildert eine Erfahrung, die letztlich wichtiger für die literarische Sozialisation ist als die bloße Menge der gelesenen bzw. vorgelesenen Bücher. Es ist die Erfahrung des Sprechens und Miteinanderredens in unterschiedlichen Zusammenhängen (kontextunabhängiges Sprechen) und es ist die Erfahrung des Werts, der von den wichtigen Personen aus dem kindlichen Umfeld der Sprache und dem Umgang mit Geschriebenem zugemessen wird. Damit zeigt sich, wie eng im Kindergartenalter noch allgemein sprachliche und literarische Sozialisation beieinander liegen.

„*Ganz sicher erinnere ich mich an unsere Tageszeitung, die ‚Ostfriesischen Nachrichten', anhand derer ich das Lesen bereits vor der Einschulung gelernt habe.*
Ich wurde im Alter von sechs Jahren eingeschult und hatte vorher keinen Kindergarten besucht. Vormittags war ich bei meiner Tagesmutter, Tante Anna, und nachmittags zu Hause, wo ich zusammen mit meiner Mutter anhand der Tageszeitung das Lesen übte und sie mir auch vorlas, wenn ich darum bat (etwa im Alter von fünf Jahren). Dies passierte meistens in den Monaten, in denen der Garten nicht die ganze Aufmerksamkeit meiner Eltern forderte. Von April bis September lief ich, wie es so schön heißt, eher nebenher. Meistens spielte ich mit den Kaninchen oder unserem Hund. In dieser Zeit war ich nachmittags häufiger bei Tante Anna, die schnell zu erreichen war: Ich schaute durch unsere Hecke, sprang über einen Graben und lief ein kurzes Stück. Mit ihr habe ich zwar nie gelesen, aber wir haben uns stundenlang ‚über Gott und die Welt' unterhalten."

Kontextunabhängiges Sprechen ist wichtig für die allgemeine Sprachentwicklung und zeigt sich in diesem Auszug in den geschilderten Situationen, in denen nicht allein über Aspekte des unmittelbaren Handlungs- und Situationszusammenhangs gesprochen wird. Das Vorlesen

Kontext-unabhängiges Sprechen ist wichtig für die allgemeine Sprachentwicklung

aus der Zeitung und die Gespräche über „Gott und die Welt" öffnen die Redesituation zur Welt hin. Damit werden Sprache und das Sprechen als etwas deutlich, was Dinge in die Interaktion mit Mutter, Vater und Tante Anna hineinholt, die eben nicht unmittelbar gegenwärtig sind. Ihre Anwesenheit muss durch Sprechen und die Symbolisierung durch Sprache erst hergestellt werden. Man kann eben nicht einfach – etwa mit dem Finger – auf sie deuten, weil sie nicht da sind, weil sie vom unmittelbaren Kontext der Interaktion unabhängig sind. Und in diesem intensiven sprachlichen Miteinander zwischen Kind und Erwachsenen bekommt das Vorlesen in der konkreten Erinnerung der ostfriesischen Arbeitertochter auch eine Bedeutung, allerdings mit umgekehrten Vorzeichen.

> *„Ich mochte meinen Vater immer sehr, und dass er nicht gut las, störte mich überhaupt nicht. Stattdessen las ich ihm schon früh Passagen aus der Zeitung vor oder schrieb ihm Briefchen. Wir unterhielten uns viel über Gelesenes, wenn ich ihn bei Haus- und Gartenarbeiten begleitete, oder wir, wie so häufig, mit dem Hund ins Moor oder in den Wald gingen."*

Bei aller Differenz zwischen der Lehrertochter und dem Arbeiterkind wird doch deutlich, dass die Prozesse gelingender literarischer Sozialisation (wie auch die der sprachlichen Sozialisation) an die Wertigkeit gebunden sind, die dem Umgang mit (Kinder-)Literatur und Sprache im Interaktionsgefüge Kind – Erwachsener zugebilligt wird.

1.3 Bedeutung für die pädagogische Praxis

Methoden zur Reflexion der Lesesozialisation

Was bedeutet nun die Auseinandersetzung mit der literarischen Sozialisation für die Arbeit im Kindergarten? Es wurde gezeigt, dass die eigene Lesebiografie eine prägende Bedeutung hat, die sich auch auf das professionelle Handeln auswirkt. Weil dies meist unbewusst geschieht, ist es wichtig, im Prozess der eigenen Professionalisierung auch die eigene Lesesozialisation einmal unter die Lupe zu nehmen, um ein Gespür dafür zu bekommen, welche Erfahrungen man selbst als Kind mit Kinderliteratur und dem Vorgelesen-bekommen gemacht hat. Dazu gibt es mehrere Möglichkeiten, von denen hier zwei vorgestellt werden sollen. Die erste nimmt ihren Anfang bei Lesestoffen, an die Sie sich erinnern sollen:

- Schreiben Sie alle Bücher auf, die Ihnen einfallen, die Sie im Vorschulalter betrachtet haben, bzw. die Ihnen vorgelesen wurden.
- Wählen Sie zwei Bücher der Liste und beschreiben Sie das Buch aus der Erinnerung heraus genauer: Um was ging es in dem Buch? Was hat Ihnen besonders gut gefallen?
- Beschreiben Sie die Lese-/Vorlesesituationen genauer, in denen Sie diese Bücher betrachtet haben, bzw. in denen sie Ihnen vorgelesen wurden. Wer war beteiligt? Wie sah die Situation aus? Welche Gefühle hatten Sie in der Situation?
- Wenn Sie die Möglichkeit haben, tauschen Sie sich mit Kollegen/innen über deren autobiografische Erfahrungen mit Büchern im Vorschulalter aus und diskutieren Sie die Frage, wie Ihre eigenen Erfahrungen Ihren Umgang mit Kindern, Büchern und Vorlesen heute beeinflussen.

Eine zweite Möglichkeit erweitert die lesebiografische Perspektive und versucht das Lesen und den Umgang mit Büchern und Medien bis in Ihre heutige Gegenwart in den Blick zu nehmen. In Abbildung 2 sehen Sie den Anfang einer MindMap zum Thema „Meine Lesebiografie". Fügen Sie zu den vorgegebenen neun Ästen Unterverzweigungen hinzu, indem Sie zu den jeweiligen Stichpunkten zunächst frei assoziieren, Assoziationsketten entstehen lassen und diese dann in die MindMap eintragen:

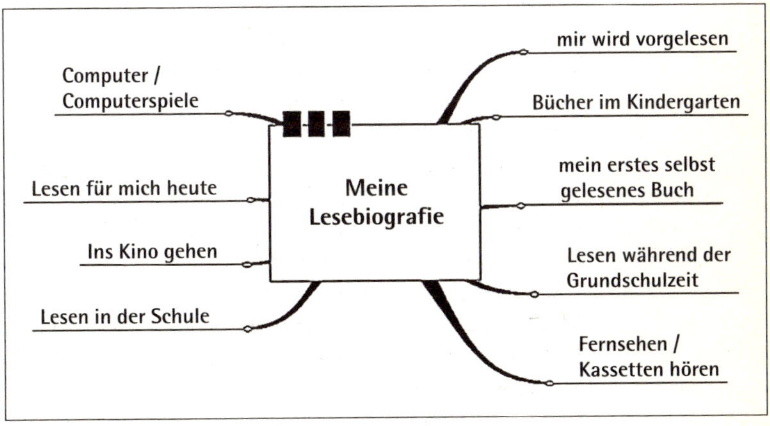

Abb. 2 MindMap „Meine Lesebiografie

Verbinden Sie nun die Stichworte aus Ihrer MindMap zu einem zusammenhängenden biografischen Text, der Ihre Entwicklung als Leser/in bzw. Mediennutzer/in zum Ausdruck bringt.

Auf das Leseverhalten von Mädchen und Jungen eingehen

Die Kernaussagen über die literarische Sozialisation im Kindergartenalter wurden bisher aus autobiografischen Texten gewonnen, vornehmlich denen von Frauen. Nun gibt es zwar auch autobiografische Texte zur literarischen Sozialisation von Männern und Jungen. Aber in den institutionellen Zusammenhängen, in denen diese Daten erhoben werden – es handelt sich meist um Institutionen der Lehrerbildung –, trifft man deutlich mehr Frauen an als Männer. Von daher ist die Frage nicht nur gestattet, sondern berechtigt und wichtig, ob die hier geschilderten Zusammenhänge gleichermaßen für Jungen und für Mädchen gelten.

Das Leseverhalten der Geschlechter ist unterschiedlich

Es gehört zu den Standarderkenntnissen der literarischen Sozialisationsforschung, dass Jungen/Männer weniger, anders und anderes lesen als Mädchen/Frauen. Nur bei der täglichen Zeitungslektüre und beim Lesen von Fach- und Sachbüchern liegen die Männer vor den Frauen. Die Lektüre von Romanen halten sogar doppelt so viele Frauen wie Männer für wichtig (vgl. Stiftung Lesen [Hrsg.] 2001, S. 234 ff). Männer lesen eher sach- und informationsorientiert; die entsprechenden Lesestoffe sind Zeitungen, Fachzeitschriften und Sachbücher. Vor dem Hintergrund der Tatsache, dass das elterliche Lesevorbild ein wichtiger Faktor in der Lesesozialisation ist und dass gerade geschlechtsspezifisches elterliches Leseverhalten vom gleichgeschlechtlichen Kind als Vorbild nachgeahmt wird (vgl. Hurrelmann u. a. 1993), erscheint es plausibel, dass Jungen sich zu geschlechtsspezifisch ausgeprägten Lesern im Sinne der Väter entwickeln.

Abhilfe können hier vor allem männliche Lesevorbilder schaffen, die andere Lesemuster als die geschlechtsspezifisch typischen Muster vorleben. Allein die geringe Anzahl männlicher Erzieher und männlicher Grundschullehrer lässt aber in den außerfamiliären Erziehungseinrichtungen kaum eine gravierende Änderung erwarten. Solange die Männerquote in diesen Institutionen so niedrig wie derzeit ist, sind Jungen wie Mädchen gleichermaßen auf das weibliche Lesevorbild angewiesen. Und in der Tat lässt sich feststellen, dass Jungen – solange sie nicht selbstständig lesen müssen – sich ebenso gerne vorlesen lassen und ebenso gerne Bilderbücher betrachten wie Mädchen. Noch scheuen sie im Kindergartenalter nicht die intime Situation des Vorgelesen-bekommens, und gleichzeitig finden sie in Sachbüchern und Erzählungen Anregungen für ihre Auseinandersetzung mit sich und ihrer Umwelt.

Das elterliche Lesevorbild ist ein wichtiger Faktor in der Lesesozialisation

Dennoch gibt es bereits Unterschiede, für die Erzieher/innen sensibel sein sollten. Für das Vorlesen und damit für das alltäglich-spielerische Einüben in den Umgang mit (Kinder-)Literatur sind in unserer Kultur meist nach wie vor die Mütter zuständig. Jungen erfahren Literatur in der Regel daher als etwas, das von der Mutter kommt und irgendwie mehr mit ihr als mit dem Vater zu tun hat. Literatur, auch Kinderliteratur und Bilderbücher, können daher in den meist unbewussten Vorstellungen von Kindern etwas Weibliches haben. Von daher ist es für Mädchen leichter, den Umgang mit Literatur als etwas zu sehen, das nicht in Widerspruch zu ihrem Geschlecht treten muss. Wenn sie beginnen, sich über Attribute ihres Geschlechts und damit über eine beginnende Geschlechtsidentität Gedanken zu machen, können sie Bücher und Lesen widerspruchsfrei für sich annehmen, weil es ja mit der Mutter verbunden ist. Für Jungen sieht das üblicherweise etwas anders aus. Wollen sie das Lesen und den Umgang mit Büchern zu ihrer Sache machen, dann müssen sie etwas weiblich Konnotiertes für sich akzeptieren. Und wenn dann noch der Vater gar nicht mit Lesen und Büchern in Verbindung zu bringen ist, dann kann hier ein Widerspruch entstehen, der zu Lasten der Freude am Buch und am Lesen/Vorgelesen-bekommen gehen kann. Deshalb ist es gerade für die Erzieherinnen in den Kindergärten wichtig, auf Neigungen und Abneigungen der Jungen zu achten.

Auf die Vorlesewünsche von Kindern eingehen

Erzieher/innen sollten offen für die kindlichen Vorlesewünsche im Allgemeinen sein und zudem sensibel für das, was Jungen vorgelesen bekommen wollen. Der Versuch, eigene Lektürevorlieben der Erzieherin durchzusetzen – und sei es auch mit sanftem Druck – kann sich insofern auf die Vorleseerfahrung der Jungen negativ auswirken, weil sie das vorgeschlagene Buch als etwas, an dem Weibliches haftet, ablehnen, um sich nicht als Junge zu verlieren. Ein Mädchen kann das möglicherweise mehr akzeptieren, weil es sich mit der weiblichen Erwachsenen als Mädchen eher identifizieren kann.

Ein anregungsreiches Umfeld für die Buchkultur schaffen

Eine wichtige Grundlage für die Entwicklung zum/r Leser/in ist, dass man ein entsprechend anregungsreiches Umfeld hat. Wenn Bücher ein Gebrauchsgegenstand des Alltags sind und Kinder den Umgang mit Büchern als etwas Natürliches erleben, dann werden sie eher dazu neigen, dies für sich zu übernehmen, als wenn sie solche Erfahrungen nicht machen. Bücher„reichtum" ist also für die literarische Sozialisation ebenso förderlich, wie es Sprach„reichtum" für die sprachliche Sozialisation ist. Über die bloße Existenz von Büchern im kindlichen Lebensraum hinaus, geht es natürlich auch darum, dass das Kind den Gebrauch der Bücher erfährt und erlebt. Die Erwachsenen in der Umgebung des Kindes müssen als Nutzer/innen von Büchern sichtbar werden.

Alltagssprache und poetische Sprache unterscheiden

Kinder spielerisch mit den Besonderheiten der literarischen Sprache vertraut machen

Die literarische Sozialisation und die frühen kinderliterarischen Erfahrungen unterscheiden sich in einem wichtigen Punkt von der allgemeinen Sprachentwicklung, weil sich literarische Sprache von der Sprache des Alltags in einigen wichtigen Aspekten unterscheidet (vgl. zum Folgenden, Waldmann 1998, S. 3ff). Da die Alltagssprache im Sinne einer möglichst reibungslosen Verständigung steht, vereinfacht, verallgemeinert und schematisiert sie nicht selten. Die Sprache der Literatur, die ja eigene literarische Welten und Erfahrungen entstehen lässt, „wählt eher die Variation, das Ungewohnte, die sprachliche Dichte und will das glatte Verständnis eher hemmen und erschweren" (Waldmann 1998, S. 4). Diese wichtige Differenz zwischen Alltagssprache und literarischer Sprache erfährt das Vorschulkind im Rahmen seiner frühen kinderliterarischen Erfahrungen. Fingerspiele und andere Kinderverse sind von der kindlichen Alltagssprache nicht nur durch den Reim unterschieden. Sie lassen durch die häufig alltagsferne Wortwahl eine eigene Welt entstehen, die sich das Kind vorstellen muss. Und schließlich verbinden etwa die „Kniereiter" die Erfahrung eines literarischen „Texts" mit einer körperlichen Erfahrung, die das Rhythmische der Sprache für das Kind unmittelbar körperlich erlebbar macht: eine frühe Erfahrung des Zusammenhangs von Bewegung und Sprache, die dem späteren Verstehen von Gedichten zugute kommt.

Die Vorlesesituation gestalten

Ein wichtiges Moment in der literarischen Sozialisation von Kindern im Kindergartenalter ist die Vorlesesituation (vgl. hierzu im Detail Wieler 1997). Im optimalen Fall stellt sie eine vom Alltagsgeschehen herausgehobene Situation dar, in der das Kind und der erwachsene Vermittler des Buches für den Moment des Vorlesens eine Beziehung eingehen, die durch eine größere Intimität gekennzeichnet ist. Nicht selten kuschelt sich das Kind an den Erwachsenen an, es wickelt sich in eine Decke ein oder hat sich gar ins eigene Bett verzogen. Zur wohligen Abrundung der Situation kann das Kind etwas essen oder trinken wollen.

Im Unterschied zur familiären Vorlesesituation muss das Kind im Kindergarten den Erwachsenen jedoch meist mit anderen Kindern teilen. Die Intimität ist eine geteilte Intimität und fördert die Fähigkeit des Kindes, zwischen verschiedenen Formen der Vorlesesituation zu unterscheiden, der häuslichen und der außerhäuslichen. Das ist nicht immer einfach. Und gerade wenn Kinder auch zuhause auf Zuwendung eher verzichten müssen, fällt ihnen das Teilen schwerer. Dann kann es auch sein, dass sie die Intimität der Vorlesesituation zwar fasziniert und lockt, sie gleichzeitig aber auch gerade durch diese Intimität verängstigt sein können. Hier müssen Erzieher/innen ihr Gespür für die Situation nutzen, um zu entscheiden, wie groß eine Gruppe sein kann, welches Kind näher bei ihm/ihr sitzen darf und welche Regeln für den Ablauf des Vorlesens gelten.

Vorlesesituation nach den Bedürfnissen des Kindes gestalten

Wie für die häusliche Vorlesesituation gilt aber auch im Kindergarten, dass sie möglichst weitgehend nach den Bedürfnissen des Kindes/der Kinder gestaltet werden sollte. Sein/Ihr Tempo beim Umblättern des Buches sollen dem Erwachsenen die Richtschnur sein. Seine/Ihre Fragen und Überlegungen zum Gehörten und Gesehenen sollen ernst genommen und aufgenommen werden. Petra Wieler hat in ihren Untersuchungen zum „Vorlesen in der Familie“ zeigen können, dass sich Vorlesesituationen qualitativ darin unterscheiden, ob der Erwachsene die kindlichen Fragen aufnimmt und sich auf sie einlässt oder ob er das Vorlesepensum abarbeitet. Die vorschulischen Erfahrungen mit dem Frage-Antwort-Spiel in der Vorlesesituation tragen zudem ganz wesentlich dazu bei, Gesprächsformen zu erlernen, die später in der Schule wichtig werden und deren Beherrschung nicht selten von großer Bedeutung für den schulischen Erfolg und das Selbstwertgefühl in der Schule sind (vgl. Wieler 1997, S. 313 ff).

Genügend Raum für Gespräche geben

Im speziellen Zusammenhang der literarischen Sozialisation ist in diesen Gesprächen über das Gehörte/Gesehene auch möglich und wichtig, das Besondere der literarischen Wirklichkeit im Unterschied zur außerliterarischen Wirklichkeit zu erkunden. Der Wegweiser nach Panama in Janoschs „Oh, wie schön ist Panama“ (Janosch 1978) ist eben ein literarischer Wegweiser – denn wie soll ich mir einen Wegweiser machen, wenn ich gar nicht weiß, wo das liegt, worauf mein Wegweiser zeigt. Und auch die Vermischung von Realität und Fantasie in Wolf Erlbruchs „Nachts“ (1999) bietet entsprechenden Gesprächsanlass.

Nicht nur stellt schon das Buch eine fiktionale Wirklichkeit her, innerhalb der Geschichte selbst muss noch einmal zwischen der „fantasielosen“ Realität des Vaters, der schlaftrunken mit seinem Sohn Fons durch die Nacht zieht, und der fantastischen Realität unterschieden werden, die nur Fons sieht – und wir als Betrachter mit ihm sehen. So ergeben sich in der Vorlesesituation vielfältige Möglichkeiten, verschiedene Formen der Wirklichkeit zu erfahren und im schützenden Rahmen der Geschichte zu thematisieren. Auf diese Weise bekommen alle Wahrnehmungen und Empfindungen der Kinder Raum, und im Gespräch kann mit den verschiedenen Wirklichkeiten und den Irritationen, die sich aus dem Unterschied der Wirklichkeiten ergeben, gespielt werden.

Verschiedene Realitätsebenen aufzeigen

Wenn in der Vorlesesituation, wie eben angedeutet, auf verschiedene Gestaltungen von Realität in der Kinderliteratur eingegangen werden kann, dann wird damit ein wesentliches Element von Literatur aufgegriffen: die Existenz fiktionaler Wirklichkeiten. Die Auseinandersetzung mit und das Erfahren von fiktionalen Welten ist ein wichtiger Schritt in der literarischen Sozialisation und ist mit der allgemeinen Entwicklung von Fantasie und Symbolisierungsfähigkeit verknüpft (vgl. Kapitel I.3).

Auseinandersetzung mit fiktionalen Welten

Viele Bilderbücher, gerade für das frühe Kindergartenalter, orientieren sich eng an der lebensweltlichen Realität des Kindes. Sie zeigen Realität und ermöglichen es dem Kind, diese zu benennen. Mit diesem deiktischen Grundprinzip (deiktisch = hinweisend) werden solche Bilderbücher vor allem als Anlässe gesehen, den Wortschatz der Kinder zu erweitern. Fragen, wie „Wo ist die Kuh?“, veranlassen das Kind, auf die Kuh zu zeigen, und Fragen wie „Was ist das?“, verbunden mit einem entsprechenden Fingerzeig, erwarten vom Kind die Antwort: „Ein Ball!“ (Vgl. hierzu auch Kapitel II.3) Die Interaktionsmöglichkeiten mit dem Kind sind da recht vielfältig, und je komplexer das Bild ist, umso anspruchsvoller das Suchen und Benennen. Aber selbst diese Bücher bilden Realität nicht einfach ab. Sie gestalten kleine Szenen, die mehr enthalten als nur das Benennbare der einzelnen Abbildung.

Ali Mitgutschs „Wimmelbilderbücher“ geben vielfältigen Anlass, das Dargestellte weiterzuspinnen und zu kleinen Erzählungen werden zu lassen. In der Parkszene aus „Rundherum in meiner Stadt“ (Mitgutsch 1968, vgl. Abb. 3) ist zu sehen, wie jemand aus einem Boot zu fallen droht, worüber sich jemand am Ufer des Sees köstlich amüsiert.

Abb. 3 Aus: Ali Mitgutsch: RUNDHERUM IN MEINER STADT, 1968 © by Ravensburger Buchverlag, Otto Maier GmbH, Ravensburg

Was geht der Szene voraus? Warum fällt der Junge über den Bootsrand? Zwei andere Jungen rennen vor dem Parkwächter davon. Was haben sie gemacht? Können Sie über den Bach springen oder wird sie der wütende Parkwächter erwischen?

Andere Bücher verweisen nur abstrakt auf die Wirklichkeit, auch wenn sie an den Erfahrungsraum der Kinder anknüpfen. So stellt Leo Lionni in „Das kleine Blau und das kleine Gelb" (Lionni 1959) Themen wie Freundschaft, Spielen in der Gruppe, Suchen nach dem Freund etc. dar, Themen also, die allen Kindern vertraut sind. Aber er tut dies, indem er die Personen durch abstrakte Objekte, die Altersverhältnisse durch die Größe der Objekte und die Gefühlszustände durch Farbmischung darstellt. Was bedeutet es, wenn eine grüne Überdeckung entsteht, wenn das kleine Blau und das kleine Gelb sich umarmen? Die Darstellung gibt Rätsel auf, irritiert, lässt eine fiktionale Wirklichkeit entstehen, deren Bezug zur eigenen Realität zu entschlüsseln ist (zu den bildnerischen Gestaltungs- und Stilmitteln im Bilderbuch vgl. Kapitel II.1).

Die Differenz von fiktionalen und nicht-fiktionalen Wirklichkeiten wahrnehmen

Die Differenz von fiktionalen und nicht-fiktionalen Wirklichkeiten wahrnehmen zu können, ist ein wichtiger Schritt in der literarischen Sozialisation. Die Differenz kann dabei manchmal irritierend und ängstigend sein. So etwa wenn die Wut der Pinguin-Mutter auf das Pinguin-Kind in Jutta Bauers „Schreimutter" (Bauer 2000) geschildert und damit deutlich wird, dass die Mutter das Kind in seine Einzelteile „zerschreien" kann. Das bleibt eine irritierende Wirklichkeit, auch wenn die Mutter am Ende das Kind wieder zusammennäht. Solche Irritationen lassen sich aber im Raum des fiktionalen Geschehens aushalten, dies zu lernen ist ein wichtiger Schritt im Prozess der literarischen Sozialisation.

Die Fähigkeit, das Fremde und Irritierende ausbalancieren zu können, strahlt aber auch auf andere Kompetenzen aus, die das Kind erlernen muss. Es gehört zur Entwicklung der sozialen Kompetenz des Kindes, zwischen sich und anderen unterscheiden zu lernen. Das ist wichtig, um etwa in Konflikten probeweise andere Positionen einnehmen zu können, um im Prozess der Lösungssuche kompromissfähig zu sein.

Zur kulturellen Teilhabe befähigen – Ein Ausblick

Der Prozess der literarischen Sozialisation ist also – so ließe sich zusammenfassen – nicht nur etwas, das für die Entwicklung von Leser/innen wichtig ist. Er ist vielmehr jener Prozess, in dem im Medium literarisch-bildnerischer Gestaltung das symbolische Vermögen gefördert wird, der Umgang mit Fremdem und Eigenem erfahrbar wird und kulturelle Schlüsselqualifikationen vermittelt werden. Indem Erzieher/innen Kindern literarische Angebote machen, unterstützen sie sie dabei, Übergänge zwischen verschiedenen Ebenen und Formen von Wirklichkeit nutzbringend zu erfahren. Sie regen den Symbolisierungsprozess an, der eine wichtige Voraussetzung ist für Selbst- und Fremdverstehen. Insgesamt wirken sie so kulturbildend auf den Entwicklungsprozess der Kinder ein.

Literatur

Erwähnte Kinderbücher

Bauer, Jutta (2000): Schreimutter. Beltz: Weinheim und Basel

Carle, Eric (1970): Die kleine Raupe Nimmersatt, Gerstenberg: Hildesheim

Erlbruch, Wolf (1999): Nachts. Peter Hammer Verlag: Wuppertal

Grimm, Jakob und Wilhelm (1984): Kinder- und Hausmärchen. Mit den Zeichnungen von Otto Ubbelohde und einem Vorwort von Ingeborg Weber-Kellermann. Drei Bände. Insel TB: Frankfurt am Main

Janosch (1978): Oh, wie schön ist Panama. Weinheim und Basel: Beltz

ders. (1990): Emil und seine Bande. Diogenes: Zürich

Lindgren, Astrid (1957): Die Kinder aus der Krachmacherstraße. Hamburg: Oetinger

dies. (1962): Lotta zieht um. Oetinger: Hamburg

dies. (1972): Na klar, Lotta kann radfahren. Oetinger: Hamburg

Lionni, Leo (1962): Das kleine Blau und das kleine Gelb. Oetinger: Hamburg

ders. (1967): Frederick, Middelhauve Verlag: Köln

Mitgutsch, Ali (1968): Rundherum in meiner Stadt. Otto Maier Verlag: Ravensburg

ders. (1994): Bei uns im Dorf. Otto Maier Verlag: Ravensburg

ders. (1984): Hier in den Bergen. Otto Maier Verlag: Ravensburg

Sendak, Maurice (1967): Wo die wilden Kerle wohnen. Diogenes: Zürich

Sekundärliteratur

Deutsches PISA-Konsortium (Hrsg.) (2001): PISA 2000. Basiskompetenzen von Schülerinnen und Schülern im internationalen Vergleich. 1. Aufl. Leseke & Budrich: Opladen

Eggert, Hartmut; Garbe, Christine (1995): Literarische Sozialisation. (Sammlung Metzler Band 287). 1. Aufl. Metzler: Stuttgart

Hurrelmann, Bettina; Hammer, Michael; Nieß, Ferd. (1993): Lesesozialisation Band 1: Leseklima in der Familie. (Unter Mitarbeit von S. Epping und I. Ofteringen). 1. Aufl. Bertelsmann: Gütersloh

Mauthe-Schonig, Doris (1996): Wenn Kinder in der Schule träumen … Übergangsphänomene am Anfang des Latenzalters. In: Kinderanalyse. 4. Jg. Heft 3, S. 307–325

Steitz-Kallenbach, Jörg (1999): Momente gelebten Glücks – Beobachtungen und Anmerkungen zu Kinderliedern, Reimen und Sprachspielen im kindlichen Alltag. In: Wragge-Lange, Irmhild (Hrsg.): „kinder feiern feste“. Beiträge zur Kultur von Kinderfesten. 1. Aufl. Achilla Presse: Bremen, S. 89–105

Steitz-Kallenbach, Jörg (2001): Frühe kinderliterarische Erfahrungen im Spiegel lesebiografischer Erinnerungen. In: ders. (Hrsg.): Kinder- und Jugendliteraturforschung interdisziplinär.1. Aufl. BIS-Verlag: Oldenburg, S. 9–30

Waldmann, Günter (1998): Produktiver Umgang mit Literatur im Unterricht. Grundriss einer produktiven Hermeneutik. Theorie-Didaktik-Verfahren-Modelle. 1. Aufl. Schneider Vlg.: Baltmannsweiler

Wieler, Petra (1997): Vorlesen in der Familie. Fallstudien zur literarisch-kulturellen Sozialisation von Vierjährigen. 1. Aufl. Juventa: Weinheim/München

2 Aspekte der bildnerischen Sozialisation

Jens Thiele

Kinderliteratur ist heute, wie viele andere Textmedien, über Illustrationen, Fernseh- und Filmadaptionen, Computer und CD-ROM in ein bildnerisches Netzwerk eingewoben, das Interesse und Neugier an der Literatur mitbestimmt. Aus diesem Grunde gehört auch die genauere Betrachtung der bildnerischen Sozialisationsprozesse beim Kind in das kinderliterarische Blickfeld. Auch von Seiten der Entwicklungspsychologie gibt es gewichtige Gründe, Bild und Text nicht isoliert zu betrachten: Für Kinder gibt es noch keine bewusste Trennung zwischen sprachlichen und bildhaften Informationen; sie nehmen ihre Umwelt mit allen Sinnen auf. Diese Offenheit bietet gerade im Kindergarten die Chance, literarische und bildnerische Erfahrungsprozesse zusammen zu führen und sich über Bilder den Texten zu nähern bzw. von Texten her auf Bilder zuzugehen.

Bildnerische Sozialisation meint alle Erfahrungsprozesse im Umgang mit Bildern

Unter den Begriff der bildnerischen Sozialisation sind alle Erfahrungsprozesse zu fassen, die ein Kind im Umgang mit Bildern und bildnerischen Phänomenen durchläuft. Neben der literarischen Sozialisation im Kindesalter gibt es also auch eine bildnerische Sozialisation, die sich aus vielfältigen Einflüssen, Anregungen und Erfahrungen im Leben eines Menschen entwickelt. Dazu gehört, ganz generell, die Wahrnehmung der visuellen Umwelt im Kleinkindalter. Frühe bildnerische Erfahrungen werden in der bewussten und unbewussten Auseinandersetzung mit Bilderbüchern ebenso wie mit anderen Bildgattungen gewonnen, die an das Kind über Eltern, Freunde, Medien, Straße, Spielplatz, Kindergarten und Schule herangetragen werden. Die bildnerische Sozialisation umfasst zum einen die ästhetischen Gegenstände, mit denen sich das Kind im Laufe seiner Entwicklung auseinander setzt; dabei prägen nicht nur stehende, sondern auch bewegte Bilder die frühkindlichen Interessen und Vorlieben. Zum anderen schließt bildnerische Sozialisation die Erfahrungs- und Lernprozesse ein, die das Kind im Umgang mit Bildern durchläuft, also Wahrnehmungsfähigkeit, Gewohnheiten, ästhetische Vorlieben, bestimmte Formen der Verarbeitung von Bildern, Situationen, in denen Bilder bedeutsam sind usw.

Frühe Bilderfahrungen entscheiden über spätere Zugänge zur visuellen Kultur

Die frühkindlichen Bilderfahrungen entscheiden oft über spätere Zugänge zur visuellen Kultur. Daher ist es für Erzieher/innen wichtig, die Prozesse, die im Umgang mit Bildern stattfinden, mit großer Aufmerksamkeit wahrzunehmen. Grundsätzlich sollte der Kindergarten ein ästhetischer Lernort sein, an dem die kindlichen Bilderfahrungen durch vielfältige Anregungen erweitert und differenziert werden. Die aktive, selbstbestimmte Teilhabe an der visuellen Kultur ist ja keineswegs nur Jugendlichen und Erwachsenen zuzubilligen, sondern auch dem Kind im Vorschulalter. Je breiter und vielfältiger die frühkindlichen Bilderfahrungen sind, desto offener und kompetenter vermag sich das Kind später in der visuellen Kultur zu bewegen und selbstbestimmt innerhalb der Vielfalt auszuwählen.

Den Bilderinnerungen an die eigene Kindheit nachspüren

Für die Arbeit mit Bildern im Kindergarten ist es wichtig, sich zu vergegenwärtigen, dass nicht nur die Kinder, sondern auch Erzieher/innen eine bildnerische Sozialisation durchlebt haben. Diese Tatsache kann jeder Erwachsene an sich selbst überprüfen. Es sind sehr häufig die frühen Bilderinnerungen und Bilderfahrungen, die spätere Sehbedürfnisse und -gewohnheiten entscheidend prägen; die Bilder der eigenen Kindheit werden in der Regel mit hoher subjektiver Bedeutung versehen. Um mehr über die eigenen bildnerischen Prägungen zu erfahren, kann es hilfreich sein, diese in Form eines persönlichen „bild- und medienbiografischen Protokolls" aufzuarbeiten. Alle erinnerten Situationen der eigenen Kindheit, in denen der Umgang mit Bildern (Glückwunschkarten, Kunstpostkarten, Bilderbücher, Buchillustrationen, Poster, Fernsehen, Videospiele, Filme, Bildspiele etc.) eine Rolle spielte, sollten aufgeschrieben und dokumentiert werden; noch vorhandene Bilder sollten erneut betrachtet und befragt werden (vgl. analog dazu die „Lesebiografie" bei Steitz-Kallenbach 2002). So können frühere eigene Erfahrungen zu den heutigen Erfahrungen der Kinder in Bezug gesetzt werden, Unterschiede erkannt, aber auch Gemeinsamkeiten bewusst werden. Wenn man sich der eigenen Prägungen, Vorlieben und Abneigungen in Bezug auf bildnerische Phänomene bewusst wird, entgeht man der Gefahr, dass sich die persönlichen Vorlieben und Werturteile in den Vordergrund der Kindergartenarbeit schieben und offene Lernprozesse behindern.

2.1 Wie lernen Kinder Bilder sehen?

Sehen lernen ist ein vielschichtiger Prozess

Über das Erlernen der kindlichen Wahrnehmung machen sich Erwachsene in der Regel keine genauen Vorstellungen; Sehenlernen scheint sich im Gegensatz zum Lesenlernen, das ja mühsam erworben wird, ohne fremde Hilfe und naturhaft zu entwickeln. Doch das Erlernen des Bildersehens ist ein vielschichtiger psychologischer, ästhetischer, kultureller und sozialer Prozess, der von unterschiedlichen Faktoren beeinflusst wird. In der Wahrnehmungspsychologie wird u. a. danach gefragt, wie Kinder optische Gestalten (z. B. eine geschlossene oder offene Form; eine kleine oder große Form) erfassen, unterscheiden und einordnen (vgl. Oerter/Montada 1998, S. 498ff; vgl. Kleinhans 1966). Während es in solchen formalästhetischen Untersuchungen stärker um physiologische und kognitive Fähigkeiten der sinnlichen Wahrnehmung geht, rücken in der Kunstpädagogik die ästhetischen Erlebensformen des Kindes an Bildern in den Mittelpunkt (vgl. Hinkel 1972). Mit einiger Vorsicht lässt sich hier festhalten, dass Kinder bis zum Schuleintritt Bilder vor allem „expressiv“, also aus einem unmittelbaren Gefühl heraus erleben und bewerten und weniger an der „Richtigkeit“ der dargestellten Formen und Farben interessiert sind. Ihr Interesse gilt oft Details und einzelnen Bildszenen, weniger dem Ganzen im Zusammenhang (Hinkel 1972, S. 22 ff). In diesem Alter scheinen Kinder in der Regel auch bestimmte Vorlieben für leuchtende, kräftige Farbtöne zu besitzen, während dunkle und trübe Farben weniger Interesse hervorrufen. Für die Arbeit mit Kindern im Kindergarten gilt, dass solche entwicklungsbedingten Wahrnehmungsprozesse wie auch alle anderen sinnlichen Erfahrungen sozial, kulturell und individuell unterschiedlich verlaufen und nicht in starre Schemata zu pressen sind. Die Bildwahrnehmung des Kleinkindes vollzieht sich nicht in einem isolierten Rahmen, sondern ist situativ geprägt und somit von vielen Umwelteinflüssen abhängig. Häufig ist zu beobachten, dass das Kleinkind ein Bilderbuch zum Mund führt und daran saugt oder hinein beißt. Das kleine Kind unterscheidet noch nicht zwischen den unterschiedlichen Funktionen von Gegenständen; es erlebt ein Bilderbuch ebenso haptisch und sinnlich wie etwa einen Bauklotz oder eine Puppe.

Die Bildwahrnehmung des Kleinkindes ist situativ geprägt

Später spielen dann bei der Entfaltung bildnerischer Vorlieben und Fähigkeiten auch die Interaktionsformen in der Familie, zu denen auch geschlechtsspezifische Rollenzuweisungen gehören, eine wichtige Rolle. Allein der Erziehungsstil kann dazu führen, dass ein Kind bestimmte Bilder mit negativen Gefühlen, etwa mit Angst oder Scham betrachtet, während ein anderes dieselben Bilder unbelastet erlebt. Welche bildnerischen Anregungen und Impulse ein Kind erhält, hängt entscheidend vom ästhetischen und sozialen Verhalten der erwachsenen Bezugspersonen, vor allem der Eltern, ab. Deren kulturelle Lebensstile und Bildpräferenzen bestimmen in der Regel die kindlichen Gewohnheiten und Werturteile nachhaltig.

Die kulturellen Lebensstile der Erwachsenen beeinflussen kindliche Bildvorlieben

In einer empirischen Untersuchung zu den Interaktionsprozessen zwischen Kind und Erwachsenem beim Vorlesen von Bilderbüchern hat Petra Wieler genau protokolliert, in welcher Weise Mütter und Kinder Bilderbuchgeschichten gemeinsam erleben und kommentieren (vgl. Wieler 1997); das vorgelesene Bilderbuch (Janosch: „Oh wie schön ist Panama", 1978) hat zu Dialogen und Gesprächen geführt, auch zu Rückfragen und Rückversicherungen seitens der Kinder. Interessant war dabei, dass die Mütter oft das Interesse der Kinder auf die erzählte Geschichte lenkten (sich also eng am Text orientierten), weniger aber auf die Bilder und deren ästhetische Besonderheiten eingingen. Konkrete Fragen der Kinder nach einzelnen Bildszenen, besonders nach solchen, die den Müttern als nicht „kindgemäß" erschienen, wurden ausweichend beantwortet. Auch wenn es methodisch nur schwer zu ermitteln ist, wie Kinder bestimmte Bildstile und Bildmotive erleben, ist es für die Arbeit im Kindergarten von Bedeutung, kindliche Reaktionen auf Bilder bewusst wahrzunehmen; Lernen an Bildern setzt die Kenntnis der Lernbedingungen in der Gruppe voraus. Erzieher/innen werden innerhalb ihrer Kindergruppe ganz unterschiedliche bildnerische Interessen und Neigungen vorfinden. Bereits die unterschiedlichen Reaktionen auf ein Bilderbuch, das in der Lerngruppe vorgelesen und besprochen wird, können die verschiedenen, z. T. auch ungleichen Bedingungen des kindlichen Wahrnehmens und Erlebens vor Augen führen. Hieraus ergeben sich wichtige Lernziele für die Arbeit mit Bilderbüchern (vgl. Kapitel II.1).

2.2 Die Bedeutung des Bildes in der Kinderliteratur

Bilder sind eng mit literarischen Erfahrungen verbunden

Diese Überlegungen machen deutlich, dass auch in der literarischen Sozialisation eines Kindes Bilder eine wichtige Rolle spielen; sie begleiten die frühkindlichen Erfahrungen mit Literatur, da die meisten kinderliterarischen Texte bebildert sind. Bilder verknüpfen sich mit bestimmten Erzählungen, Motiven und Figuren und prägen Vorstellung und Fantasie im Rahmen der Kinderliteratur.

Das Bild der „Pippi Langstrumpf" etwa ist durch die langjährigen, immer gleichen Illustrationen der Hauptfigur geprägt; viele literarische Texte werden für Kinder zunächst über visuelle Medien wie das Fernsehen erfahrbar und verknüpfen sich mit bestimmten Bilderinnerungen. In der Kinderliteratur stellen Bilder in Form von Textillustrationen oder als eigenständige ästhetische Gattung Erklärungen, Ergänzungen oder Kommentare zu erzählenden Texten oder Sachtexten dar. Bilder können auch selbst erzählen (z. B. die Bilder in den Büchern von Ali Mitgutsch). Generell kann man davon ausgehen, dass sich Bild- und Textinformationen in der kindlichen Kommunikation auf sehr vielfältige Weise verknüpfen und ergänzen (vgl. Charlton/Neumann 1990, S. 61 ff). Beide Ebenen wiederum können sich mit den individuellen „Geschichten" des Kindes, das diese Bilder betrachtet, verweben.

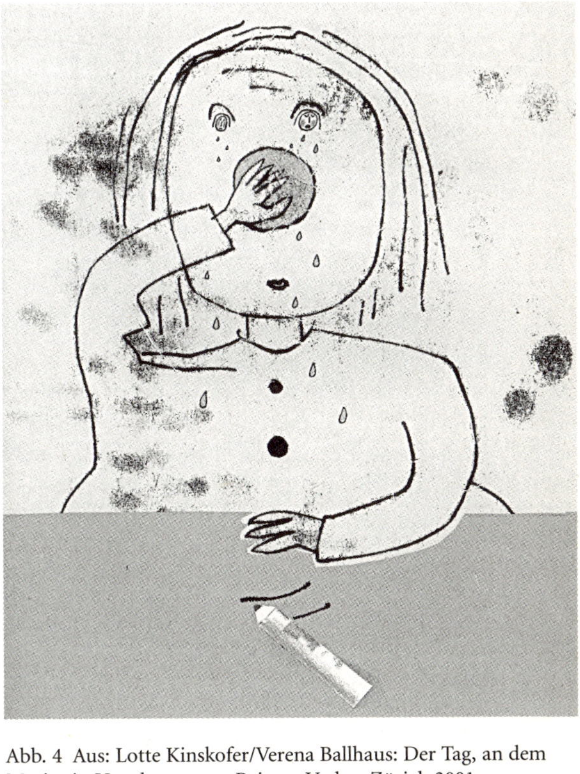

Abb. 4 Aus: Lotte Kinskofer/Verena Ballhaus: Der Tag, an dem Marie ein Ungeheuer war, Bajazzo Verlag, Zürich 2001

In Lotte Kinskofers Bilderbuch „Der Tag, an dem Marie ein Ungeheuer war", illustriert von Verena Ballhaus (siehe Abb. 4), erlebt sich Marie, die Hauptfigur, als ein Ungeheuer. Grund dafür sind die ständigen Hänseleien der anderen Kinder im Kindergarten. „Steck deine Kartoffelnase nicht in meine Sachen!", sagt ein Mädchen zu Marie. „Marie zuckte zusammen und fasste sich an die Nase. Tatsächlich: das war eine riesig große Kartoffel." Das Bild zeigt, wie sich Marie in dieser Situation fühlt: sie weint und fasst sich ängstlich an ihre Nase, die ihr wie eine Kartoffel erscheint. Die Illustratorin setzt, für alle Buchbetrachter sichtbar, eine dicke Kartoffelnase mitten in Maries Gesicht. Das Bild illustriert nicht nur den Text, sondern erzählt darüber hinaus viel mehr: von Maries Unsicherheit, von ihrer Trauer über die Abweisung durch andere Kinder; auch die bis zu dieser Stelle bereits erzählte Geschichte ist in das Bild eingeschrieben. Alle bisherigen Behauptungen der Kinder (Marie habe zu große Füße und einen dicken Bauch), finden durch das Bild ihren eigenen Ausdruck. Aber auch Überlegungen, ob und wie sich diese für Marie bedrückende Erfahrung wohl zum Guten wendet, werden Teil der Bilderfahrung. Die Zeichnung ist damit in einen narrativen Kontext eingebunden, der zurück in die erzählte Geschichte, aber auch nach vorn auf den noch unbekannten weiteren Verlauf verweist.

Bilder können Kommunikation in Gang setzen

Entscheidend ist jedoch auch das Kind mit seinem je ganz individuellen Erfahrungshintergrund. Die Erfahrung, die Marie macht, dürfte den meisten Kindern vertraut sein; das Bild wird somit Mitgefühl oder möglicherweise eigene negative Empfindungen auslösen. Zwischen dem Bild von Marie und dem betrachtenden Kind werden, je nach eigenen Erfahrungen, viele emotionale Bezüge entstehen, die eng mit der Biografie des Kindes und der darin erworbenen bildnerischen Sozialisation zu tun haben. Da die Geschichte des Bilderbuchs im Kindergarten spielt, kann diese (oder eine andere Szene aus dem Buch) auch für die unmittelbare Kommunikationssituation in der Kindergruppe Bedeutung erlangen (z. B. dann, wenn es ähnliche Erfahrungen innerhalb der Gruppe gibt). Bilder können Auslöser für individuelle, aber auch kollektive affektive Verhaltensweisen sein; in ihnen finden Erzieher/innen Probleme des kindlichen Alltags oft ganz unmittelbar wieder. Bilder, das zeigt dieses Beispiel auch, spielen in der Biografie eines Kindes eine wichtige Rolle: sie können die ästhetische Wahrnehmung fördern, sie können für Kinder auf ihrem Wege der Identitätsfindung Hilfestellung geben, und sie können Auslöser für die Fantasieproduktion eines Kindes sein.

Bilder transportieren über ihre ästhetischen Konzepte immer auch psychische Motive und subjektiv bedeutsame Inhalte; sie sind daher auch Erfahrungs- und Übungsfelder für vielfältige Wünsche, Projektionen und Identifikationen. Fiktive Figuren, erdachte Welten oder bestimmte Szenarien aus Büchern, Filmen, Computerspielen oder anderen bildhaften Medien können sich auf komplexe Weise mit der Biografie eines Kindes verflechten und dort ihre besondere Bedeutung entfalten. Wie wichtig z. B. eine Bilderbuchfigur für die Identitätsbildung des Kindes sein kann, haben Michael Charlton und Klaus Neumann untersucht. In einer Analyse des kindlichen Rezeptionsprozesses zeigen sie auf, wie sich die Bilder aus Maurice Sendaks Buch „Wo die wilden Kerle wohnen" (1967) mit den eigenen Angstfantasien eines sechsjährigen Jungen verknüpfen und in welchen vielfältigen Assoziationsfeldern Kinder Bilderbücher erleben können (vgl. Charlton/Neumann 1990, S. 44–60). Entsprechende Bedeutungen bei der Identitätsbildung besitzen auch andere Medien für Kinder und Heranwachsende, wie Jutta Ströter-Bender an der Zeichentrick-Serie „Sailor Moon" (1995) nachgewiesen hat (vgl. Ströter-Bender 2000). Danach identifizieren sich vor allem Mädchen auf vielfältige Weise mit der mutigen Heldin dieser Trickfilmserie. Diese Beispiele belegen, dass frühe Bilderfahrungen, ob an stehenden oder bewegten Bildern, als dynamische Prozesse zwischen dem Kind, dem Buch und der jeweiligen Rezeptionssituation aufzufassen sind.

Bilderbuchfiguren können Prozesse der Identitätsfindung fördern

2.3 Veränderungen in der visuellen Kultur

Es sind vor allem die Massenmedien, die die traditionellen Vorstellungen vom „kindgemäßen" Bild aufgelöst haben. Die Bildkultur, die Kinder heute vorfinden, besteht aus bunten, vielfältigen, unübersehbaren und flüchtigen Bildeindrücken. Indem die Bilder nicht mehr in geordneten und überschaubaren Systemen auftreten, sondern eher in kaleidoskopartigen Brechungen und Vervielfältigungen, lernen Kinder zwar eine Fülle von Bildern kennen, entwickeln aber gegenüber dem einzelnen Bild eine nur geringe Aufmerksamkeit. Daher muss die Rolle der Medien, die ja die entscheidenden Bildproduzenten für Kinder in dieser Gesellschaft sind, im Rahmen einer bildnerischen Sozialisation mitbedacht werden.

Massenmedien setzen ästhetische Normen

Die Massenmedien setzen in den verschiedenen Bildgattungen ästhetische Normen, etwa im Bilderbuch, im Zeichentrickfilm oder in

Computerspielen und prägen kollektive ästhetische Bedürfnisse, wie die Vorlieben bestimmter Sendungen, Bücher, Spiele, Figuren und Bildstile in den verschiedenen Altersgruppen belegen. Dabei beeinflussen und durchdringen sich die verschiedenen Bildgattungen untereinander in einem immer komplexeren Medienverbund (vgl. Eggert/Garbe, S. 108–113). Die Formen der Kommunikation unter Kindern unterliegen vor allem durch die Entwicklung der digitalen Bild-, Text- und Tonmedien wie Computer, Internet und Handy ständigen Veränderungen. Neue technologische Erfindungen der Massenkommunikation wirken sich sichtbar und hörbar auf den Alltag der Heranwachsenden aus. Sie haben in die Strukturen des Lesens und Schreibens, des Bildbetrachtens und Bildproduzierens eingegriffen und nicht nur zu veränderten, sondern auch zu durchmischten Formen des Gebrauchs von Bild, Wort und Text geführt, wie sich an Handy-Botschaften, E-Mail-Briefen und Kinderzeichnungen beobachten lässt (vgl. Thiele 2002). Bildnerische Sozialisation ist vor diesem komplexen medialen Hintergrund Teil einer umfassenden ästhetischen Sozialisation, in der Kinder an unterschiedlichen Medien symbolische Formen der Aneignung von Realität erproben (vgl. Paus-Haase/Keuneke 2000).

Daraus resultieren zwei eng miteinander verbundene Zielsetzungen der pädagogischen Arbeit im Kindergarten: Kinder benötigen zum einen Hilfestellung im Umgang mit den genormten ästhetischen Angeboten der Medienindustrie; erst im bewussten, kompetenten Umgang können auch erste Wege zur kritischen Einschätzung begangen werden. Zum anderen sollten Kinder die Chance erhalten, andere, gegenläufige ästhetische Erfahrungen zu sammeln, um vergleichen zu können, um ihre persönlichen Vorlieben herauszufinden und eigenständige Entscheidungen zu treffen. In dieser Balance zwischen Übernahme vorgegebener Bildangebote und der Entdeckung eigener Bildvorlieben kann ein Stück Autonomiegewinn für das Kind liegen.

Gerade vor dem Hintergrund einer allgegenwärtigen Medienpräsenz gibt es auch den Wunsch, Kinder vor den negativen, belastenden Seiten des Lebens fernzuhalten. Tod, soziale Not, Gewalt oder Krieg sind weitgehend tabuisierte Themen in der offiziellen bildnerischen Sozialisation von Kindern, auch in der Erziehung des Kindergartenkindes. Aber nicht nur die Angst vor den Themen, sondern auch vor dem Realismus der bildnerischen Darstellung verhindert eine Auseinandersetzung mit Tabuthemen in dieser Gesellschaft. Die Abwehr konfliktgeladener Themen ist eng verknüpft mit der Angst vor dem realistischen und damit prinzipiell bedrohlichen, „dunklen“ Bild, das an Kinder herangetragen werden

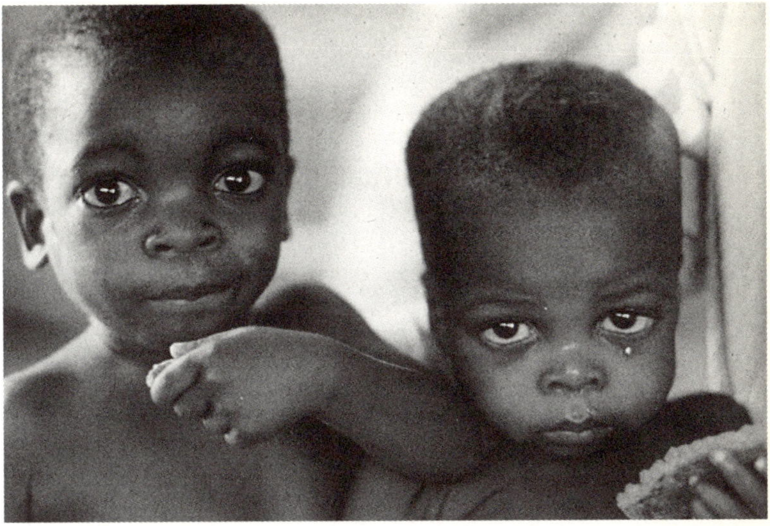

Abb. 5 Abdruck mit freundlicher Genehmigung durch World Vision Deutschland, Foto: Scott Kellcher, aufgenommen in Mosambik

könnte. Ursache solcher Unsicherheiten ist die Sorge, Kinder zu früh mit den globalen Problemen der Welt zu konfrontieren, wie sie durch Migration, Krieg und Hunger bedingt sind. Angesichts solcher Probleme wird befürchtet, Kinder in ihrer psychischen Entwicklung zu überfordern. Je grausamer und undurchschaubarer sich die Welt zeigt, umso stärker erhält das Wunschbild einer behüteten Kindheit wieder neue Nahrung.

Die Vorstellung von Kindheit ist nicht mehr einheitlich

Da aber die Welt politisch, ökonomisch und ideologisch in heterogene Lager gespalten ist, erfahren wir Kindheit, vor allem in den öffentlichen Medien, in ganz widersprüchlichen Bildern. Die Vorstellung von Kindheit besteht heute aus nicht miteinander zu vereinbarenden Bildfragmenten, aus idealisierten und ersehnten Bildern – vorzugsweise in der Werbung, aber auch aus angst- und mutlos machenden Bildern; wir haben uns daran gewöhnt, dass uns auf Plakatwänden, in Zeitschriften oder auf Wurfbriefsendungen arme Kinder anschauen, deren Hautfarbe fast immer schwarz ist, sie blicken meist ohne ein Lächeln in die Kamera, um den Ernst der sozialen Notlage vor Augen zu halten (siehe Abb. 5).

Wenn solche Bilder Kindern westlicher Gesellschaften in der Regel auch von fernen bzw. fremden Kindheiten erzählen, so sind doch auch sie Teil bildnerischer Sozialisation. Nicht durch ihre Tabuisierung und Verdrängung, sondern durch eine offene, vorurteilslose Auseinandersetzung mit dem fremden Bild bestehen Chancen, das scheinbar Unvereinbare der heutigen Bilderwelten zusammenzubringen.

2.4 Die Bedeutung der bildnerischen Praxis

Die bildnerische Sozialisation eines Kindes umfasst nicht nur die rezeptiv erworbenen ästhetischen Erfahrungen, sondern auch die eigenen Bildproduktionen. Obwohl die Medienindustrie das Herstellen von Abbildern (über Videokamera, digitale Fotokamera und Handy) „kinderleicht" gemacht hat, ist bei Kindern bis zum Ende des Grundschulalters die Lust an eigener bildnerischer Arbeit, am Zeichnen, Malen, Modellieren und Bauen nach wie vor ausgeprägt. Die Zeichnung ist ein wichtiges Ausdrucksmittel der Kinder, um sich auf symbolische Weise mit der vorgefundenen Realität auseinander zu setzen (vgl. Wildlöcher 1995). Kinder in dieser Altersgruppe verfügen über entwicklungsbedingte zeichnerische Bedeutungsschemata, die sie bei der Gestaltung der Bildwelten anwenden (vgl. Schuster 2000). Diese zeichnerischen Schemata, von denen der so genannte Kopffüßler das bekannteste sein dürfte, befähigen das Kind, für wahrgenommene Phänomene eigene Ausdrucksformen zu finden und sich der Welt auf eine spezifische Weise zu vergewissern. Diese zeichnerischen Schemata, über die Kinder insbesondere im Kindergartenalter verfügen, können durch individuelle und kulturelle Ausprägungen unterschiedlich geprägt sein (vgl. Schuster 2000, S. 99ff und S. 128 ff). Für Erzieher/innen ist es wichtig, Kenntnisse über die Psychologie der Kinderzeichnung zu besitzen, um bildnerische Äußerungen der Kinder in ihrer Zeichenhaftigkeit zu begreifen.

Die Zeichnung als symbolisches Ausdrucksmittel des Kindes

Eigene bildnerische Tätigkeiten der Kinder sind nicht nur für den Umgang mit Bildern generell wichtig, sondern auch für die eigene Persönlichkeitsentwicklung; die aktive, produktive Aneignung der erfahrbaren Welt über eigene Bildentwürfe gehört ebenso zur Entfaltung der Persönlichkeit wie kognitive und soziale Aneignungen. Kinderzeichnungen können Erzieher/innen auch Hinweise auf persönliche Probleme eines Kindes geben, vorausgesetzt, sie sind befähigt, Kinderbilder zu verstehen und zu entschlüsseln (ebd., S. 157 ff).

2.5 Didaktische Zielsetzungen im Umgang mit Bildern

Die Arbeit mit Bildern im Kindergarten bedarf (wie auch die mit Literatur und anderen Medien) einer genauen Begründung. Ein allgemeines Ziel ist es, die visuelle Kompetenz von Kindern zu fördern, um sie für die aktive Teilhabe an der gegenwärtigen Kultur zu qualifizieren. Angesichts einer ästhetisch und technisch hoch entwickelten und breit gefächerten visuellen Kultur wird es wichtig sein, Kinder durch ein umfangreiches Angebot unterschiedlicher Bilder und Medien auf diese Kultur vorzubereiten und sie nicht frühzeitig auf einseitige Angebote festzulegen. Da die Voraussetzungen für die Teilnahme an den technischen Entwicklungen der Kultur (z. B. Internet, CD-ROM, DVD) auch abhängig sind vom ökonomischen und sozialen Status des Kindes und des Elternhauses, kommt der bewussten Förderung aller Kinder eine neue Bedeutung zu. Der Kindergarten sollte in seiner materiellen und apparativen Ausstattung auf der Höhe der Zeit sein und Kindern Zugänge zu den unterschiedlichen Bildproduktionsmaschinen ermöglichen.

Kinder mit der Vielfalt von Bildangeboten vertraut machen

Teilhabe an der visuellen Kultur ist aber nicht zu verwechseln mit einem unkritischen Konsum aller verfügbaren Bildgattungen, sondern bedeutet in Lernzusammenhängen immer auch Auswahl, exemplarische Heraushebung und vertiefte Auseinandersetzung mit Bildern. Zur Vertiefung von Bilderfahrungen gehört neben Zeit und Muße die Konzentration auf das Bild, das Sich-Einlassen auf Farben, Formen, Motive, auf Themen und Fragen, die sich am Bild ergeben. Es scheint wichtig, eine Haltung gegenüber einem Bild zu erlernen, es ernst zu nehmen und nicht sogleich zum nächsten überzugehen. Kindergarten und Schule sind Lernorte, an denen die Auseinandersetzung mit Bildern im Gegensatz zu den Alltagserfahrungen in besonderer Form erfolgen kann.

Eine vertiefte Auseinandersetzung mit Bildern fördern

Zeit, Muße und das ruhige Verweilen wären zu fördernde, möglicherweise auch mühsam wiederzuentdeckende Tugenden, weil sie zu einer neuen Bild-Text-Kompetenz führen könnten, die die dahineilenden Bilder, Worte und Töne gerade verhindern. Eine neue Aufmerksamkeit gegenüber dem einzelnen ästhetischen Objekt könnte verhindern, dass Kinder sich frühzeitig vom Strom der dahineilenden Bilder treiben lassen.

Die neuen medialen Entwicklungen und die mit ihnen einhergehenden Beschleunigungen und Fragmentierungen von Bilderfahrungen produzieren zwar ein hohes Maß an visuellen (und akustischen)

Das Lesen von Bildern und Texten hängt von kulturellen Erfahrungen ab

Reizen, verhindern aber oft die bewusste Wahrnehmung und den konzentrierten Blick. Nicht umsonst klagen Eltern und Erzieher/innen, dass Kinder nicht verweilen können, dass sie rastlos von Bild zu Bild, von Programm zu Programm ziehen. Flüchtigkeit, Auflösung und Entgrenzung der Bildeindrücke können, wie angedeutet, zu Bilderfahrungen jenseits einer intensiven, aufmerksamen, bewussten Wahrnehmung führen. Das „Lesen" von Bildern und Texten ist von solchen veränderten kulturellen Erfahrungen nicht abzutrennen, denn Bild und Text sind ja selbst eingebunden in diese medialen Veränderungsprozesse.

Angesichts der Fülle von bildnerischen Impulsen, die auf ein Kind im Laufe der ersten Lebensjahre einstürmt, kommt der Auseinandersetzung mit Bildern im Kindergarten eine wichtige didaktische Funktion zu. Dabei sind kindliche Neugier und Wissendrang produktiv zu nutzen. Kinder verhalten sich gerne wie Forscher; sie untersuchen bestimmte Gegenstände oder Phänomene mit großer Neugier und Konzentration (vgl. Elschenbroich 2001, S. 80 ff). Diese Voraussetzungen sind auch für die Auseinandersetzung mit Bildern produktiv zu nutzen. In erzählenden Bilderbüchern, Sachbilderbüchern oder Märchenbüchern lassen sich immer wieder Einzelbilder auswählen, die die Kindergruppe in besonderer Weise ansprechen, beschäftigen oder möglicherweise auch belasten; Bilder können auch überraschen oder irritieren. Solche Bilder können Anlässe für ein längeres Verweilen sein. Motive, Figuren, einzelne Bilddetails, Handlungsaspekte, aber auch Aspekte der Bildgestaltung (Bildstil, Farben, Raumwirkung) sind wichtige Mosaiksteine, die zusammengetragen werden können.

Bilder sollten Anlässe zum Verweilen sein

Auch Suchbilder und Bilderrätsel bieten Anlässe für gezielte Fragen und Nachfragen an Bilder sowie für eigene Bildproduktionen. Bildnerische Kompetenz kann sich nur dann entwickeln, wenn Kinder in Muße und Konzentration über ihre Wahrnehmungen und Gefühle, aber auch über ihr Wissen und ihre Fragen an Bilder sprechen und darüber in einen Dialog mit anderen treten können. Das folgende Beispiel soll veranschaulichen, in welchen unterschiedlichen Bezügen die Arbeit an einem Bild stattfinden kann.

2.6 Fallbeispiel: „Flieg, Flengel, flieg!"

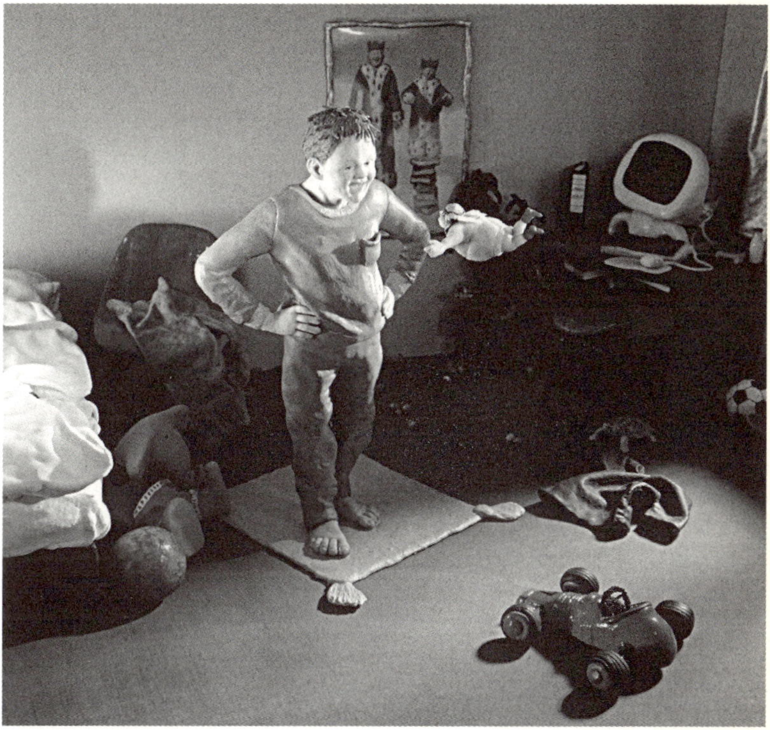

Abb. 6 Aus: Brigitta Garcia Lopéz: Flieg, Flengel, flieg! Atlantis Verlag im Orell Füssli Verlag, Zürich 2002

Zum Inhalt

Schutzengel, Traumwesen oder Fantasiefigur – in den kinderliterarischen Erzählungen tauchen immer wieder imaginierte Wesen auf, die in die Kinderzimmer eindringen und eine Zeitlang in konspirativer Vertrautheit mit meist einsamen Kindern verbringen. In „Flieg, Flengel, flieg!" taucht eines Tages ein kleiner Mann mit Flügeln in Max' Kinderzimmer auf und umfliegt den überraschten Jungen. So tollpatschig dieser Engel auch wirkt, er vermag Max in Fantasiewelten einzuführen, die ihm bislang verwehrt waren. Für Max, der offensichtlich ohne Eltern aufwächst, wird Flengel zu einem wichtigen imaginierten Begleiter auf seiner Suche nach neuen, elementaren Erfahrungsbereichen. Am Ende zeigt der Schutzengel dem Jungen, dass auch Menschenkinder fliegen können, zumindest im Traum. Danach wird Flengel wieder unsichtbar. Aber für Max bleibt die Gewissheit, von seinem Schutzengel etwas ganz Besonderes gelernt zu haben.

Zur praktischen Arbeit mit dem Buch

Das ausgewählte Bild kann viele Fragen und Ideen in der Gruppe aufwerfen:

■ Zum Motiv des Schutzengels
Wie sieht dieser Schutzengel aus?
Woher könnte er kommen?
Wieso heißt er „Flengel" und nicht „Engel"?
Gibt es überhaupt Engel? Können sie sichtbar werden?

■ Biografische Bezüge
Wer hat schon einmal Besuch von einem Engel gehabt?
Wer hat schon einmal von einem Schutzengel geträumt?
Kennst du noch andere Engel?
Wir sammeln Bilder von Engeln und Schutzengeln und untersuchen sie.

■ Zum Bild im literarischen Kontext
Warum kommt der Engel ausgerechnet zu Max?
Wie würdest du dich verhalten, wenn du wie Max plötzlich einen Engel in deinem Zimmer entdecken würdest?
Warum wird Flengel am Ende der Geschichte wieder unsichtbar für Max?
Kennst du noch andere Geschichten, in denen Engel oder andere Fantasiewesen erscheinen?

■ Zur Ästhetik des Bildes
Die „Illustratorin" hat die Figuren aus Modelliermasse geformt, bemalt und sodann zusammen mit dem Fotografen Felix Streuli fotografisch inszeniert. Die aufwändige Technik der Installationen, in denen jede Figur, jedes Möbelstück und jedes Requisit en miniature modelliert oder gebaut sind, verleihen den fotografischen Szenen eine extreme Künstlichkeit, zumal in wechselndem Farblicht und unterschiedlicher Perspektive fotografiert wurde.

Was für ein Bild sehen wir vor uns? Welche Stimmung herrscht in dem Bild? Wie ist das Bild wohl entstanden? Könnten wir auch solche modellierten „Bilder“ machen? Mit welchem Material wäre das möglich? Wer kann fotografieren?

- Zur eigenen bildnerischen Weiterarbeit

Wir malen, zeichnen, bauen oder modellieren unseren persönlichen Schutzengel oder Begleiter.

Ausblick

In einer von Bildern beherrschten Welt benötigen Kinder (wie Erwachsene) Kompetenzen in der Wahrnehmungsfähigkeit. Diese zu üben, zu erweitern und zu differenzieren, ist eine zentrale Aufgabe des Kindergartens. Im Rahmen der kinderliterarischen Arbeit ergeben sich hier vielfältige Ansätze, da die Bilder nicht für sich stehen, sondern Teil von erzählten Geschichten sind. Über die narrativen Strukturen von Bildern können Kinder Zugänge zu bildnerischen Fragen gewinnen und grundlegende ästhetische Erfahrungen sammeln.

Literatur

Charlton, Michael/Neumann, Klaus (1990): Medienrezeption und Identitätsbildung. Kulturpsychologische und kultursoziologische Befunde zum Gebrauch von Massenmedien im Vorschulalter, Tübingen

Eggert, Hartmut/Garbe, Christine (1995): Literarische Sozialisation, Metzler: Stuttgart und Weimar

Elschenbroich, Donata (2001): Das Weltwissen der Siebenjährigen. Wie Kinder ihre Welt entdecken können, Kunstmann: München

Hinkel, Hermann (1972): Wie betrachten Kinder Bilder? Untersuchungen und Vorschläge zur Bildbetrachtung, Anabas-Verlag, Gießen

Kleinhans, W. (1966): Untersuchungen über die Wahrnehmung optischer Gestalten bei 2- bis 7-jährigen, Frankfurt am Main

Neuß, Norbert (Hrsg.) (2000): Ästhetik der Kinder. Interdisziplinäre Beiträge zur ästhetischen Erfahrung von Kindern, Abt. Verlag: Frankfurt am Main

Oerter, Rolf/Montada, Leo (Hrsg.) (1998): Entwicklungspsychologie, Psychologie Verlags-Union: Weinheim 1998 (4)

Paus-Haase, Ingrid/Keuneke, Susanne (2000): Symbolangebote und kindliche Ästhetik. Zur spezifischen Welt- und Selbstwahrnehmung auf der Basis von Medieninhalten, in: Neuß, Norbert: Ästhetik der Kinder, a.a.O., S. 235–250

Schuster, Martin (2000): Psychologie der Kinderzeichnung, 3. überarbeitete Auflage, Hogrefe: Göttingen, Bern u. a

Spinner, Kaspar H. (Hrsg.) (2002): Synästhetische Bildung in der Grundschule, Auer-Verlag: Donauwörth

Steitz-Kallenbach, Jörg (2002): Verstrickungen in Literatur. Literaturunterricht, Interaktion, Identität, Schneider-Verlag: Hohengehren

Steitz-Kallenbach, Jörg/Thiele, Jens (Hrsg.) (2002): Medienumbrüche. Wie Kinder und Jugendliche mit alten und neuen Medien kommunizieren, Universitätsverlag Aschenbach & Isensee: Oldenburg

Ströter-Bender, Jutta (2000): „Mondstein, flieg und sieg!" Zur ästhetischen Sozialisation durch die Kultserie *Sailor Moon*, in Neuß, Norbert: Ästhetik der Kinder, a.a.O., S. 221–234

Thiele, Jens (2002): Mediale Umschreibungen in den Bildangeboten für Kinder, in: Steitz-Kallenbach, Jörg/Thiele, Jens: Medienumbrüche, a.a.O., S. 95–112

Wieler, Petra (1999): Vorlesen in der Familie: Fallstudien zur literarisch-kulturellen Sozialisation von Vierjährigen, Juventa Verlag: Weinheim, München

Wildlöcher, Daniel (1995): Was eine Kinderzeichnung verrät. Methode und Beispiele psychoanalytischer Deutung, Fischer: Frankfurt am Main

3 Entwicklungspsychologische Aspekte der Rezeption von Bild und Text

Gudrun Kallenbach

Kinder zeigen ganz unterschiedliche Vorlieben für Bilderbücher. Das Bilderbuch, das bei dem einen Kind zum unverzichtbaren Bestandteil des abendlichen Vorlesserituals gehört, kann bei einem anderen Kind auf wenig oder gar kein Interesse stoßen. Ebenso ist vorstellbar, dass ein Kind für einen gewissen Zeitraum ein ganz intensives Interesse für ein bestimmtes Bilderbuch zeigt, dann aber plötzlich jegliche Lust verliert. Wie lässt sich das erklären?

Wann spricht ein Bilderbuch ein Kind an?

Beim Betrachten von Bilderbüchern erschließt sich dem Kind eine Vielfalt an Bildern, Gefühlen, Stimmungen und Konflikten, die es entweder in realen Beziehungen erlebt oder die sich in seinem Inneren abspielen. Wie stark ein Kind von einem Bilderbuch angesprochen wird, hängt davon ab, wie sehr die darin dargestellte Thematik mit Erlebnissen seiner inneren oder äußeren Welt korrespondiert. Dabei muss die Abbildung der kindlichen Erlebnisse keinesfalls realitätsgetreu sein. Vielmehr regen die Bilder wie auch die Texte die Kinder an, die Darstellungen für sich bzw. zur Verarbeitung ihrer Erlebnisse nutzbar zu machen. Voraussetzung dafür ist, dass die Kinder Fantasie entwickeln können. Fantasie ist ein wichtiges Mittel zur emotionalen Verarbeitung menschlicher Erlebnisse und dient damit der Persönlichkeitsentwicklung. Ist bei einem Kind die Fantasiebildung gut entwickelt, kann es sich auch leichter über negative Erlebnisse hinwegtrösten als ein Kind, dem dieses Mittel fehlt.

Das folgende Kapitel beschäftigt sich zum einen mit diesen entwicklungspsychologischen Voraussetzungen, die beim Bilderbuch-Betrachten oder Vorlesen mit Kindern eine Rolle spielen, insbesondere die Entwicklung von Gefühlen, Affekten und Konflikten sowie die Herausbildung der Fantasietätigkeit. Zum anderen wird es um entwicklungspsychologisch relevante Themen gehen, die in Bilderbüchern aufgegriffen werden und Kindern damit Identifikations- und Verarbeitungsmöglichkeiten bieten. Den Abschluss bildet die Analyse dreier ausgewählter

Bilderbücher, anhand derer die entwicklungsfördernde Funktion der Bilderbuchbetrachtung exemplarisch aufgezeigt wird.

3.1 Die Affektentwicklung des Säuglings

Fantasietätigkeit bedeutet die aktive imaginierte Vorstellung von selbst- und objektbezogenen Gefühlen und Interaktionen. Dem Wahrnehmen und Beeinflussen von Gefühlen geht der Prozess der Affektentwicklung in den ersten 12 Monaten der kindlichen Entwicklung voraus. Die große Bedeutung der Affektentwicklung wurde erst durch die Ergebnisse der Säuglingsforschung um 1970 entdeckt.

In den Jahren davor waren sich die meisten Autoren darin einig, dass sich der Mensch vom Einfachen zum immer Komplexeren hin entwickelt. Dies beinhaltete die Vorstellung, dass der Säugling zunächst in vollkommener Einheit mit der Mutter ein passives Wesen ist, das alle Aspekte der „Bemutterung" in sich aufnimmt und erst ab dem dritten Lebensmonat ein aktiveres Verhalten zeigen und damit den Kern eines „Ichs" ausbilden kann. Autoren wie Margret Mahler (vgl. Mahler u. a. 1975) z. B. schlossen aus der Tatsache, dass sich der Säugling in den ersten drei Monaten in einer Symbiose mit der Mutter befindet, dass es keine Trennung zwischen Kind und Mutter, also zwischen Subjekt und Objekt gibt. Das Kind kann ihrer Meinung nach zunächst nur Gefühle der Lust und der Unlust empfinden. Diese vorwiegend auf die Nahrungsaufnahme und Verdauung bezogenen Affektzustände sind nach Auffassung dieser Autoren die einzigen so genannten archaischen Gefühle gewesen.

Der Säugling ist von Anfang an ein aktives Wesen

Spätestens seit den Erkenntnissen der modernen Säuglingsforschung (vgl. Dornes 1993) ist diese Haltung überholt. Umfassende empirische Untersuchungen an Säuglingen haben ergeben, dass der Mensch von Beginn an (und manche Autoren gehen sogar davon aus, dass es bereits im Mutterleib ein unbewusstes Beziehungswissen des Fötus gibt) ein aktives Wesen ist, das bereits mit vielen Wahrnehmungsfähigkeiten und Gefühlsqualitäten ausgestattet ist und differenziert und beziehungsfähig die Interaktion mit der Mutter und anderen Bezugspersonen mitgestaltet. Trotz der physischen und psychischen Abhängigkeit tritt der Säugling von Anfang an in einen regen Austausch über Wahrnehmungen und Affekte und gestaltet damit aktiv die Beziehung zu den Eltern. Die moderne Affektforschung hat herausgefunden, dass es für acht so genannte Basisaffekte ein spezifisches Gesichtsausdrucksmuster des Säuglings gibt, das in allen Kulturen gleich ist. Hierbei handelt es sich um die Gesichtsausdrücke für Interesse/Neugier, Überraschung, Ekel, Freude, Ärger, Traurigkeit, Furcht und Schuld. Diese Affekte müssen nicht gelernt werden, sondern gehören zur normalen Verhaltensausstattung (vgl. Dornes 1997, S. 40). Damit verändert sich das Bild vom Säugling gewaltig. Es besagt, dass bereits Neugeborene mit dem Grundstock aller menschlichen Wahrnehmungs- und Rezeptionsfähigkeiten ausgestattet sind. Sie können ihnen jedoch aufgrund ihrer fehlenden psychischen Reife noch nicht differenziert Ausdruck verleihen.

Welche Faktoren beeinflussen die Entwicklung des Kindes?

Welche Faktoren beeinflussen nun die Entwicklung des Kindes? Hier ist zunächst natürlich die biologische Reifung des Körpers zu nennen. Die Reifung des Gehirns bewirkt, dass das Kind kognitive sowie emotionale Prozesse wahrnehmen, erleben und verarbeiten kann. Gleichermaßen ist es jedoch in hohem Maße auf die Unterstützung und Hilfe seiner Bezugspersonen angewiesen, um den Umgang mit Gefühlen und Affekten zu lernen.

Fachleute sprechen davon, dass eine Bezugsperson, in der Regel die Mutter, die Affekte des Kindes moduliert. Dies bedeutet, dass der Säugling durch die Interaktionen der Mutter lernt, mit Affekten, Gefühlen und Intentionen umzugehen. Er introjiziert die Verhaltensweisen der Mutter, man könnte auch sagen, er verleibt sie sich ein. Die Art und Weise, wie die Mutter z. B. das Hungergefühl oder andere Unwohlseinszustände des Säuglings, die sich durch Affekte wie Ärger und/oder Traurigkeit äußern können, wahrnimmt und mit ihnen umgeht, trägt dazu bei, wie der Säugling lernt, Spannungssituationen zu bewältigen. Reagiert die Mutter mit heftigen eigenen Emotionen auf den Ärger des Säuglings und nimmt den Säugling ruckartig aus seinem Bettchen oder kann sie mit der Melodie ihrer Stimme, mit beruhigenden Worten und einfühlsamen langsamen Bewegungen dem Säugling die Zeit bis zum Stillen des Hungers oder dem Wechseln der Windel überbrücken helfen? Kleinste Kinder übernehmen die Haltung der Mutter in ihr eigenes Repertoire vom Umgang mit Gefühlen und Empfindungen.

Zusammenfassend lässt sich sagen, dass der Säugling keineswegs ein passives, nur aufnehmendes Wesen ist, sondern dass er vielmehr mit einer Reihe von Affekten, Gefühlen und Wahrnehmungen ausgestattet ist und diese von Anfang an erlebt und zeigt und damit aktiv am Beziehungsgeschehen mit seinen allerersten Bezugspersonen teilnimmt. Er erwirbt die Kompetenz, seine emotionalen Zustände wahrzunehmen und immer umfassender selbst regulieren zu können. Damit ist die Voraussetzung für weitere psychische Reifung – die Symbolisierungsfähigkeit und Fantasietätigkeit – geschaffen.

3.2 Die Entwicklung der Symbolisierungsfähigkeit und Fantasietätigkeit

Die Abwesenheit der Mutter bewältigen

In der Entwicklung der Symbolisierungsfähigkeit liegt der Übergang zwischen Wahrnehmen und Vorstellen in Bezug auf das Selbst, Objekte und Interaktionen. Der Säugling kann zwar fühlen und wahrnehmen, aber er kann noch nicht „über" die Dinge nachdenken, d. h. er hat noch kein Bild und keine Vorstellung von Dingen oder Objekten, er kann sie noch nicht „symbolisieren". Der Säugling hat z. B. von der Mutter noch kein Bild, das er sich vorstellen kann, wenn sie nicht anwesend ist. Für ihn besteht das Bild seiner Mutter im Wesentlichen aus den Sinneseindrücken, die mit ihr verbunden sind: ihrem Geruch, dem Klang ihrer Stimme, ihrer Haut, ihrer Kleidung, dem Tonfall ihrer Stimme u. a. m. Die Mutter ist die Summe der Empfindungen, die ihre Anwesenheit bei ihm auslöst. Wenn der Säugling die Mutter vermisst, wenn er Hunger oder anderes Unwohlsein verspürt, leidet er, aber er weiß nicht, worunter er leidet. Erst der Erwerb der Symbolisierungsfähigkeit macht es dem kleinen Kind möglich, mit seinen Empfindungen, Gefühlszuständen anders umzugehen.

Die Mutter ist lange Zeit die Summe aller Empfindungen

Dies erfolgt ungefähr zwischen dem 12. und 18. Lebensmonat. Ob das Kind diese Fähigkeit durch intensive Nachahmung von Handlungen erlangt, wie Piaget es annimmt (vgl. Dornes 1997), oder indem es beginnt, die Handlung, die Sinneswahrnehmung und den Affekt einer Situation voneinander zu trennen, wie Lichtenberg (vgl. ebenda) meint, ist unter Fachleuten umstritten. Geteilt wird jedoch die Auffassung, dass das Kind lernt, ein Bild, eine Vorstellung von einer Handlung zu entwickeln, ohne diese real ausführen zu müssen.

Als-ob: Symbolische Spiele

Dies ist die Voraussetzung für das beginnende „symbolische Spiel" oder des „Als-ob-Spiels": Das Kind nimmt einen Gegenstand, z. B. einen Bauklotz und behandelt ihn so, als ob er ein Auto wäre. Oder es bezieht einen Karton so in sein Spiel ein, als ob es ein Haus wäre.

Von der Selbstbezogenheit zur Objektbezogenheit

Die symbolischen Handlungen des Kindes sind zunächst selbstbezogen. D. h., dass sich die Handlungen auf seinen eigenen Körper beziehen und einen Gegenstand, z. B. ein Auto oder ein Haus, lediglich einbeziehen. Erst zwischen dem 18. und 20. Lebensmonat kann das Kind dann objektbezogene Handlungen symbolisch darstellen. Unter objektbezogenen Handlungen sind die Spiele zu verstehen, bei denen das Kind andere Personen mit einbezieht. Im Kindergartenalter ist diese Fähigkeit schon sehr weit entwickelt, die Kinder integrieren nun Spiele wie z. B. „Mutter, Vater, Kind" oder „Räuber und Polizist" in ihren täglichen Ablauf.

Diese symbolischen Darstellungen bilden die Vorstufe der Fähigkeit zum Fantasieren. Das Kind kann sich nun Handlungen und Objekte vorstellen, auch wenn diese nicht ausgeführt werden oder anwesend sind. Im Spiel ahmt es einerseits die ihm von Vorbildern bekannten Handlungen nach, andererseits erprobt es neue Verhaltensweisen und -muster. Wichtig hierbei ist, dass alles Tun des Kindes seine Gefühle anspricht. „Das bewegte Gefühl wird zum Gestaltungstrieb, der sein Tun bestimmt und zur Wiederholung, Nachahmung anregt." (Renner 1995, S. 57)

Innere Vorstellungen entwickeln

Wenn das Kind in symbolischen Darstellungen geübt ist, gelingt es ihm allmählich, diese Bilder und Erfahrungen auch allein in seiner Vorstellung auftauchen zu lassen. In der reifen Form können schließlich beim Fantasieren Objekte und Handlungen verändert werden. Das Kind ist in der Lage, sich Situationen vorzustellen, sie mit Gefühlen anzureichern und die Personen und Handlungen in der Fantasie so miteinander agieren zu lassen, dass bestimmte Gefühle in ihm erzeugt werden. Auf dieser Entwicklungsstufe dient Fantasie der Wunscherfüllung. Das Kind lernt so, dass nicht nur die realen Beziehungen zu Objekten befriedigend und angenehm sein können, sondern dass es eine von realen Personen unabhängige Fähigkeit – das Fantasieren – besitzt, um seine Gefühlswelt zu beeinflussen.

Mit der Fähigkeit zum Symbolisieren erwirbt das Kind eine Ich-Funktion

Mit der Fähigkeit zum Symbolisieren hat das Kind eine so genannte Ich-Funktion erworben. Zu den Ich-Funktionen gehören z. B. auch die Entwicklung der Motorik, der Abwehr, der Angst, der Wahrnehmung, des Gedächtnisses, des Denkens. Sie geben Auskunft über den Reifegrad eines Kindes. Zusätzlich zur Symbolisierungsfähigkeit braucht das Ich aber auch die Fähigkeit zur Realitätsprüfung, mit Hilfe derer es zwischen Fantasie und Realität unterscheiden kann. Diese Fähigkeit soll es bis zum Eintritt in die Schule erlangt haben.

3.3 Das Kindergartenkind im Übergang von Fantasie und Realität

Kindergartenkinder haben die im vorigen Kapitel genannten Fähigkeiten zum Symbolisieren und Fantasieren erlangt und können sich mit anderen sprachlich darüber verständigen. Man kann mit ihnen aber noch nicht „über" Geschichten sprechen, wie es Erwachsene zu tun pflegen. Sie besitzen noch nicht die Fähigkeit, „über" sich selbst in einer reflektierenden Art und Weise zu sprechen. Kindergartenkinder haben in der Regel noch nicht die emotionale Distanz zu einem Bild oder Text. Vielmehr befinden sie sich mitten im Bild oder im Text, der gelesen wird.

Kindergartenkinder haben noch keine emotionale Distanz zu Bild und Text

Kinder, die die Fähigkeit zum Symbolisieren und Fantasieren erlernt haben, verbleiben über einige Jahre hinweg in einem Übergangsraum zwischen Fantasie und Realität. Wenn sie das Leben, Denken und Fühlen in der Fantasie erst einmal entdeckt haben, beherrscht es sie manchmal mehr als das Leben in der Realität.

Die Bedeutung der Fantasie im Umgang mit Bild und Text

Dies ist im pädagogischen Umgang mit Bilderbüchern zu berücksichtigen. Hier eröffnet sich eine breite Palette von pädagogisch-didaktischen Ansätzen, um mit Kindern über Gefühle und Beziehungen zu kommunizieren. Im Übergangsraum von Fantasie und Realität können sie aber all ihre bisher gemachten Erfahrungen und Wünsche einfließen lassen, ohne sich selbst infrage stellen zu müssen. Sowohl beim Betrachten von Bilderbüchern, als auch beim symbolischen Spiel selbst können die Kinder in der „Als-ob-Situation" Gefühle ohne realistische Folgen erleben. Ein im Spiel bzw. im Bilderbuch auftauchendes schwieriges Gefühl (z. B. Angst, Ärger, Scham) kann einerseits in seiner ganzen Breite erlebt werden. Andererseits gestattet der Spielcharakter jederzeit einen sofortigen „Ausstieg" aus der Situation, sodass für das Kind keine kränkenden oder beschämenden Konsequenzen entstehen. Wenn Kinder über die Figuren in Bilderbüchern, deren Erlebnisse und Gefühle nachdenken und sprechen, fließen dabei auch immer ihre eigenen möglichen oder gemachten Erlebnisse und Gefühle mit ein, ohne dass sie dies explizit erwähnen. Das Verbleiben in der Geschichte, in den Figuren schützt das Kind vor Kränkung und Scham, hat trotzdem einen immensen Einfluss auf sein eigenes Erleben und hilft ihm dabei, reale oder vorgestellte Situationen zu bewältigen. Kinderlitera-

Geschichten ermöglichen das Ausleben von Gefühlen in allen Facetten

Bilderbücher können eine wichtige kompensatorische Funktion haben

tur, insbesondere Bilderbücher, können insofern eine wichtige kompensatorische Funktion haben, als dass sie Gefühle und Konflikte erlebbar machen, ohne dass sie vom Leser oder Betrachter selbst gelebt werden müssen. In den erzählten Bildern und Geschichten werden Konfliktlösungen angeboten, die sich durch die Fähigkeiten zur Symbolisierung und der Fantasie auf den realen Umgang des Kindes mit Konflikten auswirken können. Darin liegt ein unschätzbarer didaktisch-pädagogischer Wert.

3.4 Innerpsychische Konflikte und ihre Thematisierung in Bilderbüchern – drei Fallbeispiele

Es gibt vielfältige Gefühle und Konflikte, die das drei- bis sechsjährige Kind beschäftigen, zeitweise aufwühlen und irritieren, und die es im Zusammenleben mit Eltern und Geschwistern, aber auch im Kindergarten ausdrückt. Viele Bilderbücher greifen solche für Kinder emotional aufgeladene Situationen auf und beschäftigen sich mit ihren „inneren“ Themen. Anhand von drei ausgewählten Bilderbüchern sollen nun drei häufig vorkommende polarisierende Gefühlskonstellationen dargestellt und bearbeitet werden, die im Leben des Kindergartenkindes eine mitunter bedrängende Aktualität besitzen. Es geht um die Spannungsfelder Abhängigkeit und Unabhängigkeit, Geborgenheit und Alleinsein sowie Angst und Lust.

3.4.1 Zwischen Abhängigkeit und Unabhängigkeit: „Na klar, Lotta kann radfahren"

In diesem Bilderbuch von Astrid Lindgren (Lindgren 1971) geht es um Lotta, die mit zwei älteren Geschwistern in ihrer Familie lebt. Zu ihrem fünften Geburtstag bekommt sie ein Dreirad geschenkt. Mit diesem Geschenk fühlt sich Lotta von den Eltern als zu klein beurteilt und möchte ihnen beweisen, dass sie bereits viel größer ist. Sie nimmt sich das Fahrrad von Tante Berg im Nachbarhaus und möchte damit die steile Straße vor ihrem Haus hinunter fahren, um sich und den anderen zu zeigen, dass sie mit den Großen mithalten kann. Das Experiment misslingt. Lotta landet im Garten von Tante Berg und hat sich das Knie verletzt. Tante Berg findet tröstende Worte und erkennt gleichzeitig Lottas Konflikt: Weder ein Dreirad noch ein Erwachsenen-

Abb. 7 Lotta mit dem großen Rad
Aus: Astrid Lindgren: Na klar, Lotta kann radfahren.
Oetinger, Hamburg 1972

fahrrad ist für Lotta geeignet. Tante Berg sorgt dafür, dass Lotta am Ende ein Kinderfahrrad geschenkt bekommt und so die ihrem Alter entsprechenden Erfahrungen machen kann.

Die kindliche Entwicklung verläuft nicht in einer geradlinigen, langsam ansteigenden Kurve, sondern vielmehr in Schüben und ist für die Eltern und Erzieher/innen nicht immer klar nachzuvollziehen. Schmerzlich differieren hier die Einschätzung der Eltern über Lottas Fähigkeiten und ihr eigenes Gefühl, mit fünf schon wirklich groß zu sein. Abhängigkeit und Unabhängigkeit stellen beherrschende Gegensätze der kindlichen Entwicklung dar. Die große Abhängigkeit des Kindes von seinen Bezugspersonen weicht einer immer größeren Unabhängigkeit. Diese Entwicklung vollzieht sich konflikthaft, wie bei Lotta sehr schön zu sehen ist. Mit Beginn des neuen Lebensjahres sieht Lotta ihren Wunsch, nun so groß wie ihre Geschwister zu sein, greifbar nah in Erfüllung gehen. Das Geschenk eines Dreirades stellt für sie eine Kränkung durch die Eltern dar, die ihr wahres Alter verkennen. Sie halten vielleicht gerne daran fest, dass Lotta ihr jüngstes Kind ist und sie es aus eigenen Abhängigkeitswünschen auch möglichst lange abhängig halten wollen. Das Mädchen reagiert auf die Verkennung ihres wahren Alters mit Wut und nimmt sich ein Fahrrad, das durch seine Beweglichkeit als Symbol für Autonomie steht. Entwicklungspsychologisch gesehen handelt es sich um eine Trennungswut, die Lotta sogar dazu bewegt, ein Verbot – nämlich Tante Bergs Fahrrad zu klauen – zu übertreten. Mit Trennungswut möchte sich das Kind gewaltsam aus der Abhängigkeit lösen. Dadurch, dass es ihr nicht gelingt, mit dem großen Fahrrad zu fahren, erlebt Lotta zwar einerseits schmerzlich ihr Kleinsein, sie trifft aber auch verständnisvolle Erwachsene, die hinter ihrem Tun ihre Wünsche entdecken und ihr letztlich bei deren realitätsgerechter Erfüllung behilflich sind.

Bei Tante Berg darf Lotta beim Verarzten ihrer Knieverletzung für einen Moment wieder klein, abhängig und hilfsbedürftig sein. Sie erlebt dies aber nicht als Kränkung, weil ihre Tante gleichzeitig ihre Wünsche nach Autonomie und Großsein anerkennt.

In dieser Ambivalenz von Abhängigkeit und Unabhängigkeit fühlen sich die kindlichen Leser angesprochen. In den Größenfantasien, die Lotta zum Fahrradfahren mit Tante Bergs Rad bewegen, sowie in den Ängsten, das Große nicht schon wirklich zu beherrschen, findet sich jedes Kind mit seinen eigenen realen Erfahrungen wieder. Lotta ist natürlich beschämt, als sie vom Rad stürzt, sie fühlt sich in ihrem Unvermögen, in ihrem Kleinsein erkannt. Kein Kind möchte über seine eigenen Schamgefühle in solchen Situationen sprechen. Durch das Eintauchen in diese Geschichte, die Identifikation mit den Figuren und Situationen können sich Kindergartenkinder jedoch selbst auf intensive Weise erleben. In der Fantasie oder im Sprechen mit anderen Kindern oder Erwachsenen über Lotta können sie die eigenen Gefühle im geschützten Rahmen thematisieren und bearbeiten.

Die Geschichte bietet einen Schutz für die Bearbeitung eigener Gefühle

3.4.2 Zwischen Geborgenheit und Alleinsein: „Wo die wilden Kerle wohnen"

In diesem Buch von Maurice Sendak (Sendak 1963) geht es um Max, einen unternehmungslustigen, neugierigen (vielleicht vierjährigen) Jungen, der abends ins Bett gehen soll. Er verzögert das Geschehen, indem er Unfug treibt. Daraufhin wird er von seiner Mutter gescholten und bestraft, muss ohne Essen ins Bett. In seiner Fantasie verwandelt sich nun sein Zimmer in einen Dschungel, in dem er aufregende Abenteuer erlebt. Er besteigt zunächst ein Segelboot, fährt damit übers große Meer zu einer Insel, „wo die wilden Kerle wohnen“. Er begegnet den angsterregenden Kerlen, die ihm trotz ihres fürchterlichen Aussehens und Gebärdens keine Angst machen. Vielmehr zähmt er sie mit einem Zaubertrick, hat viel Spaß mit ihnen und wird sogar von ihnen zu ihrem König ernannt. Nach einiger Zeit erinnert sich Max an seine Mutter, sehnt sich an einen Ort, „wo ihn jemand am allerliebsten hatte“, und tritt die Heimreise an. Nach langer Fahrt findet er sich in seinem Zimmer, in der Geborgenheit zu Hause wieder, wo das Essen auf ihn wartet und sogar noch warm ist (vgl. Tabbert 1989).

Abb. 8 Max zähmt die wilden Kerle. Aus: Sendak, Maurice (1963): Wo die wilden Kerle wohnen. © 1967 Diogenes Verlag AG, Zürich

Das Zusammenleben von Kindern und Eltern findet nicht ohne Konflikte statt. Obwohl sich Kinder im Normalfall zu Hause sehr aufgehoben und geborgen fühlen, müssen sie manchmal schmerzlich erfahren, dass ihre Eltern nicht immer die gleichen Interessen und Gefühle haben wie sie selbst. In Sendaks Buch erlebt Max die nahezu allen Kindern und Eltern bekannte Situation, dass er abends nicht ins Bett möchte, ja, dass ihn gerade in dem Moment, da die Trennung von der Mutter ansteht, noch einmal der Unternehmungsgeist packt. Seine Ideen werden ihm so wichtig, dass sie umgehend in die Tat umgesetzt werden müssen. Da nutzt es auch nichts, dass er weiß, dass er Ärger mit der Mutter bekommen könnte. Seine Lust auf Spannung ist größer. Das Unvermeidliche – die Grenze und Strafe der Mutter – folgt unverzüglich. Max wird aus seinem lustvollen Tun abrupt und unsanft herausgerissen. Das Essen, das die uneingeschränkte mütterliche Zuwendung und Versorgung symbolisiert, wird ihm als Strafe entzogen. Auf diese Art bekommt er die ganze Wucht des mütterlichen Unmuts über seinen Ungehorsam zu spüren und reagiert seinerseits zunächst mit Ärger. In dem Augenblick, in dem er sich seiner Verlassenheit und seines Alleinseins bewusst werden und in tiefe Traurigkeit verfallen könnte, entwickelt er in seiner Fantasie das Abenteuer mit den wilden Kerlen.

Sendak bedient sich hier eines wichtigen psychischen Abwehrmechanismusses. Kinder verarbeiten negative Erfahrungen, indem sie sie in der Fantasie in ihr Gegenteil verkehren. Ein Beispiel dafür ist, wie Kinder eine schmerzhafte Behandlung beim Arzt bewältigen. Sie verkehren die Rollen, werden im Spiel selbst zum Arzt und fügen dem Spielpartner die Schmerzen zu. Durch die Wendung von Passivität in Aktivität bewältigen sie die Erfahrung des Leidens.

In Sendaks Geschichte wird der kleine Max ähnlich mächtig wie die Mutter ihm gegenüber. Er beherrscht die wilden Kerle, ihre ungezügelten Triebe (wie seine eigenen), wird ihr König (wie seine Mutter) und erlebt das Alleinsein und Getrenntsein von seiner Mutter nicht mehr als beängstigend, sondern vielmehr als stärkend. So gestärkt kann Max die Sehnsucht nach der Mutter wieder zulassen. Vor dieser Fantasie, unmittelbar, nachdem die Mutter ihn ohne Essen ins Bett geschickt hatte, war der Schmerz des Verlustes unerträglich. Jetzt kann er wieder nach Hause reisen, in der Gewissheit, dass sowohl er als auch die Mutter den schlimmen Streit, die Erfahrung ihrer jeweiligen Getrenntheit, überlebt haben. Wie zur Bestätigung findet Max dann ein warmes Essen in seinem Zimmer vor.

Eine Aufgabe der kindlichen Entwicklung ist der Aufbau von Selbstrepräsentanz

Es ist eine große Aufgabe in der kindlichen Entwicklung, das Getrenntsein von Subjekt und Objekt wahrzunehmen und dadurch eine sichere Selbstrepräsentanz entwickeln zu können. Erst wenn das Kind die wichtigsten Bezugspersonen als getrennt von ihm existierende, mit eigenen Wünschen und Bedürfnissen ausgestattete Objekte wahrnehmen und akzeptieren kann, vermag es ein sicheres Gefühl zu sich selbst aufzubauen. Hätte ihm die Mutter die wichtige Grenze nicht gezeigt, und hätte er seine Fantasie zur Bewältigung der Situation nicht zur Verfügung gehabt, wäre der kleine Max vielleicht in einen immer wiederkehrenden, nicht auflösbaren Konflikt mit der Mutter geraten, ohne sich dabei wirklich weiterzuentwickeln. Der entwicklungsfördernde Charakter der Geschichte besteht ja darin, dass Max durch dieses Erlebnis den nächsten oder übernächsten Streit mit seiner Mutter besser ertragen kann, weil er die Erfahrung gemacht hat, dass sie beide diesen Streit überlebt haben.

Erzieher/innen können mit Kindern über Max und seine Erfahrungen sprechen. Allein durch das Vorlesen wird dieses Buch aber eine höchst anregende Wirkung auf Kinder haben, weil die Verarbeitung von Konflikten durch die Fantasie in der Geschichte bereits enthalten ist.

3.4.3 Zwischen Angst und Lust: „Ich komm dich holen"

In diesem Buch von Tony Ross (Ross 1984) geht es um ein Monster. Groß, zottig, gewaltig saust es durch den Weltraum und frisst alles, was ihm begegnet. Seine große Gier lässt ihn ganze Planeten auffressen und Meere leer schlürfen. Nachdem das Monster den Planeten Erde gesichtet hat, ist sein Plan, den kleinen Tommy zu holen.

Abb. 9 Das angsteinflößende Monster.
Aus: Tony Ross: ICH KOMM DICH HOLEN.
© an der deutschen Ausgabe: 1985 by Thienemann Verlag (Thienemann Verlag GmbH), Stuttgart – Wien

Nun teilt sich die Erzählung für kurze Zeit in zwei Stränge. In einem Strang wird das Herannahen des Monsters auf die Erde erzählt, im anderen die Geschichte von Tommy, der abends gerne spannende Geschichten hört, aber beim Ins-Bett-Gehen immer Angst vor Monstern bekommt. Im Wissen um die herannahende Gefahr erlebt der Leser eine große Spannung.
Tommy wacht am nächsten Morgen auf, hat seine abendlichen Ängste vollkommen vergessen. Er ist gerade auf dem Weg zur Schule, als das

Abb. 10 Das Monster ist gebannt.
Aus: Tony Ross: ICH KOMM DICH HOLEN.
© an der deutschen Ausgabe: 1985 by Thienemann Verlag (Thienemann Verlag GmbH), Stuttgart – Wien

Monster „sich mit fürchterlichem Gebrüll“ auf ihn stürzt. Die beiden Erzählstränge fließen wieder zusammen, auf der letzten Seite sind Tommys Füße zu sehen und daneben das Monster, das, auf einmal nicht größer als ein Streichholz, wütend aufstampft.

In diesem Buch wird auf beeindruckende Art und Weise die konflikthafte Beziehung zwischen Fantasie und Realität thematisiert. Gerade Kinder im Kindergartenalter werden von vielfältigen Ängsten befallen: die Angst vor Gespenstern, vorm Dunkeln, vor Eindringlingen, etc. Und immer wieder haben die realen Erfahrungen beruhigenden Einfluss auf die Kinder. Sei es, dass die Eltern ihnen ein großes Versprechen geben, dass es keine Gespenster gibt, sei es, dass die Kinder die Erfahrung machen, dass sie nach jeder Nacht wieder munter und vergnügt aufwachen und das „Dunkle“ überlebt haben. Nun ist es keinesfalls so, dass diese Ängste nur negativen Charakter haben. Sie stellen vielmehr die Kehrseite der kindlichen Fantasie dar, in der sich das

Kind selbst zum Monster, zum Gespenst, oder zur Hexe entwickelt und sein Unwesen treibt. Diese Fantasie ist zunächst sehr lustvoll, lässt sie doch das Kind für einen Augenblick aus seinem Erleben des Kleinseins in eine Welt fliehen, in der es groß und allmächtig sein kann. Ängstigend wirken die Fantasien erst dann, wenn sie für das Kind zu solch großen Ungetümen werden, die es vernichten könnten.

Dies wird in dem Buch von Tony Ross auf amüsante und spannende Art thematisiert. Im ersten Teil des Buches identifiziert sich der kindliche Leser voll und ganz mit dem Monster. Er teilt seine Größe, Macht und Gier. Erst als der kleine Tommy auftaucht, entsteht die Ambivalenz für den Leser, will er sich doch auch mit Tommy identifizieren. Plötzlich wechseln Täter und Opfer die Rollen und der kindliche Leser gerät unter große Spannung. Diese Spannung hält bis zur letzten Seite vor. Das letzte Bild, auf dem das Monster in seiner wahren Größe, bzw. Kleinheit erscheint, wird vom Leser erst nach und nach begriffen. Dann setzt Erleichterung ein. Das Kind blättert aufgeregt noch einmal zurück, will das große Monster mit dem kleinen Monster vergleichen, um die Angst und Spannung reduzieren zu können.

Kinder empfinden auch eine Lust an der Angst

Diese Thematik ist mit dem Spaß am kindlichen Gespensterspiel zu vergleichen. Kinder empfinden eine große Lust an der Angst z. B. vor Gespenstern, solange sie voraussehen können, dass die Angst beherrschbar sein wird. Ist ein Kind z. B. durch reale Erlebnisse in seinem Leben verängstigt, wird es an solch einem Buch keine Freude haben können. Die im Buch thematisierte Angst würde seine eigene, real existierende große Angst verstärken und negative Gefühle auslösen.

Dennoch können diese Kinder durch die gemeinsame Leseerfahrung mit anderen Kindern und einer Erzieherin ihre Ängste möglicherweise mindern oder gar verlieren, da sie an der Reaktion anderer Kinder neue Sichtweisen und Gefühle kennen lernen können.

3.4.4 Innere Themen im Bilderbuch erkennen

Die beispielhafte Beschreibung und Analyse dreier Bilderbücher hat gezeigt, welche inneren Themen sie ansprechen und wie sie mit Kindern gelesen werden können. Wie können nun Erwachsene das innere Thema eines Bilderbuches erkennen? Entwicklungspsychologische Kenntnisse in Verbindung mit einem aufmerksamen Umgang mit Kindern sensibilisieren sicherlich für die inneren Themen von Kindern und schaffen die Voraussetzung, sie auch in Bilderbüchern zielgenau zu erfassen. Spannend ist es aber auch, sich als Erwachsene/r intensiv auf ein Bilderbuch einzulassen und nachzuspüren, welche eigenen inneren Themen angesprochen werden. Themen wie Abhängigkeit und Unabhängigkeit, Geborgenheit und Alleinsein, Angst und Lust spielen durchaus auch im Leben von Erwachsenen eine Rolle. Die Erinnerung an die eigene Kindheit sowie der Bezug zum eigenen Kindsein ist hier erwünscht und notwendig, um die inneren Themen zu finden. Es ist auch durchaus vorstellbar, dass Erzieher/innen sich hierbei gemeinsam mit den Kindern auf die Suche nach dem inneren Thema machen. Wichtig ist dabei jedoch, dass man im Gespräch mit den Kindern immer in der erzählten Geschichte verweilt und in den dargestellten Rollen argumentiert, sucht, fühlt. Nur dann bleibt für die Kinder der geschützte Rahmen erhalten, in dem sie ihre Konflikte bewältigen können.

Der pädagogische Nutzen des Mediums liegt darin, dass das Bilderbuch auf unvergleichliche Weise innere wie äußere kindliche Themen anbietet. Das Gespräch mit Kindern über die dargestellten Geschichten ohne ein vorab entwickeltes Lernziel, das Ansprechen von Gefühlen, das Erkennen von Konflikten im Leben und das Finden von Lösungen innerhalb der Geschichten haben einen entwicklungsfördernden Charakter.

Literatur

Primärliteratur

Lindgren, Astrid (1972): Na klar, Lotta kann radfahren. Oetinger: Hamburg

Ross, Tony (1985): Ich komm dich holen. Thienemanns Verlag: Stuttgart

Sendak, Maurice (1967): Wo die wilden Kerle wohnen. Diogenes: Zürich

Sekundärliteratur

Dornes, Martin (1993): Der kompetente Säugling. Die präverbale Entwicklung des Menschen. Fischer: Frankfurt/Main

Ders. (1997): Die frühe Kindheit. Entwicklungspsychologie der ersten Lebensjahre. Fischer: Frankfurt/Main

Mahler, Margaret u. a. (1978): Die psychische Geburt des Menschen. Symbiose und Individuation. S. Fischer: Frankfurt/Main

Piaget, Jean (1975): Nachahmung, Spiel und Traum. (Studienausgabe Gesammelte Werke Band 5). Klett: Stuttgart

Renner, Michael (1995): Spieltheorie und Spielpraxis. Eine Einführung für pädagogische Berufe. Lambertus: Freiburg i.Br.

Tabbert, Reinbert (Hrsg.) (1989): Maurice Sendak – Bilderbuchkünstler, Bouvier: Bonn

Winnicott, Donald W. (1974): Vom Spiel zur Kreativität. Klett-Cotta: Stuttgart

Teil II:
Gattungen der Kinderliteratur in Theorie und Praxis

1 Das Bilderbuch

Jens Thiele

Wahrnehmung und Beurteilung von Bilderbüchern im Erwachsenenalter sind geprägt von den eigenen kindlichen Erfahrungen. Wer sich fachlich mit Bilderbüchern auseinander setzt, ob in Ausbildung oder Berufspraxis, sollte die eigenen biografischen Bindungen an das Bilderbuch wahrnehmen, reflektieren und aufarbeiten, und zwar aus mehreren Gründen. Zum einen ist es für die Arbeit mit Kindern wichtig, sich an die Gefühle und Situationen zu erinnern, die mit der eigenen Kindheit verbunden waren und sind; das können Erinnerungen an Vorlesesituationen sein, aber ebenso an die gemalten oder gezeichneten Figuren, die den Text begleiteten, oder an die Geschichten selbst in ihren einzelnen Szenen, Handlungsabläufen und Spannungskurven. Mit welchen Gefühlen und Fantasien wurden Maurice Sendaks „Wo die wilden Kerle wohnen“ oder Janoschs „Oh, wie schön ist Panama“ damals erlebt? Welche Bilderbuchtypen wurden bevorzugt, welche nicht? Welchen Bildstil hat man als Kind geliebt und welchen gemieden? Es sind diese literarischen und bildnerischen Sozialisationsprozesse, in denen Kinder entscheidende Erfahrungen im Umgang mit Literatur und Illustrationen gewinnen. Erinnerung und Aufarbeitung der eigenen bildnerisch-literarischen Biografie können helfen, sich besser in die Situation heutiger Kinder bei der Rezeption von Bilderbüchern hineinzuversetzen.

Zum anderen können gerade die erinnerten (und manchmal auch idealisierten) Bilderbücher der eigenen Kindheit Interesse und Neugier auf fremde, unbekannte Bilderbuchkonzepte oder Bildstile erschweren.

Offenheit über die eigenen ästhetischen Urteile hinaus

Denn nicht selten werden die frühen Erfahrungen zum Maßstab für den Umgang mit der gegenwärtigen, aktuellen Bilderbuchproduktion erhoben. Wohl nicht zufällig greifen so viele erwachsene Käufer im Kinderbuchladen zu Büchern aus der eigenen Kindheit. Wer aber mit Kindern zusammenarbeitet, sollte über seine subjektiven ästhetischen Urteile hinaus offen sein für die Vielfalt des Bilderbuchangebotes – im Interesse der Kinder, die ja noch auf der Suche sind nach eigenen Wertsetzungen.

1.1 Was ist heute ein Bilderbuch?

Eine einfache und eher formale Definition des Bilderbuchs könnte heißen: es ist eine spezielle Untergattung der Kinderliteratur, die in der Regel 30 Buchseiten nicht überschreitet und sich durch eine enge Wechselbeziehung von Bild und Text auszeichnet. Das Bilderbuch richtet sich im Allgemeinen an Kinder, die noch nicht lesen können oder sich im frühen Lesealter befinden; nicht zuletzt deswegen kommt den Bildern im Bilder-Buch auch eine führende Rolle zu (Grünewald 1991). Zu unterscheiden wären das *erzählende Bilderbuch* (Beispiel: „Als Mama noch ein braves Mädchen war", 2002), das *Märchenbilderbuch* (Beispiel: Gebrüder Grimm/Susanne Janssen: „Rotkäppchen", 2001), das *Sachbilderbuch* (Beispiel: Mario Giordano: „Engel & Ungeheuer", 2002) und das *Spielbilderbuch* (Beispiel: Kveta Pacovská: „Rund und Eckig", 1994). Diese Unterkategorien durchmischen sich häufig; viele weitere Differenzierungen sind möglich (vgl. Ries 1982).

Unterscheidbare Bilderbuchkategorien

Eine weiterführende Definition hätte den kulturellen Rahmen einzubeziehen, in dem das Bilderbuch produziert und rezipiert wird. Das Bilderbuch ist heute Teil einer veränderten, vor allem durch audiovisuelle Medien geprägten Kultur. Es ist eingebunden in die kulturellen Entwicklungen und Veränderungen durch Film, Fernsehen und Computer, es reagiert auf neue mediale Bildsprachen und offenere Erzählkonzepte (Beispiele: Ivan Pommaux: „Detektiv John Chatterton", 1994; David Wiesner: „Die drei Schweine", 2001; Jörg Müller: „Das Buch im Buch", 2001). Zu solchen veränderten Auffassungen vom Bilderbuch gehört auch die Entdeckung der Erwachsenen als Adressaten von Bilderbüchern. Immer häufiger sind Erwachsene Leser, Liebhaber und Sammler von Bilderbüchern, und immer häufiger werden die Bilderbücher in Bezug auf Format, Ausstattung, Seitenumfang, Thema, Erzähl- und Bildstil komplexer, anspruchsvoller. Diese Entwicklung hat die künstlerische Vielfalt des Bilderbuchs spürbar vorangetrieben; der Bilderbuchmarkt bietet heute neben den bekannten trivialen Angeboten eine Fülle von alternativen, innovativen und experimentellen Bild- und Text-Konzeptionen. Das Bilderbuch hat sein Image als Kunst zweiter Klasse abgestreift und sich eingemischt in die Zwischenräume von Kunst, Comic, Gebrauchsgrafik und Medien. Für Erzieher/innen ergeben sich hieraus ganz neue Herausforderungen, indem zu entscheiden ist, ob Bilderbücher, in denen Themen, Probleme und ästhetische Konzepte für Erwachsene verhandelt werden, in die Kindergartenarbeit einzubeziehen sind (Beispiel: Roberto Innocenti/Patrick Lewis: „Das Hotel zur Sehnsucht", 2002). Unter entwicklungspsychologischen Aspekten ist diese Form der „Emanzipation" des Bilderbuchs durchaus kritisch zu betrachten: Sprache, Erzählstil, Bildkonstruktionen und Bildstil im Bilderbuch sollten auf Wahrnehmungs-, Verarbeitungs- und Verstehenskompetenzen des Kindes im Vorschulalter bezogen sein, und sich nicht an den literarischen oder bildästhetischen Bedürfnissen erwachsener Leser und Betrachter orientieren. Auch wenn das Bilderbuch „erwachsen" geworden ist, sollte es nicht das Kind und dessen Entwicklungsstand vergessen. Dieses Plädoyer für eine am Kind orientierte Bilderbuchkultur ist nicht zu verwechseln mit der alten Forderung nach *Kindgemäßheit*, die häufig erhoben wird, um neue und experimentelle Ansätze im Bilderbuch abzuwehren und eine bewusst einfache Bild- und Textform einzuklagen (Thiele 2002). Es geht nicht um eine Trivialisierung des Bilderbuchs, sondern um die ästhetische Förderung von Kindern. Für die Arbeit im Kindergarten wird es künftig noch wichtiger werden, zwischen Bilderbüchern für Kinder und solchen, die sich eindeutig an erwachsene Leser wenden, unterscheiden zu können.

Das Bilderbuch sollte das Kind nicht aus den Augen verlieren

1.2 Funktion des Bildes und bildnerische Stile

Nicht nur aufgrund der Dominanz des *Bildes* über den Text kommt den bildnerischen Angeboten im Bilderbuch (u. a. Bildstil, Komposition, Abstraktionsgrad, Farbdifferenzierung, Bildraum) eine wichtige Funktion zu; Bilderbücher gehören auch zu den frühen ästhetischen Erfahrungen des Kindes, die sich auf die späteren Bildinteressen auswirken (vgl. Kapitel II.2). Insofern gilt es, bereits im Kindergartenalter vielfältige Anregungen an unterschiedlichen, auch gegensätzlichen Bildformen zu vermitteln, um dem Kind eigene Auswahl- und Entscheidungsmöglichkeiten zu bieten. Entsprechendes gilt für den Umgang mit unterschiedlichen Sprach- und Textsorten. An Bilderbüchern können Kinder grundlegende ästhetische Kompetenzen und Qualifikationen erlernen. Voraussetzung ist, dass Erzieher/innen selbst Kenntnis von den unterschiedlichen Bildkategorien im Bilderbuch haben.

Kindern bildnerische Entscheidungsmöglichkeiten bieten

Üblicherweise werden Bilder im Bilderbuch als *Illustrationen* bezeichnet. In der historischen Entwicklung des Bilderbuchs hatten die Illustrationen vor allem eine den Text erläuternde, veranschaulichende Funktion. Die Illustration galt als Zugabe, Ergänzung und Kommentierung des erzählenden Textes. Das Verhältnis zwischen Bild und Text im Bilderbuch hat sich in den vergangenen Jahrzehnten aber grundlegend verändert: Illustrationen besitzen nicht mehr ausschließlich dienende Funktion gegenüber einem Text, sondern haben sich zu einer eigenständigen, gleichberechtigten Erzählform entwickelt. Insofern ist der offenere Begriff *Bild* heute der angemessenere, da er alle Formen bildnerischer Spielarten einschließt und das hierarchische Verhältnis zwischen Bild und Text überwindet. Folgende bildnerische Stile lassen sich im Bilderbuch unterscheiden:

Grafischer Stil

Es dominiert die Zeichnung (z. B. mit Bleistift, Feder oder Buntstift); die Linie ist das vorherrschende Stilmittel. Beispiel: „Opas Engel" von Jutta Bauer (2001; Abb. 11). Das Buch besteht aus kleinen Szenen, die skizzenhaft mit der Feder gezeichnet und mit blassen Aquarellfarben unterlegt sind. Der bewusst flüchtige Zeichenstil charakterisiert eine Figur oder eine Szene mit wenigen Strichen und lässt das Umfeld für Assoziationen des Betrachters frei.

Abb. 11 Aus: Jutta Bauer: Opas Engel, © Carlsen Verlag GmbH, Hamburg 2001

Malerischer Stil

Die Linie tritt zurück zugunsten der Farbfläche; die Bilder sind in der Regel mit dem Pinsel gemalt. Der malerische Stil führt im Vergleich zur linearen Zeichnung zu einer weniger detailhaften Darstellung; Figuren und Bildraum werden flächiger; die Farbe spielt als Ausdrucksmittel eine größere Rolle. Beispiel: „Rotkäppchen" von den Gebrüdern Grimm, mit Bildern von Susanne Janssen (2001, Abb. 12).

Abb. 12 Aus: Susanne Janssen: Rotkäppchen.
© 2001 Carl Hanser Verlag, München – Wien

Karikatur

Hier geht es um Reduzierung und Zuspitzung auf wesentliche, typisierende Merkmale sowie die Übertreibung bestimmter Eigenschaften. Friedrich Karl Waechter ist ein Meister der Pointierung durch wenige Linien oder Pinselstriche. In seiner bitterbösen Katzenodyssee von 1997 („Da bin ich", 1999, Abb. 13) bringt er seine Hauptfigur, eine Katze, in kargen Pinselstrichen und blassen, kühlen Aquarellfarben aufs Papier und setzt so Fantasie und Schrecken in Gang.

Abb. 13 Aus: Friedrich Karl Waechter: Da bin ich. Diogenes Verlag, Zürich 1999

Fotorealismus

Charakteristisch hier für ist ein am genauen fotografischen Abbild orientierter Bildstil, der einen möglichst hohen Illusionsgrad vermitteln will. Ein bekanntes Beispiel ist das Buch von Jörg Müller und Jörg Steiner „Aufstand der Tiere oder die neuen Stadtmusikanten" (1989). Darin werden in perfekter Illusion Spiegelungen in glänzenden Oberflächen gemalt, extreme Weitwinkelperspektiven eingenommen und Verzerrungen nachgemalt, wie sie durch optische Linsen entstehen.

Abstraktion

Kennzeichen ist die bewusste Abkehr von der figurativen, „realistischen“ Darstellung einer Figur oder Szene. Als klassisches Beispiel eines abstrakten Bildstils gilt Lionnis Bilderbuch „Das kleine Blau und das kleine Gelb“ (1962, Abb. 14). Lionni hat hier aus gerissenen und geschnittenen farbigen Papierstücken die Geschichte zweier Kinder erzählt. Die Idee einer Handlung ergibt sich aus der Kombination und Variation der abstrakten Formen.

Abb. 14 Aus: Leo Lionni: Das kleine Blau und das kleine Gelb. Verlag Friedrich Oetinger, Hamburg 1962

Collage

Bilder aus geschnittenen oder gerissenen Papieren. Die Collage ist zum bestimmenden Merkmal der Illustrationen Wolf Erlbruchs geworden. Für seine Bildentwürfe, z. B. in „Nachts“ (1999, Abb. 15) verwendet Erlbruch alte Papiere aus Logarithmenbüchern, Rechenheften und Musterbüchern, die er nachträglich mit Stift und Pinsel überarbeitet.

Abb. 15 Aus: Wolf Erlbruch: Nachts. Peter Hammer Verlag, Wuppertal 1999

1.3 Wie Bild und Text gemeinsam Geschichten erzählen

Bilderbücher setzen sich in der Regel aus Bildern und Texten zusammen. Wer nach der Bedeutung solcher Bild-Text-Angebote für Kinder fragt, muss beide ästhetischen Ebenen im Blick haben, denn beide werden zusammen erlebt. Was im Buch formal getrennt erscheint, verknüpft sich in der Rezeptionssituation zu einer ästhetischen Gesamterfahrung.

Bilder erzählen über Farben, Formen, Zeichen und Symbole

So wie ein Text, bestehend aus Sätzen, eine Geschichte erzählt, vermag auch ein Bild über Farben und Formen, über Zeichen und Symbole zu erzählen, freilich auf eine eigene, bildnerische Weise. Offensichtlich ist, dass Bilder über die Darstellung einer Figur oder Szene etwas erzählen können. Wie auf einer Theaterbühne geben z. B. Gestik, Körperhaltung und Mimik, aber auch Requisiten und Kulissen Hinweise auf ein Ereignis oder eine Handlung. Wenn im Bild nur eine Szene dargestellt ist, kann man das Bild monoszenisch nennen (die meisten Bilderbücher bestehen aus *monoszenischen Bildern*); reihen sich mehrere Szenen aneinander oder verweben sich miteinander in einem Bild, so spricht man von einem *pluriszenischen Bild* (Beispiel: Ali Mitgutsch: „Rundherum in meiner Stadt", 1968). Bilderbücher ohne Text (wie z. B. „Zoom" von Istvan Banyai, 1995) geben dem Betrachter eine „Lesehilfe", indem die Veränderungen von Bild zu Bild gering sind und das Auge wie bei einem Daumenkino von Phase zu Phase springen kann.

Wenn Bild und Text im Bilderbuch zusammentreffen, bringen beide Ebenen ihre je spezifischen Anteile ein; beide zusammen bilden dann die Geschichte. Im Folgenden sollen einige zentrale *Bild-Text-Verknüpfungen* im Bilderbuch benannt werden.

Parallelität von Bild und Text

Im Normalfall laufen Bild und Text im Bilderbuch *parallel*, nehmen aufeinander Bezug, wobei dem Text eher die Funktion der Entwicklung einer Handlung zukommt und das Bild eher die Rolle des Darstellens ausgewählter Handlungsmomente übernimmt. In Maurice Sendaks „Wo die wilden Kerle wohnen" (1967) entwickelt sich die Reise von Max, dem kindlichen Helden, sowohl durch Bild- als auch durch Textentscheidungen. Während im Text von einer Verwandlung des Kinderzimmers in einen Wald erzählt wird, erhalten die Bildformate, die am Anfang des Buches noch klein waren, parallel zum Text immer mehr Raum, bis sie schließlich das Buchformat füllen. So erzählen beide Ebenen den Übergang von der erzählten Realität in die Fantasie Schritt für Schritt gemeinsam.

Bild und Text verhalten sich kontrapunktisch

Ziel ist das Hervorrufen von Irritation oder Komik

Wenn Bild- und Textebene offenkundig nicht zusammenpassen im Sinne einer harmonischen Einheit, wenn sie sogar absichtsvoll gegeneinander gesetzt werden, so spricht man von einem *kontrapunktischen* Verhältnis. Ziel solcher gegenläufigen Positionen ist es meist, Irritation oder Komik hervorzurufen. Um offenkundige (und natürlich beabsichtigte) Ungereimtheiten zwischen der Erzählerin (Text) und den wilden Zeichnungen (Bild) geht es in Valérie Larrondos und Claudine Desmarteaus „Als Mama noch ein braves Mädchen war" (Bajazzo 2001). Während der Text berichtet, wie lieb und gehorsam Mama als Kind war, kann man in den Bildern genau das Gegenteil sehen: Mama war frech, wild, unangepasst, sie ärgerte ihren Bruder, las heimlich Horrorgeschichten und riss ihrem Teddy ein Ohr ab. Die Komik, die auch Kinder gut erfassen können, besteht genau in dieser Unvereinbarkeit von Bild und Text und in dem ironischen Spiel der beiden Autorinnen mit Wahrheit und Lüge.

Bild und Text bilden einen geflochtenen Zopf

Wenn Bild und Text auf ihre jeweils spezifische Weise erzählen können, dann bietet sich das Bild eines *geflochtenen Zopfes* an, um zu verdeutlichen, wie sich bildnerische und textliche Erzählstränge im Bilderbuch ineinander verschlingen. In einem solchen Erzählzopf tritt mal der eine, mal der andere Strang deutlicher hervor; mal wird über das Bild gezeigt und dargestellt, mal wird über das Wort die Handlung weitergetrieben – immer aber bleiben beide, Bild und Text, eine eng geflochtene Einheit. In Wolf Erlbruchs „Frau Meier, die Amsel" (1995) ist ein kunstvoller Zopf aus Bild- und Textsträngen geflochten. Die Erzählung beginnt mit mehreren Bildszenen, die die Hauptfigur in ihrem häuslichen Umfeld zeigen und sie bereits als überforderte, ängstliche Frau charakterisieren. Erst danach setzt der Text ein und gibt konkrete Beispiele aus der Vergangenheit für Frau Meiers Sorgen. In einem vielschichtigen Wechselspiel lösen sich in der Folge dann textliche und bildliche Erzählstränge ab; der eine Strang kann nicht ohne den anderen die ganze Geschichte erzählen.

1.4 Die Bilderbuchanalyse: Fallbeispiel „Die Insel"

Bilderbücher nicht nach starren Kriterien analysieren

Die Analyse eines Bilderbuchs schafft die grundsätzliche Voraussetzung für eine kompetente Auseinandersetzung mit dem Buch in der Kindergartenarbeit. Allerdings sind Bilderbücher nicht nach starren Kriterien zu analysieren. Es gibt kein allumfassendes Analysemodell, das der Komplexität jedes einzelnen Bilderbuchs und seiner Erzählform gerecht würde. Die Bilderbuchanalyse muss sich auf jedes Buch neu einlassen, um die je spezifischen Qualitäten zu erfassen. Sie muss sich dem jeweiligen Buch aus verschiedenen Blickwinkeln und mit unterschiedlichen methodischen Ansätzen nähern, um seiner Komplexität, seiner Ästhetik, seiner Erzählstruktur und seiner Thematik gerecht zu werden (vgl. Thiele 2000a: 90 ff). Im Folgenden sollen dennoch zentrale Aspekte der Bilderbucherschließung benannt werden, um Erzieher/innen den Einstieg in einige grundsätzliche methodische Entscheidungen zu ermöglichen. Hier wird bewusst ein schwieriges, „problembezogenes" Bilderbuch vorgestellt, das abweicht von der Tendenz der meisten Bilderbücher, Kindern die fröhlichen Seiten des Lebens vor Augen zu halten. In „Die Insel" von Armin Greder (Verlag Sauerländer 2002) geht es, vereinfacht formuliert, um die Angst vor dem Fremden. Nach Auskunft der Kinderbuchverlage lassen sich solche „Problembilderbücher" nur schwer verkaufen; die Probleme dürften aber eher bei den erwachsenen Käufern zu suchen sein als bei den Kindern selbst. Die Entscheidung, dieses Buch dennoch auszuwählen, ergibt sich aus dem Anspruch, die Arbeit im Kindergarten bewusst zu öffnen für Erfahrungen in unterschiedlichen sozialen Kontexten und keine künstlichen Abtrennungen zwischen kindlichen und gesellschaftlichen Lebenswelten vorzunehmen, zumal das Kind ja ein gesellschaftliches Wesen ist (vgl. Krenz 2002, S. 78).

Ein Bilderbuch über die Angst vor dem Fremden

Inhalt der erzählten Geschichte

Ein Fremder strandet auf einer Insel, nackt und schutzlos den herannahenden Bewohnern ausgeliefert; sie nehmen ihn fest und sperren ihn am Rande der Insel in einen Ziegenstall, wohl in der Hoffnung, dass man ihn dort vergessen könne. Aber der Fremde, obwohl nackt und hilflos, lässt den Menschen keine Ruhe, sie möchten ihn abschieben, aus ihren Gedanken verbannen. Und so jagen sie ihn am Ende wieder hinaus aufs Meer.

Thema und Problem

Der Autor und Zeichner Armin Greder gibt seinem Buch den provokanten Untertitel „Eine tägliche Geschichte". Erzählt wird zwar eine Geschichte von einer fernen, fiktiven Insel, doch ist es auch eine Geschichte vor unseren Haustüren, eine Geschichte von Tätern und Opfern, von der Angst vor dem Fremden, von dumpfen Vorurteilen und ihren Folgen. Die Erzählung kann einmal als direkter Kommentar zu Ausländer- und Fremdenhass gelesen werden, aber auch als eine Erzählung über das Misstrauen gegenüber dem anderen ganz generell. Die Konfrontation zwischen zwei Welten, zwei Gruppierungen lässt sich auch auf andere Situationen und Konflikte übertragen, so z. B. ganz direkt auf den Umgang von Kindern miteinander, ob im Kindergarten, auf dem Spielplatz oder in der Schule. Der Fremde als Außenseiter steht für viele mögliche Lebenssituationen.

Kommentar zum Ausländer- und Fremdenhass

Der Bezug zum Kind

Auch Kinder haben Erfahrungen mit dem Fremden

Wer das Thema aus dem Bilderbuch heraus halten möchte, sollte genauer hinschauen: Auf den Straßen, den Spielplätzen und Schulhöfen, auf den Bildschirmen und Monitoren findet diese Geschichte täglich statt: Kinder sind Täter und Opfer, sind Beobachter und Zeugen, sind Mitläufer und Verteidiger in den kleinen und großen Geschichten über das Fremde. Viele Kinder im Vorschulalter dürften bereits die Erfahrung gemacht haben, zum Außenseiter erklärt worden zu sein und dabei möglicherweise auch Gewalt (in welcher Form auch immer) erlebt haben.

Bildsprache

Abb. 16 Aus: Armin Greder: Die Insel. Eine tägliche Geschichte. © 2002 Patmos Verlag GmbH & Co. KG / Sauerländer Verlag Düsseldorf

Armin Greder erzählt vor allem in Bildern. Eine düstere Seelandschaft, mit schwarzer Kreide in bewegtem Gestus aufs Papier gesetzt, gibt zu Beginn der Geschichte die Grundstimmung dieses Bilderbuchs vor und kommentiert wortlos das Geschehen.

Greder ist ein zeichnender Expressionist. Seine Figuren könnten aus Bildern des norwegischen Malers Edvard Munch oder von Käthe Kollwitz stammen: gekrümmte Körper, Gesichter mit aufgerissenen Augen. Wenn der Fremde im Ort entdeckt wird, führt uns der Künstler wie in Munchs berühmten Gemälde „Der Schrei“ (1893) eine von Entsetzen entstellte Gestalt vor Augen (vgl. Abb. 16).

Abb. 17 Aus: Armin Greder: Die Insel. Eine tägliche Geschichte. © 2002 Patmos Verlag GmbH & Co. KG / Sauerländer Verlag Düsseldorf

Darstellung von Fremdenfeindlichkeit durch verschiedene bildnerische Mittel

Aber Greder ist auch ein politischer, ein parteiischer Zeichner: er schreibt die Engstirnigkeit und Verbohrtheit in die Gesichter der Inselbewohner ein, er macht ihre Verlogenheit durch verzerrte Mimik und theatralische Gebärden sichtbar. Auch die Körperblöcke, die sich dem Fremdling entgegenschieben, veranschaulichen, wie Fremdenfeindlichkeit aus einem dumpfen Zusammengehörigkeitsgefühl heraus entstehen kann: Die Inselbewohner sind so massiv und bedrohlich gezeichnet wie die Mauer, die sie am Ende errichten als Bollwerk gegen jeden Eindringling.

Auffallende Erzählformen

Der Fremde beschäftigt die Inselbewohner in ihren Träumen, in ihren Warnungen und ihren Lügen; in ihren Köpfen entstehen wilde Fantasiebilder. Über drei Doppelseiten hinweg zeichnet Greder eine Bildsequenz, die Zeugnis ablegt von den gefährlichen Fantasien, die sich um den Fremden ranken, obwohl er doch völlig schutzlos auftritt. „Ich bin sicher, dass er uns alle umbringen würde, wenn er Gelegenheit dazu hätte", sagt der Wachmann. Der nackte Gefangene wird zur Projektionsfläche für vielfältige Ängste und setzt vielerlei Assoziationen frei. Die Abfolge dieser Fantasiebilder erinnert an filmische Bilder, die in eine Handlung einmontiert worden sind.

Mitten im Buch entdeckt man eine kleine Skizze, die außerhalb der Haupthandlung platziert ist und wie ein bildnerischer Kommentar wirkt: Offenbar als Reaktion auf das Verhalten der Erwachsenen jagen drei Kinder einen verängstigten Jungen mit Holzknüppeln davon

Abb. 18 Aus: Armin Greder: Die Insel. Eine tägliche Geschichte.

(Abb. 18). Die Skizze steht für sich, aber sie sagt viel über die Wahrscheinlichkeit aus, dass Kinder die Vorurteile der Erwachsenen nachahmen, übernehmen und so weitertragen.

Die Bedeutung der Figuren

Bilder laden zur Identifikation und Projektion ein

Im Bilderbuch nehmen Figuren insofern eine zentrale Rolle ein, als dass sie Kindern zur Identifikation oder Projektion dienen und damit den wichtigen Brückenschlag zwischen dem fiktionalen Stoff und der Lebenswelt des Kindes ziehen. Armin Greders Bilder lassen keinen Zweifel daran, für wen sich der Autor stark macht und wen er anprangert. Mit seinen karikaturhaften Zuspitzungen schärft er den Blick für die Not der Schwachen und Verfolgten. So bleibt die Hauptfigur, der Mann, der mit seinem Floß auf die Insel gespült wurde, während der gesamten Handlung nackt (Abb. 19). Ein deutlicheres Zeichen seiner Ungeschütztheit und Entwürdigung gibt es kaum. Seine Nacktheit kennzeichnet ihn als Opfer, macht ihn hilflos und schwach. Er bietet

Abb. 19 Aus: Armin Greder: Die Insel. Eine tägliche Geschichte.

sich so als Identifikationsfigur an, dem der kindliche wie erwachsene Betrachter und Leser beistehen möchte. Die nackte, schutzlose Figur fordert Solidarität und Mitgefühl ein, sie provoziert zunächst eine emotionale Reaktion, bevor nach den Ursachen und Hintergründen des Fremdenhasses gefragt wird.

Eine zweite, fast unsichtbare Figur taucht inmitten der aufgebrachten Inselbewohner auf; es ist ein Fischer, der als mahnende Stimme an Menschlichkeit, Gerechtigkeit und Solidarität appelliert. „Auch wenn er nicht einer von uns ist, so sind wir doch für ihn verantwortlich", gibt er zu bedenken. Es ist nicht einfach, diesen Mahner unter all den austauschbaren Figuren zu entdecken; er erhält kein eigenes Bild, aber seine Stimme bleibt bis zuletzt vernehmbar. Seine Funktion wird deutlich: gegen die Meinung aller anderen wagt es dieser Fischer, Partei für den Verfolgten zu ergreifen. Auch wenn seine Worte am Ende den Mann nicht retten können, so hat der Fischer doch Mut und Zivilcourage bewiesen. Er wird damit zu einer diskussionswürdigen Figur.

Die Funktion des offenen Endes

Die Geschichte endet mit der Vertreibung des Fremden von der Insel; er wird zurück aufs Meer gejagt. Damit verletzt das Bilderbuch das ungeschriebene Gesetz vom guten Ende. Aber das offene Ende setzt Fragen frei und führt die Geschichte auf eine selbstverständliche Art an die Kinder heran, die dieses Bilderbuch anschauen. Denn das Bild des hilflos dahintreibenden Mannes auf dem Meer rückt die Frage nach dem Verhalten der Inselbewohner ins Blickfeld.

Bilderbücher wie „Die Insel" stellen fraglos eine Herausforderung für die Kindergartenarbeit dar. Aber sie schärfen den Blick für die prinzipielle Potenz, die das Bilderbuch besitzt. Erst in der genaueren Analyse von Bild und Text schälen sich die Stärken (und auch Schwächen) eines Bilderbuchs heraus. Daher ist die intensive Analyse der Schlüssel zu einer begründeten Auseinandersetzung mit dem Bilderbuch im Kindergarten. Dazu gehört insbesondere auch die Analyse von Kinderfiguren.

1.5 Kriterien zur Analyse von Kinderfiguren im Bilderbuch

Die hier vorgeschlagenen Kriterien zur Analyse von Kinderfiguren im Bilderbuch sind als Anregung zu verstehen, sich im Rahmen der Bilderbuchanalyse genauer mit den kindlichen Hauptfiguren zu befassen. Kinderfiguren sind häufig die Identifikationsfiguren für das lesende und betrachtende Kind; daher sind ihre bildnerischen Darstellungen, ihre Rollen und Aktivitäten oft von zentraler Bedeutung bei der Frage nach den Bezügen zwischen Bilderbuch und Kind.

1. Äußere Erscheinung des Kindes
- Mimik, Gestik, Körpersprache
- mutmaßliches Alter
- Kleidung, Attribute, Auffälligkeiten

2. Bildstil
- Wie lässt sich die Kinderfigur bildnerisch einordnen?
- Orientierung an „Realismen" wie z. B. Fotorealismus, kritischem Realismus, oder eher Tendenzen zur Abstraktion? Z. B. Überzeichnung zur Karikatur, Verzerrungen, Verniedlichung
- Ist die Wahl der bildnerischen Technik/des bildnerischen Materials für das Kindheitsbild bedeutsam?
- Körperlichkeit, Flächigkeit; Proportionen
- Spielt die Farbe eine erkennbare Rolle für das Kindheitsbild?
- Gibt es Wechselbeziehungen zwischen Bildstil und Kindheitsbild?

3. Geschlechterrolle, geschlechtsspezifische Merkmale
- Weist die Kinderfigur Merkmale von Geschlechtszuordnung auf? Gibt es Geschlechtstypisierungen oder bewusste Entgrenzungen, Uneindeutigkeiten in der Geschlechterrolle?

4. Gattung (Tier, Mensch, Zwischenform)
- Genaue Beschreibung der äußeren Erscheinung. In welchen Traditionen steht die Darstellung?

5. Befindlichkeiten
- In welchen Gefühlslagen und Affekten (Innenwelten, Psyche) leben die Figuren? Wodurch werden Emotionen ausgelöst? Woran sind sie erkennbar?

6. Soziale und ökonomische Definition der Darstellung
- Hinweise auf Lebensstile, Status, soziale Prägungen der Figuren
- Welche Rolle kommt der Familie als sozialem Bezugsrahmen zu?

7. Handlungsorte und ihre Ausstattung
- Milieu, Lebensräume.
- Wohnstil, Requisiten
- Spielt dabei der Bildstil eine besondere Rolle? (Räumlichkeit, Farbe, Ausstattung)

8. Dargestellte Tätigkeit/Arbeit
- Was tun die Kinder? Zweckfreie oder funktionale Tätigkeiten?

9. Beziehungen von Kindern untereinander/zu den Erwachsenen
- In welchen emotionalen und funktionalen Bezügen zu anderen Figuren stehen die Hauptpersonen? Welche Aussagen werden über Beziehungen getroffen? Welche Rolle spielt dabei die Familie?

10. Thema/Problem
- Um welches auf Kindheit bezogene Problem geht es?
- Welche Fragen, Probleme und Konflikte tauchen auf?
- Woher kommen sie? Wie geht das Kind damit um?

11. Zum Verhältnis von Text und Bild
- In welcher Beziehung steht die bildnerische Figur zur literarischen Figur, wie sie im Text entwickelt ist? Welche übereinstimmenden und welche abweichenden Merkmale weist die Kinderfigur in Bild und Text auf? Was bewirken mögliche Gegensätze?

12. Handlungsverläufe, Entwicklungen, Prozesse, Konflikte, Lösungen
- In welche Erzählungen sind die Kinder eingebunden? Welche Prozesse durchlaufen sie? Durch welche Angebote lösen sich Fragen oder Konflikte im Verlauf der Erzählung? Welche Rolle spielt das Kind im Prozess der Konfliktlösung?

13. Zielsetzung, Anspruch
- Gibt es erkennbare Zielsetzungen und „Botschaften“ in der Erzählung?
- Woran sind sie festzumachen?
- Wird ein bestimmtes Bild von Kindheit vermittelt? Wenn ja, woran ist es erkennbar?

- Welche Erklärungen zur Bearbeitung des Themas hält das Buch für Kinder bereit?

1.6 Voraussetzungen für die Arbeit im Kindergarten

Bilderbücher bieten einen großen Fundus an Motivationen, Impulsen, Fragen, Themen und Problemen, der im Kindergarten didaktisch zu nutzen ist. Zum einen können sie als Gegenstand ästhetischer Bildung den Einstieg in die Welt sinnlicher Grunderfahrungen ermöglichen. Der Zugang zum Bilderbuch kann auf vielfältigen Wegen verlaufen. So elementare bildnerische Qualitäten wie die Sinnlichkeit des ästhetischen Objekts, das man in der Hand hält, dessen Form, Materialität und Geruch man spürt, dessen Farbigkeit und Layout man wahrnimmt, machen das Buch zu einem potenziellen Gegenstand der Neugier. Ein Pop-up-Buch, das sich in der Hand des Kindes zu einer Papierplastik verwandelt, das die Grenzen zwischen Buch, Objekt und Spielzeug verwischt, belegt, welches experimentell-ästhetische Potential prinzipiell im Buch steckt. Besondere Bedeutung kommt hierbei der Haltung der pädagogischen Fachkraft selbst gegenüber dem Bilderbuch zu: erst wenn sie es vom Image des Zeitvertreib-Mediums befreit und es ernst nimmt als komplexen ästhetischen Gegenstand, erst wenn sie sich ihrer eigenen Beziehung zum Bilderbuch bewusst ist, kann die Arbeit am Bilderbuch unter günstigen Bedingungen für Kinder wie für Erwachsene ein komplexes elementares Ereignis sein.

Das Bilderbuch: ein Gegenstand potenzieller Neugier

Zum anderen kann das Bilderbuch aufgrund seines bildhaften, szenischen und narrativen Charakters einen Brückenschlag zur Lebenswelt des Kindes ziehen. Hier trifft sich der Gegenstand Bilderbuch mit den Zielsetzungen des „Situationsorientierten Ansatzes" im Kindergarten, wie ihn Armin Krenz entwickelt hat (vgl. Krenz 2002). Situationsanlässe im Sinne von Krenz (ebd., S. 76 ff) bieten Bilderbücher dann, wenn ein Thema oder Problem, das von Kindern als bedeutsam erlebt wird, im Bilderbuch in szenischer, situativer Form wiederentdeckt wird, wenn es Probleme oder Konflikte in einem Handlungsablauf entfaltet und Lösungen andeutet. Der fiktionale Charakter einer Bilderbuchgeschichte bietet dabei die erforderliche Distanz (auch den notwendigen Schutz), um über ein schwieriges Thema mit Kindern sprechen zu können (z. B. über Tod oder Einsamkeit); Identifikationen mit den fiktionalen Figuren und eigene

Bilderbuchgeschichten bieten dem Kind Distanz und Nähe

Projektionen auf das Thema können wiederum Nähe zwischen Kind und Thema herstellen. Wie kaum ein anderes Kindermedium vermag das Bilderbuch aufgrund seiner besonderen ästhetischen Inszenierungsformen Themen und Probleme aus kindlicher Perspektive sichtbar zu machen, Fragen im Sinne der Kinder zu stellen und (im besten Falle) auch Antworten für Kinder zu geben. Bilderbücher können insofern wichtige didaktische Anlässe für ästhetische, kulturelle, soziale und kommunikative Lernprozesse sein (vgl. Hollstein 1999, S. 107 ff). Zu welchem Zeitpunkt und unter welchen räumlichen und kommunikativen Bedingungen ein Bilderbuch im Kindergarten ins Zentrum der gemeinsamen Arbeit gestellt wird, ist von den Erzieherinnen und Erziehern zu entscheiden. Sie kennen die entwicklungspsychologischen Voraussetzungen der Kinder bei der Aufnahme von Bild und Text und wissen, welche Themen die Kinder ihrer Gruppe berühren und beschäftigen, welcher Bild- und Textanspruch in ihrer Lerngruppe vorauszusetzen ist.

Ein Hindernis, im Kindergarten offen und vorurteilsfrei mit Bilderbüchern zu arbeiten, liegt in der verbreiteten Unsicherheit gegenüber veränderten Bildstilen und ernsten Themen. Es gibt so etwas wie eine innere pädagogisch-moralische Messlatte, die an Bilderbücher angelegt wird. Sowohl gegenüber bestimmten Themen als auch gegenüber bestimmten Bildstilen gibt es die Befürchtung, Kinder könnten dadurch überfordert oder belastet werden (vgl. Bonfadelli/Süss 1997). Die eigene Auseinandersetzung mit Bilderbüchern, ihrer Ästhetik, ihren Erzählformen und ihren Themen sollte aber nicht nur von eigenen Vorlieben oder Abneigungen geleitet sein, sondern im Interesse der Kinder, die ja eine andere Generation von Kindheit repräsentieren, offen geführt werden.

Fragen zur Vorbereitung:

- Warum sollte ich dieses Bilderbuch mit Kindern im Kindergarten überhaupt lesen, anschauen und bearbeiten?
- Wo und wie knüpft es an die Lebenssituation der Kinder (und an meine eigene) an?
- Wo und wie verknüpft es sich mit der aktuellen, situativen Lage meiner Lerngruppe?
- Was ist an diesem Buch das Besondere?
- Worauf lege ich den Schwerpunkt im Gespräch, in der praktischen Arbeit?
- Mit welcher Begründung wähle ich den Schwerpunkt aus?

- In welcher Form soll auf dieses Bilderbuch eingegangen werden (Gespräch, Rollenspiel, eigenes bildnerisches Arbeiten der Kinder, weiterführende Planungen wie Erkundungen, Materialsuche)?
- Wie kann ich die Kinder am Arbeitsprozess beteiligen?
- Welche Zeit soll für dieses Arbeitsvorhaben veranschlagt werden?
- Welche Einsichten, Erkenntnisse und Qualifikationen sollen die Kinder in einem solchen Arbeitsvorhaben erlernen?
- Was könnte als Ergebnis der Arbeit herauskommen?

1.7 Begründungen für die Arbeit mit Bilderbüchern im Kindergarten

Kinder finden heute eine fragmentarisierte und hochbeschleunigte Bild- und Textkultur vor, die sich vor allem über Fernsehen, Video, Computerspiele und Internet ausbildet (vgl. Thiele 2000b). Vor dem Hintergrund solcher eher flüchtigen Bilderfahrungen bietet das Bilderbuch Kindern eine Reihe zentraler ästhetischer Erfahrungen: Bilder und Texte können im Gegensatz zu schnellen Bildfolgen in Ruhe und im selbstbestimmten Zeittakt wahrgenommen werden, sodass sie zum Gegenstand von Neugier, Genuss und Kritik werden können. Was an Auge und Ohren rasch vorbeizieht, bietet dem Kind (und auch dem Erwachsenen) in der Regel keine Möglichkeit zur konzentrierten Wahrnehmung, die ja die Voraussetzung für einen persönlichen Zugang zu einem ästhetischen Gegenstand ist.

Bilderbücher können im selbstbestimmten Zeittakt wahrgenommen werden

Das Bilderbuch als statisches, stilles Medium bietet eine besondere Chance zur bewussten Wahrnehmung des einzelnen Bildes und des einzelnen Buches. Überdies bindet es seine Bilder in narrative Kontexte ein und webt so Fantasie um sie herum. Beim Vorlesen eines Bilderbuchs passiert sehr viel mehr, als „nur" einer Geschichte lauschen. Sinnliche Impulse durch Worte, Farben oder Papier, Tagträume durch Bilder oder Sätze, Fragen, Neugier, positive und negative Gefühle begleiten und ergänzen den Prozess. Ein Bilderbuch lesen und anschauen stellt eine umfassende ästhetische Erfahrung dar, die durch den eigenen Rhythmus und den selbstbestimmten Verlauf geprägt ist, in dem das Unterbrechen, das Nachfragen, das Zeigen mit dem Finger auf eine rätselhafte Bildstelle oder auch nur das verträumte Hineinsehen ins Bild möglich sind. Ein Werbeclip erzählt in 15 Sekunden eine komplette Geschichte in etwa 25 Einstellungen. Ein Bilderbuch anschauen und lesen umfasst dagegen 10 oder 15 Minuten bei etwa gleicher Bildanzahl – also eine sechzig Mal solange Zeit. Man könnte sich ein solches empirisches Experiment gut vorstellen: während ein Kind ein einziges Bilderbuch vorgelesen bekommt, sieht ein anderes 60 Werbespots hintereinander.

Ein weiteres Argument für die Arbeit mit Bilderbüchern liegt in der emotionalen Nähe, die zwischen dem Kind und dem Erzieher/der Erzieherin in der Vorlesesituation geschaffen wird. Der Interaktionsprozess, der zwischen Kind, Erwachsenem, der erzählten Geschichte und den gesehenen Bildern entsteht, schafft Voraussetzungen, um die besonderen Verknüpfungen zwischen Text, Bild und Kind besser kennen zu lernen (vgl. Steitz-Kallenbach 2002, S. 41–42).

Die Ausführungen zeigen, dass dem Bilderbuch eine besondere, auch pädagogische Rolle, zukommt (vgl. Thiele 2002b).

1.8 Ansätze praktischer Bilderbucharbeit

Die folgenden Skizzen von Arbeitsvorhaben sollen drei unterschiedliche Ansätze der praktischen Bilderbucharbeit im Kindergarten veranschaulichen. Vorgestellt werden ein thematischer, ein ästhetischer und ein kommunikativer Ansatz.

Der thematische Ansatz: Groß und Klein

Themen aus der kindlichen Lebenswelt

In Grégoire Solotareffs Bilderbuch „Du groß, und ich klein" (1996) geht es um elementare körperliche und soziale Erfahrungen, die das Leben und Aufwachsen von Kindern prägen: um Kindsein und Erwachsensein, um Groß und Klein, um Abhängigkeit, Freundschaft, Trennung und gegenseitige Achtung (vgl. Hohmeister 2000a). Das Buch zielt damit direkt in den täglichen Lebensbereich von Kindern und Erwachsenen. Beide finden sich in ihren unterschiedlichen Rollen gleichermaßen im Bilderbuch wieder. Wie so oft im Bilderbuch sind die Protagonisten der Geschichte zwei Menschen in Tiergestalt: ein kleiner Elefant und ein großer Löwe, der eine einsam und hilflos, der andere stark und mächtig (Abb. 20). Der Löwe nimmt das Elefantenkind auf und zieht es wie ein Vater auf. Die Bilder, die Solotareff mit dem Pinsel malt, drücken durch leuchtende Farbflächen, klare Größenverhältnisse und eine typisierte Körpersprache der Figuren die unterschiedlichen Rollen aus. In diesen ersten Bildern können sich Kind und Erwachsener noch in ihren gelebten Rollen bestätigt fühlen und

Abb. 20 Aus: Grégoire Solotareff: Du groß, und ich klein.
Aus dem Französischen von Erika und Karl A. Klewe, Moritz Verlag, Frankfurt am Main 1996

sich darüber austauschen. Doch das Thema „Groß und Klein“ erfährt im Laufe der Erzählung eine Wandlung, denn der kleine Elefant wächst sichtbar heran, wächst dem Löwen über den Kopf, sodass sich Körpererfahrungen und Rollenverhalten umkehren; nun kann der Elefant auf den Löwen herunterblicken. Damit rücken für die betrachtenden Kinder Bilder der Zukunft ins Blickfeld, Fragen des Heranwachsens und Großwerdens und Vorstellungen einer veränderten Beziehung zu den Erwachsenen. Die nun auch veränderten Bilder von Groß und Klein zeigen einen scheinbar geschrumpften, schwachen Löwen und einen mächtigen Elefanten. Aber sind Macht und Größe allein abhängig von der körperlichen Größe oder gibt es andere Qualitäten, die die Beziehung von Menschen untereinander definieren? Welche Vorstellungen von Zukunft tragen Kinder in sich? Wie glauben sie sich zu verändern, wenn sie „groß" sind? Wie stellen sie sich dann ihr Verhältnis zu den „Großen" vor? Das Buch gibt auf diese Fragen am Ende eine von vielen möglichen Antworten: der große Elefant findet den alten, schwachen Löwen hilflos auf der Straße; er nimmt ihn bei sich auf und beide finden nach Jahren der Trennung eine neue Beziehung zueinander, die von Zuneigung und Verantwortung geprägt ist. Das Thema „Groß und Klein", das zunächst in kontrastiver Form entwickelt wurde, zeigt sich am Ende des Buches als Symbiose, als Einheit. Die beiden letzten Bilder veranschaulichen die Zusammengehörigkeit der beiden Figuren trotz ihrer ungleichen Größe.

Die in der Geschichte verhandelte Thematik bietet eine Fülle an Fragestellungen, die mit Kindern im Gespräch erörtert oder durch andere Aktivitäten bearbeitet werden können.

Der ästhetische Ansatz: Die Vielfalt der Bilder

Bilderbücher sind fiktionale Entwürfe von der Welt. Alles, was in dem kleinen, textlosen Bilderbuch von Katy Couprie und Antonin Louchard „Die ganze Welt" (2001) zu sehen ist, bezieht sich auf die kindliche Lebenswelt: die Stühle zum Sitzen, die Gefäße zum Trinken, die Bäume mit ihren Blättern, das Fell der Tiere, der Schnee, die Wolken,

Abb. 21 Aus: Katy Couprie, Antonin Louchard: Die ganze Welt. © 1999 Éditions Thierry Magnier, Bouafle, © Katy Couprie, © Antonin Louchard. © der deutschen Ausgabe: 2001 Gerstenberg Verlag, Hildesheim

die Menschen, ihre Gesichter, Augen und Brillen, Steine und Schiffe. Da die Bilder auch auf verschiedene Kulturen verweisen, kann dieses Buch auch die Integration und Kommunikation von Kindern verschiedener sozialer Herkunft im Kindergarten fördern. Wer „Die ganze Welt“ durchblättert, taucht ein in einen Bilderkosmos, der die Perspektive des Kleinkindes einnimmt und die Welt aus unmittelbarer Nahsicht vor Augen führt.

Unterschiedliche Bildstile kennenlernen

Nicht allein die Vielfalt der Themen und Motive macht dieses Bilderbuch für die Arbeit im Kindergarten so ergiebig – noch interessanter ist es, die ästhetische Vielfalt des Buches zu entdecken, mit der die Autoren die Welt sichtbar machen: modellierte Figuren aus Pappmaché wechseln sich ab mit Zeichnung, Malerei und Druckgrafik; dazwischen tauchen digitale Collagen, Fotografien, Notenblätter oder Katalogbilder auf – alle Stile, alle Techniken und alle Bildstimmungen fügen sich zu einem faszinierenden Patchwork zusammen (vgl. Abb. 21). In ständig wechselnder Perspektive erfassen die Bilder die Umgebung: mal von oben, mal aus spitzem Winkel, mal ganz dicht herangerückt, mal mit Abstand. Auch der von Bild zu Bild wechselnde Abstraktionsgrad gehört zu dieser abwechslungsreichen Sicht auf die Welt; die Gegenstände sind mal hyperrealistisch fotografiert, mal plastisch gemalt, mal zeichnerisch vereinfacht, dann stilisiert, verfremdet oder rätselhaft aufgelöst. An diesem Buch können Kinder die ästhetische Vielfalt von Bildern wahrnehmen, eigene Vorlieben entdecken und sich über fremde Bildstile äußern.

Auch das Verhältnis der Bilder untereinander bietet Anlässe für ästhetisches Lernen. So gibt es zahlreiche Bildbezüge und Bildreihen, die zusammen gehören. Neben einem Stück abstrakter Malerei in Schwarz entdeckt man das Bezugsobjekt: eine schwarz-weiße Kuh aus Holz, die im Gras steht. Dann zoomt die Kamera ins Gras hinein, sodass jeder einzelne Halm erkennbar ist. Daneben erblickt man den Bart eines Mannes, dann eine Blumenwiese, danach einen Kaktus im Holzschnitt, eine stachelige gemalte Figur und schließlich eine Kastanie. Solche Bildfolgen ermöglichen eine wache Wahrnehmung und entdeckendes Lernen durch Erkennen und Vergleichen ähnlicher Phänomene aus unterschiedlichen Lebensbereichen. In dieser Bilderwelt gibt es viele Dialoge zwischen den jeweiligen Bildern einer Doppelseite. Dazwischen kann sich das betrachtende Kind schieben – mit seinem Wissen oder Erinnern, aber auch mit seinen eigenen erlebten oder erdachten Geschichten. Es kann am Dialog der Bilder teilnehmen, denn die Bilderpaare und Bildfolgen beflügeln auch die freie Assoziation und das

Das Dialogische zwischen den Bildern entdecken

spielerische Weiterdenken. „Die ganze Welt" bietet neben der Information ein breites Fantasiepotential, das sich entscheidend durch die Sinnlichkeit und Offenheit der Bilder ergibt.

An Bildern lernen ist ein immer wieder erhobener Anspruch der Medien- und Informationsgesellschaft. In diesem Bilderbuch wird exemplarisch vor Augen geführt, wie die Prozesse ästhetischen Lernens heute verlaufen können: nicht notwendigerweise linear vom Einfachen zum Schwierigen, vom Gegenständlichen zum Abstrakten, sondern durchaus auch zwischen wechselnden Bildstilen.

Der kommunikative Ansatz: Das Bilderbuch stellt Fragen

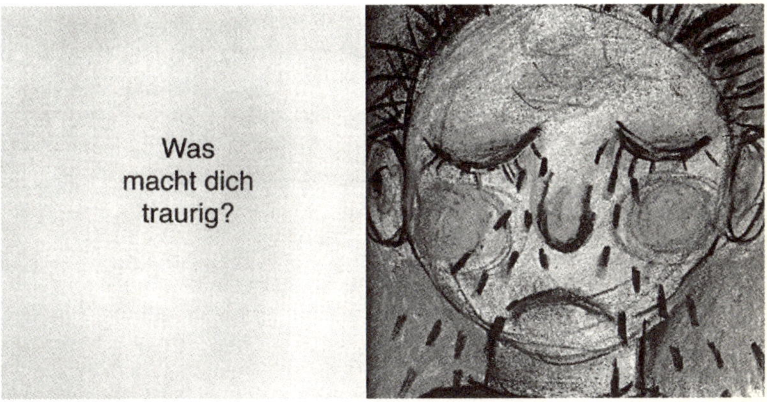

Abb. 22 Aus: Antje Damm: „Frag mich!", 108 Fragen an Kinder, um miteinander ins Gespräch zu kommen. Moritz-Verlag, Frankfurt am Main 2002

Themen aus den kindlichen Erfahrungs- und Erlebniswelten

Bereits der Aufforderungscharakter des Buchtitels „Frag mich" (von Antje Damm 2002) verweist auf die besondere kommunikative Struktur dieses Buches. Auf den 221 Seiten werden Textfragen gestellt und Bildantworten gegeben. „Hast du schon einmal Heimweh gehabt?", „Wen vermisst du?", „Was hast du schon repariert?" Es sind Fragen, die die ganze Skala kindlicher Erfahrungs- und Erlebniswelten des Kindes streifen, von sinnlichen Erlebnissen bis zu alltagspraktischen Tätigkeiten, immer ergänzt durch ein Bildangebot.

In dieser vielschichtigen Buchkonzeption wird nicht nur Vertrautes abgerufen, sondern die kindliche Neugier ganz unmittelbar berührt. Viele Fragen führen nämlich direkt in unbekannte Bereiche, fordern das Kind zur eigenen Meinung auf, zu Fantasie und Utopie. „Was machst du, wenn du groß bist?", „Worüber möchtest du gerne mehr wissen?", „Welches Spiel hast du erfunden?" Zwischen den Fragen, jeweils auf der linken Buchseite, und den Bildantworten, immer rechts, gibt es unendlich viele Bezüge und Zwischenräume (Abb. 22). Mal scheint das Bild die gestellte Frage direkt zu beantworten, dann wieder stellt sich die Illustration beinahe quer zum Text. „Hättest du gerne kleine Geschwister?" Wer begeistert „Ja!" rufen möchte, sollte sich besser erst die Zeichnung daneben anschauen: das ältere Kind hält sich die Nase zu angesichts des kleinen Schmutzfinks auf dem Kinderstuhl. Text und Bild eröffnen hier Vorstellungsräume über das Zusammenleben, machen auf humorvolle Weise Alltagsprobleme sichtbar und aktivieren eigene Vorstellungen.

Es gibt auch Bilder, die auf eine irritierende Weise antworten. Neben der Frage „Wohin möchtest du reisen?" steht eine collagierte Zeichnung, die drei vergnügte Kinder in der Badewanne präsentiert, die offensichtlich eine Reise auf hoher See spielen; die Badewanne ist das Schiff, das sie durch die Weltmeere lenken. Dass Text und Bild auf jeder Doppelseite neue Spannungsverhältnisse eingehen, liegt entscheidend auch an der bildnerischen Vielfalt der Illustrationen, die zwischen Fotografie, Zeichnung und Malerei pendeln, zwischen Realismus und Karikatur, zwischen Abstraktion und figurativer Klarheit, zwischen alten und modernen Bildformen. Die wechselnden Bildgattungen und -stile bilden ein wichtiges Assoziationspotenzial bei der Beantwortung der Fragen. „Frag mich!" ist ein Bilderbuch, das für die Kindergartenarbeit von hohem Gebrauchswert ist, denn es motiviert Kinder und Erwachsene zur offenen Kommunikation. Welche Seite man auch aufschlägt: Immer vermag das Buch Unterhaltung und Spiel in Gang zu bringen; es kann ein Übungsfeld zum Erzählen sein, zum Erproben von Fantasie oder Komik, aber es fragt auch nach Wissen und Lebenserfahrungen, nach Geburt und Tod, nach Freude und Trauer.

Ausblick

Die Auswahl hier vorgestellter Stile, Themen und Erzählkonzepte sollte verdeutlichen, dass gerade Bilderbücher Kindern Zugänge zu vielfältigen bildnerischen Phänomenen ermöglichen und wichtige Basiserfahrungen für eine Orientierung in der visuellen Kultur bereitstellen können, z. B. Offenheit für unterschiedliche Bildkategorien und Neugier gegenüber dem „fremden" Bild. Auch für die Erzählkultur liefern Bilderbücher zahlreiche Impulse, indem sie Geschichten um die visuelle Dimension erweitern.

Literatur

Primärliteratur

Banyai, Istvan (1995): Zoom, Sauerländer

Bauer, Jutta: Opas Engel, Carlsen 2001

Couprie, Katy/Louchard, Antonin (2001): Die ganze Welt, Gerstenberg

Damm, Antje (2002): Frag mich! 108 Fragen an Kinder, um miteinander ins Gespräch zu kommen, Moritz

Erlbruch, Wolf (1995): Frau Meier, die Amsel, Peter Hammer

Erlbruch, Wolf (1999): Nachts, Peter Hammer

Giordano, Mario (2002): Engel & Ungeheuer, Aufbau-Verlag

Greder, Armin (2002): Die Insel. Eine tägliche Geschichte, Sauerländer

Innocenti, Roberto/Lewis, Patrick (2002): Das Hotel zur Sehnsucht, Sauerländer

Janosch (1978): Oh, wie schön ist Panama, Beltz & Gelberg

Janssen, Susanne/Gebrüder Grimm (2001): Rotkäppchen, Hanser

Larrondo, Valérie/Desmarteau, Claudine (2001): Als Mama noch ein braves Mädchen war, Bajazzo

Lionni, Leo (1962): Das kleine Blau und das kleine Gelb, Oetinger

Mitgutsch, Ali (1968): Rundherum in meiner Stadt, Otto Maier

Müller, Jörg/Steiner, Jörg (1989): Aufstand der Tiere oder die neuen Stadtmusikanten, Sauerländer

Müller, Jörg (2001): Das Buch im Buch, Sauerländer

Pacovská, Květa (1994): Rund und Eckig, Ravensburger Buchverlag

Pommaux, Ivan (1994): Detektiv John Chatterton, Moritz

Sendak, Maurice (1967): Wo die wilden Kerle wohnen, Diogenes

Solotareff, Grégoire (1996): Du groß, und ich klein, Moritz

Waechter, Friedrich Karl (1997): Da bin ich, Diogenes

Wiesner, David (2002): Die drei Schweine, Carlsen

Sekundärliteratur

Bilder-Bücher, Schwerpunktthema der „Informationen zur Deutschdidaktik" (ide) Heft 2/2002, herausgegeben von Werner Wintersteiner, Innsbruck 2002

Bonfadelli, Heinz/Süss, Daniel (1997): Bilderbuchrezeption als Forschungsgegenstand der Medienwissenschaft. In: Schweizerisches Jugendbuch-Institut (Hrsg.): Siehst Du das? Die Wahrnehmung von Bildern in Kinderbüchern – Visual Literacy (= Arbeitsberichte des SJI, Bd. 19), Zürich, S. 73–94

Grünewald, Dietrich (1991): Kongruenz von Wort und Bild. Rafik Schami und Peter Knorr: „Der Wunderkasten“. In: Jens Thiele (Hrsg.): Neue Erzählformen im Bilderbuch. Untersuchungen zu einer veränderten Bild-Text-Sprache, Isensee: Oldenburg, S. 17–49

Hohmeister, Elisabeth (2000): Thematische Analyse von Grégoire Solotareffs „Du groß, und ich klein“ (1996). In: Thiele, Jens: Das Bilderbuch. Ästhetik, Theorie, Analyse, Didaktik, Rezeption, Isensee: Oldenburg, S. 130–141

Hollstein, Gudrun (1999): Werkstatt Bilderbuch. Allgemeine Grundlagen, Vorschläge und Materialien für den Unterricht in der Grundschule, Knecht: Landau

Krenz, Armin (2002): Der „Situationsorientierte Ansatz“ im Kindergarten. Grundlagen und Praxis, Herder Verlag: Freiburg

Ries, Hans (1982): Illustration im Kinder- und Jugendbuch. In: Doderer, Klaus (Hrsg.): Lexikon der Kinder- und Jugendliteratur, Ergänzungs- und Registerband, Beltz Verlag: Weinheim, 296–308

Steitz-Kallenbach, Jörg (2002): Verstrickungen in Literatur. Literaturunterricht, Interaktion, Identität, Hohengehren: Schneider-Verlag

Thiele, Jens: Wenn Geschichten zerfallen. Brauchen wir wieder „kindgemäße“ Bilderbücher, die ihre Leser an die Hand nehmen? In: Die Zeit Nr. 49 vom 28. November 2002, S. 61

Ders. (2000a): Das Bilderbuch. Ästhetik, Theorie, Analyse, Didaktik, Rezeption, Isensee: Oldenburg

Ders. (2000b): Ein Anker im Strom der Bilder. Das Bilderbuch als Einstieg in die Welt sinnlich-ästhetischer Erfahrungen. In: 1000 und 1 Buch, Heft 4/Dezember, S. 15–16

2 Für andere erzählen können

Zur Rezeption und Präsentation von Bilderbüchern im Kindergarten

Claudia Blei-Hoch

Wohl kaum ein Medium frühkindlicher literarischer und bildnerischer Sozialisation weckt seit seinem Bestehen solch anhaltendes und ungebrochenes Interesse wie das Bilderbuch. Allen medientechnischen Entwicklungen zum Trotz hat das Bilderbuch im Medienalltag von Familien und Vorschuleinrichtungen seinen festen Platz gefunden. Besonders in Kindergärten übernehmen Bilderbücher oft den „roten Faden" durch eine thematische Woche und sind Ausgangspunkt für die Entwicklung der ästhetischen Wahrnehmungsfähigkeit, der sprachlichen Ausdrucksfähigkeit, für soziales Lernen, Fantasie- und Identitätsentwicklung (Bonfadelli/Süß 1997, S. 88). Deshalb ist das Bilderbuch längst zu einer „Grundschule der Künste" geworden (vgl. Mattenklott 2002, S. 33).

Das Bilderbuch als „Grundschule der Künste"

Während jedoch in Geschichte und Gegenwart des Bilderbuchs eine anhaltende Diskussion über Form, Inhalt und Qualität stattfindet, besteht eine weitgehende Unkenntnis über die Wirkung beim Adressaten (Thiele 2003, S. 14). Allgemein wird zwar angenommen, dass Bilderbücher von jedermann problemlos erschlossen werden können, da ihre Inhalte einfach, ihre Formgestaltung leicht erfassbar, ihre Struktur überschaubar und ihr Umfang gering sei. Doch gerade Bilderbücher stellen heutzutage sehr komplexe Anforderungen an Kinder und Erwachsene, was das Verstehen von Texten, das Entschlüsseln von Bildern sowie die Wechselbeziehungen zwischen Text und Bild anbelangt. Voraussetzung für die gelingende frühkindliche literarische und bildnerische Sozialisation sind deshalb Kenntnisse darüber, wie Bilderbücher auf Kinder und Erwachsene wirken. Daraus lassen sich dann Rückschlüsse für die Gestaltung von und den Umgang mit Bilderbüchern ziehen. Daran dürften nicht nur die Autoren und Illustratoren von Bilderbüchern interessiert sein, sondern vor allem die „Vermittler" zwischen Bilderbuch und Kind; also die Eltern, Großeltern, Erzieher/innen und all die anderen, die Verantwortung für die Auswahl, Präsentation und Interpretation der Bilderbücher übernehmen.

Die Mehrzahl bisheriger Untersuchungen zur Rezeption von Bilderbüchern hat ihr Augenmerk auf das Vorlesen von Bilderbüchern in der Familie gerichtet (vgl. Bruner 1987, Schneider 1995, Braun 1995, Wieler 1997). Dabei zeigt sich, dass Eltern beim Vorlesen und gemeinsamen Anschauen von Bilderbüchern maßgeblich, wenn auch häufig unbewusst, über die Prozesse der kindlichen Wahrnehmung entscheiden.

Doch wie Erzieher/innen in Kindergärten Bilderbücher beurteilen, auswählen und wie sie mit Bilderbüchern im Kindergarten arbeiten, liegt weitgehend im Dunklen. Dabei dürften genauere Untersuchungen zur Rezeption von Bilderbüchern im Kindergarten in vielerlei Hinsicht von Interesse sein. Schon allein die Tatsache, dass es sich bei den erwachsenen Vermittlern um ausgebildete Fachkräfte handelt, die sich mit Bilderbüchern bereits in ihrer Ausbildung beschäftigt haben, hebt deren besondere Rolle hervor.

Wie nehmen Erzieher/innen Bilderbücher wahr?

Welche Motive und Erfahrungen der Erzieher/innen beeinflussen ihre Auswahl von Bilderbüchern? Welche Rolle spielt für die Arbeit mit Bilderbüchern im Kindergarten die eigene Bilderbuchbiografie? Und: Welche Bedeutung messen Erzieher/innen der Sprache und den Bildern in einem Bilderbuch zu? Um diese Fragen zu beantworten, müssen verschiedene Wege der Selbstbefragung und Selbstbeobachtung gesucht werden. Tagebücher sowie Lese- und Bildbiografien und die Beschäftigung mit aktuellen Bilderbuchproduktionen können hierzu interessante Einblicke gewähren.[1]

Im Folgenden soll exemplarisch gezeigt werden, wie eine Erzieherin für Kinder erzählt, was sie an Text und Bildern erzählenswert findet und wie sie die Beschäftigung mit einem Bilderbuch gestaltet. Es geht primär darum, bildnerisch-literarische Urteile und Vermittlungsstrategien einer Erzieherin beim Umgang mit Bilderbüchern im Kindergarten deutlich zu machen und sie vor dem Hintergrund beruflicher Sozialisation zu interpretieren.

---

[1] Die Autorin führt z.Z. ein Forschungsprojekt durch, in dessen Mittelpunkt der Umgang mit Bilderbüchern durch Erzieher/innen steht. Der Bilderbuchkorpus, der für die Untersuchung zusammengestellt wurde, umfasst jene 30 Bilderbücher, die zwischen 1998 und 2002 für den Deutschen Jugendliteraturpreis/Sparte Bilderbuch nominiert wurden. Die Aktualität der Bücher, die öffentliche Bedeutung des Deutschen Jugendliteraturpreises und vor allem die Möglichkeit der Vergleichbarkeit des empirischen Materials begründen diese Entscheidung.

2.1 Wie eine Erzieherin Bilderbücher erlebt: eine Fallstudie

Im Mittelpunkt der vorgestellten Fallstudie steht Marion S.[2] (Jg. 1958), die seit 25 Jahren als Erzieherin tätig ist. Davon arbeitet sie seit 19 Jahren als Leiterin und Erzieherin in einem Kindergarten einer ostdeutschen Großstadt. Aus der Analyse eines Fragebogens wird ersichtlich, dass Marion S. zu Literatur und Kunst ein positives und unvoreingenommenes Verhältnis hat. Ihre Mediennutzung ist vielfältig, schliesst allerdings Computer und Video aus. Mit Bilderbüchern verbindet die Erzieherin Unterschiedliches, zum einen freudige Erwartungen (z. B. Spannung, Freude, Erlebniswelt), zum anderen fordert sie eine Einheit von Text und Illustration sowie die Erfüllung ästhetischer Ansprüche. Die Auswahl der Bilderbücher erfolgt durch die Erzieherin sehr gezielt, wie die folgende Äußerung belegt:

> *„Da guck ich mir zu Beginn bei den Büchern, die ich so im Blickwinkel habe, erst mal die Zusammenfassung an. Das ist eigentlich das Erste, was ich lese, um so ein ganz klein bisschen den Inhalt zu erfassen."*

Darüber hinaus hat sie die Vorlesesituation im Kindergarten ständig vor Augen.

> *„Bücher im Kindergarten sollen möglichst groß sein. Wenn ich lese, dann möchte ich auch gerne die Bilder mit zeigen. Und in dem Moment, wo man ein kleines Bild zeigt, wollen es alle sehen und alle kommen vorgerannt und damit ist die Unruhe vorprogrammiert."*

Unterschiedliche Faktoren beeinflussen die Auswahl eines Buches

Doch nicht nur pragmatische Überlegungen werden geäußert. Auch persönliche, familiäre, berufliche Erinnerungen oder eigene Medienerfahrungen begleiten die Auswahl der Bücher. Neben diesen Beobachtungen fällt auf, dass sich die Erzieherin relativ schnell ein Urteil zur Bildgestaltung der Bücher bildet. Dies sollen ihre Aussagen zum Bilderbuch: „Rotkäppchen" von Susanne Janssen (Hanser 2001) demonstrieren:

> *„So, das würde ich den Kindern auch nicht zeigen, die Illustrationen gefallen mir nicht. (...) Ich muss sagen, wenn ich so was sehe, bin ich ein bisschen entsetzt. Ich denke, so was muss man Kindern nicht an-*

[2] Der Name wurde von der Autorin verändert.

tun. Das ist ein Märchen und Kunst hat immer etwas mit Ästhetik zu tun. Und das ist es in meinen Augen nicht unbedingt.“

Pädagogisch relevante Themen werden oft bevorzugt

Wird hingegen aus der Bildhandlung ein pädagogisch relevantes Thema erkennbar, scheint der Erzieherin der Zugang zur Bildsprache des Buches leichter zu fallen, wie ihre Einschätzung des Bilderbuchs „Waas?“ von Kate Lum und Adrian Johnson (Palazzo 1999) zeigt:

„Das ist auch sehr hübsch, auch aus dem Leben gegriffen. Vor allem kriegen die Kinder hier mit, dass alles Arbeit macht. Man nimmt das ja alles als Selbstverständlichkeit hin – einen Teddy oder eine Decke oder ein Bett! Aber, was da eigentlich für Arbeit drin steckt und für Werte und Zeit und dass das nicht einfach fertig auf den Bäumen wächst.“

Nach intensiver Betrachtung der Bücher wählt die Erzieherin die folgenden Titel aus: „Die ganze Welt“ (Gerstenberg 2001); „Die Königin der Farben“ (Beltz & Gelberg 1998); „Waas?“ (Palazzo 1999); „Lotte will Prinzessin sein“ (Ravensburger 1998); „Affenzoff“ (Neugebauer 1999); „Der Tag, an dem Marie ein Ungeheuer war“ (Bajazzo 2001) und „Steinsuppe“ (Moritz 2001).

Fasst man das Auswahlverhalten der Erzieherin zusammen, so lässt sich feststellen: Einige Urteile zur inhaltlich-formalen Gestaltung der Bücher und dem Einsatz von Bilderbüchern im Kindergarten wiederholen sich. Erinnerungen scheinen den Zugang zu einem Bilderbuch zu erleichtern. Vergleiche mit anderen Bilderbücher bzw. eigene Erfahrungen mit einem der zur Auswahl stehenden Bücher spielen für Marion S. hingegen keine Rolle.

In einem nächsten Schritt notiert die Erzieherin ihre Gedanken und Eindrücke zu den ausgewählten Büchern in einem *Tagebuch*, sammelt Ideen zum Einsatz der Bilderbücher und entscheidet sich für das Bilderbuch: „Steinsuppe“ von Anais Vaugelade. Ihre Notizen lassen auf eine gewissenhafte und intensive Auseinandersetzung schließen. Ästhetische Urteile zur Gestaltung der Bücher stehen dabei neben didaktisch-methodischen Überlegungen, wie die folgenden Aufzeichnungen zum Bilderbuch „Steinsuppe“ exemplarisch verdeutlichen sollen:

„Der Einsatz [eines Bilderbuchs] *für den Kindergarten ist deshalb schon ideal, da es vom Format und der Größe der Bilder gut sichtbar ist. Unter all meinen ausgewählten Büchern ist es das spannungsgela-*

denste Buch; und Kinder lieben spannende Geschichten! Es ist auch keine ‚bedrückende' Spannung, sondern mit Humor gewürzt! Man kann wunderbar herausarbeiten, wie gut es tut, wenn man Freunde hat, mit denen man sich versteht; mit denen man nicht nur feiern kann, sondern die sich Sorgen machen! Denn: Was wäre passiert, hätte das Huhn nicht so fürsorgliche Freunde?"

Die Auswahl erfolgt situationsorientiert und wirkungsbezogen

Stellt man die Tagebuchaufzeichnungen den Beobachtungen zur Bilderbuchauswahl ergänzend zur Seite, ist festzustellen: Die Auswahl von Bilderbüchern durch die Erzieherin erfolgt in erster Linie situationsorientiert und wirkungsbezogen. Ihre Handlungen spiegeln Alltags- und Berufserfahrungen beim Umgang mit Bilderbüchern wider und schließen Verallgemeinerungen zu kindlichen Bilderbuch-Vorlieben und Abneigungen ein. „*Kinder finden sich gut wieder in diesem Buch*", heißt es da zum Bilderbuch „Affenzoff" von John Rowe (Neugebauer 1999). Diese Verallgemeinerungen werden hinsichtlich der gegenwärtigen Situation aktualisiert, wie ihre Notizen zum Bilderbuch: „Steinsuppe" belegen. Da ist zu lesen:

„Jahreszeit passt / 9 Kinder sind in meine Gruppe gewechselt, sodass Verantwortungs- und Gemeinschaftsgefühl gestärkt werden muss / Alter der Kinder 4/6 Jahre / auch für 4-Jährige ist das Buch gut fasslich."

Auch die Bildgestaltung spielt eine wichtige Rolle

Es ist zu vermuten, dass die Erzieherin bereits genaue Vorstellungen über die Arbeit mit Bilderbüchern im Kindergarten hat. Auch über die Art und Weise, wie Bilderbücher gestaltet sein sollten, bestehen für die Erzieherin kaum Zweifel. Besonders die Bildgestaltung scheint großen Einfluss auf ihre Auswahl eines Buches zu haben. So fällt die Erzieherin ihre Urteile meist schon während des Betrachtens der Bilder. Der Text und seine sprachästhetische Gestaltung spielen hingegen, wenn es darum geht, sich dem Buch länger zuzuwenden oder nicht, eine untergeordnete Rolle. Die Erzähldramaturgie, die spannungsvolle Gegenüberstellung von Bildern und Text, treten für sie vollkommen in den Hintergrund.

Bevor auf die Erstrezeption des ausgewählten Bilderbuchs im Kindergarten eingegangen wird, soll das Bilderbuch nun selbst eingehender betrachtet werden. Der folgende Exkurs soll vor allem Einblicke in die inhaltlich-thematische sowie bild- und sprachästhetische Gestaltung des ausgewählten Bilderbuchs gewähren.

2.2 Analyse des Bilderbuchs „Steinsuppe"

Auf den ersten Blick vermutet man, dass das Bilderbuch „Steinsuppe“ (Moritz 2000) der französischen Illustratorin und Autorin Anais Vaugelade in seiner inhaltlichen und formalen Gestaltung traditionellen Erwartungen entspricht. Erzählt wird von einem alten Wolf, der an einem kalten Wintertag in ein Dorf kommt. Im ersten Haus, das eine Henne bewohnt, begehrt er Eintritt, um eine Steinsuppe zu kochen. Zunächst verschreckt über das Erscheinen des Wolfes und über sein Anliegen, lässt die Henne den Wolf ein, denn ihre Neugier siegt. Besorgt, was ein Wolf im Haus der Henne zu suchen habe, kommen nach und nach alle Tiere des Dorfes vorbei, um nach dem Rechten zu schauen. Doch sie finden, sehr zum eigenen Erstaunen, eine muntere Henne vor, die gemeinsam mit dem Wolf eine Steinsuppe kocht und jeden auffordert, doch auch etwas Leckeres dafür mitzubringen. Bald darauf sitzen alle am Feuer, trinken, lachen, erzählen Witze und lassen sich die Suppe schmecken. Gerade als die Stimmung besonders ausgelassen ist, verlässt der Wolf die Runde, nicht ohne vorher seinen Stein für ein nächstes Abendbrot mitzunehmen. Während der Wolf in der Dunkelheit verschwindet, bleiben die Tiere verdutzt zurück. Ob er wiederkommen wird, weiß keiner.

Abb. 23 Aus: Anais Vaugelade: Steinsuppe. Aus dem Französischen von Tobias Scheffel. Moritz Verlag, Frankfurt 2000

Formalästhetischer Zugang

Die großflächigen, eine Doppelseite umfassenden Bilder erinnern an sparsam dekorierte Bühnenbilder. Sie folgen parallel dem Erzählverlauf des Textes. Die in ihrem Zentrum agierenden Bildfiguren – alles Tiere – sind mit lebendigen Strichen gezeichnet. Besonders ihr mimisches und gestisches Spiel stechen dem Betrachter ins Auge. Die Bildfarbigkeit, die durch die Aquarellfarben eher zurückhaltend wirkt, zeichnet sich vor allem aus durch den Hell-Dunkel-Kontrast zwischen dem hellen, in warmen Farben gestalteten Haus der Henne und der dunklen Welt draußen, deren Personifikation der Wolf zu sein scheint. Die Frontalsicht auf die Bildhandlung, die in allen zwölf Bildern beibehalten wird, verstärkt das Gefühl des Betrachters, einen Bühnenraum vor sich zu haben. Lediglich einige Requisiten rücken mit fortlaufender Handlung ins Blickfeld des Betrachters und unterstützen auf diese Weise auch die Erzähldramaturgie des Textes. So befindet sich beispielsweise der Kamin als ein Ort von Licht und Wärme, in dem Moment im Mittelpunkt des Bildes, wo das Zusammengehörigkeitsgefühl der Tiere hervorgehoben werden soll.

Interpretierender Zugang

Dieser ersten inhaltlichen und formalen Beschreibung soll nun ein *interpretierender* Zugang ergänzend zur Seite gestellt werden. Vaugelade verknüpft in ihrer Bilderbucherzählung das Motiv eines Schwankmärchens (und dessen orale Tradition) mit dem Bild der dämonisch besetzten Figur des Wolfes (vgl. Wardetzky 2001, S. 42). Durch diese Adaption verändert sich das Genre grundsätzlich: Aus dem Schwank wird ein Warn- und Schreckmärchen, welches die für Märchen typischen Motive der Angst, der Neugier und der Solidarität mit den Opfern aufgreift (ebd.). Diese Geschichte bleibt einerseits dem traditionellen Märchen verhaftet. Mit ihrer Prägnanz, dichten Bildhaftigkeit und ihrem Verzicht auf Schilderungen, Kommentare oder motivische Erläuterungen greift sie dessen orale Stilistik auf (ebd. S. 43). So bieten lautmalerische Einwürfe (z. B.: „Der Wolf klopft an die Tür, poch, poch, poch"), Wiederholungen („... das gibt einen gewissen Geschmack") und eine bildhafte Sprache („Der Wolf tritt ein, seufzt und bittet ...") zahlreiche gestalterische Möglichkeiten, auf die beim Erzählen/Vorlesen der Geschichte zurückgegriffen werden kann. Andererseits aber geht sie über diesen Traditionsbezug hinaus, indem sie zu-

Verknüpfung von Schwank und Schreckmärchen

Die Aussage bleibt offen und mehrdeutig

sätzlich einer anderen Stimme Gehör verschafft, nämlich der des heutigen Erzählers, der der Märchentradition distanziert und fasziniert zugleich gegenübersteht (ebd. S. 44). Anders als im Märchen hebt diese Erzählung die Angst am Ende nicht auf (ebd. S. 45). Sie ist so offen für Deutungen wie das traditionelle Märchen. Aber sie weicht von diesem ab, weil sie nicht im herkömmlichen Sinne zur Trostgeschichte wird (ebd. S. 45). Wie nun spiegeln die Bilder dieses offene Deutungsangebot des Textes wider?

Dort, wo die Bilderbucherzählung mit ihrem letzten Satz: „Aber wahrscheinlich ist er nicht wiedergekommen" endet, setzt die Bildebene, quasi in Form eines visuellen Epilogs, die Bilderbuchhandlung fort. In diesem Moment findet der Betrachter nämlich auf einer großen weißen Bildfläche eine verkleinerte Wiederholung des Anfangsbildes. Diesmal jedoch klopft der Wolf an die Tür eines anderen Vogels, vermutlich eines Truthahnes ...

Abb. 24 Aus: Anais Vaugelade: Steinsuppe. Aus dem Französischen von Tobias Scheffel. Moritz Verlag, Frankfurt 2000

„Mit dieser in Wort und Bild erzählten Geschichte", fasst Wardetzky zusammen, „ist Tradition nicht versteinert. Sie hat vielmehr ihre Variabilität, ihre Vielstimmigkeit bewiesen, aber auch gezeigt, wie sie sich mit einem heutigen Welt- und Menschenbild verbinden kann. Das traditionelle Märchen", fügt die Autorin hinzu, „mit seiner klaren Scheidung von Gut und Böse, mit seinem glücklichen Ausgang hat auch heute durchaus als Gegenbild zu einer komplexen, undurchschaubar und orientierungslos gewordenen Welt seine Berechtigung, taugt aber schwerlich zu deren Deutung“ (Wardetzky 2001, S. 46). Übrigens verkörpert auch das Wort „Stein-Suppe“ einen scheinbaren Widerspruch in sich, der bereits symbolisch auf die Mehrdeutigkeit des Textes hinweist. Damit wird ihre Interpretation, ganz im Sinne poetisch anspruchsvoller Literatur, zu einem offenen und mehrdeutigen Unterfangen, zu einem Spiel zwischen Gut und Böse und damit nicht zuletzt zu einem Angebot für die Auseinandersetzung mit traditionellen Erwartungen.

2.3 Zur Präsentation des Bilderbuchs „Steinsuppe" im Kindergarten – ein Fallbeispiel

Das Bilderbuch „Steinsuppe“ wird den Kindern an einem Vormittag zum ersten Mal vorgelesen. Während die 16 Kinder zwischen vier und sechs Jahren im Waschraum sind, hat die Erzieherin im Zimmer einiges vorbereitet. Die Stühle werden von ihr zum Stuhlkreis gestellt, in dessen Mitte auf einer Decke ein großer Kochtopf steht, um den herum verschiedene Gegenstände liegen (Zucchini, Sack, Kelle, Lauch etc.). Nach der Aufforderung durch die Erzieherin betreten die Kinder den Raum und suchen sich einen Platz. Als (einigermaßen) Ruhe eingekehrt ist, ertönt ein lauter Gong …

Spielerischer Einstieg

Die folgende deskriptive Darstellung der Erstrezeption des Bilderbuchs im Kindergarten lenkt zunächst den Fokus darauf, wie die Erzieherin erzählt bzw. was sie aus dem Text und Bild erzählenswert findet: Von Beginn an schafft die Erzieherin durch den Einsatz von Requisiten und ihrem eigenen mimischen und gestischen Spiel eine Atmosphäre der Spannung und Neugierde auf das Kommende. Ihr Einstieg in die Bilderbucherzählung erfolgt auf spielerische Weise. Dazu stellt sie ein zentrales Motiv der Bilderbucherzählung in den Mittelpunkt: den Stein. Geschickt nutzt sie die Neugierde der Kinder an den ausgelegten Gegenständen und lenkt ihr Interesse auf einen kleinen, aber schweren Sack. Im Spiel schätzen die Kinder das Gewicht des Sackes ein und befinden ihn (im Gegensatz zur Erzieherin) größtenteils als leicht. Die Vorstellungen der Kinder von dem Gewicht des Sackes werden von der Erzieherin in Abständen kommentiert. „Na, aber guck mal“, heißt es da, „eigentlich ist ja gar nichts drin“. Oder: „Also, ich finde für den kleinen Sack und für das kleine Bisschen, was hier drin ist, ist er ganz schön schwer". Auch wenn sich die Kinder zumeist nicht der Meinung der Erzieherin anschließen und auch schnell den Inhalt des Sackes erraten, bleiben Interesse und Aufmerksamkeit der Kinder ungebrochen.

Dem spielerischen Einstieg folgt die Überleitung zur Bilderbucherzählung, die, wie die Erzieherin den Kindern verrät, „erklärt, warum in dem Sack ein Stein drin ist und (...) wer den Stein in den Sack hineingelegt hat." Die Bilderbucherzählung wird nun von der Erzieherin weitgehend kommentarlos vorgelesen. Dabei liest sie zunächst den Text vor, ehe sie die dazugehörigen Bilder zeigt. Die Erzieherin gibt die Erzählung sehr anschaulich wieder, moduliert ihre Stimme, unterstreicht mimisch und gestisch das Dargestellte und nutzt zentrale Momente des Textes gestalterisch aus, z. B. das Anpochen an die Tür. Sie beendet die Bilderbucherzählung an der Stelle, wo auch der Text mit den Worten endet: „Aber wahrscheinlich ist er nicht wiedergekommen". Das Schlussbild des Buches, in dem der Wolf an der nächsten Tür steht, zeigt sie den Kindern nicht. Stattdessen schließt sie an den letzten Satz ein Gespräch über das Buch an. Es wird von der Erzieherin gesteuert und verläuft mehr oder weniger dialogisch. Dabei dominieren Fragen, die sich z. B. mit dem Textinhalt befassen: „Was war in der Suppe so drin?" oder auf Entscheidungen zielen: „Wird der Wolf wohl zufrieden gewesen sein mit dem Abendbrot?" Auch Fragen, die sich kausalen Zusammenhängen zuwenden, werden gestellt: „Warum wird er nicht wiedergekommen sein?" Ihre Beantwortung wird jedoch von der Erzieherin entweder nicht weiter verfolgt oder gleich selbst übernommen. Die Fragen, die die Erzieherin stellt, lenken die Kinder zu der Interpretation hin, die bereits im Tagebuch von Marion S. anklang und die sich wie folgt zusammenfassen lässt: Wären nicht die anderen Tiere dem Huhn zu Hilfe geeilt, hätte der böse Wolf das Huhn gefressen. In diesem Sinn werden von ihr auch die Bilder, auf deren Gestaltung sie sonst keinen weiteren Bezug nimmt, interpretiert, wie der folgende Dialog belegt: „Was glaubt ihr denn", fragt die Erzieherin, „als der Wolf zuerst bei dem Hühnchen geklopft hat, wird er wohl wirklich eine Steinsuppe fressen wollen?" Kinder: „Jaaaaa!" „Nein. Auch sich wärmen." Erzieherin: „Sich wärmen ist richtig, na, aber schaut mal die Augen von dem Wolf an." Kinder: „Die sehen böse aus. Auch witzig." Im Anschluss an das Gespräch sollen die Kinder den Titel des Bilderbuchs erraten. Ihre Äußerungen reichen von Titeln, wie „Der böse Wolf" über „Der Wolf" bis hin zu „Steinbuch", „Wolfbuch" oder „Der Wolf, der hat einen Stein". Auch „Halloween" wird von den Kindern eingeworfen. Zum Schluss gibt die Erzieherin einen Ausblick auf die

Anschauliches Erzählen

Mehr oder weniger gelenktes Gespräch

nächste Woche, wo das Bilderbuch einem abwesenden Kind (nach-)erzählt werden soll, ehe sie die „kleine Beschäftigung" beendet.

Fasst man an dieser Stelle die Präsentation der Bilderbucherzählung in Hinblick auf die Art und Weise, wie die Erzieherin diese den Kindern erzählt, zusammen, kann man drei Stationen der Beschäftigung mit dem Bilderbuch unterscheiden: Am Anfang steht der *spielerische Einstieg* in die Lesehandlung. Die Erzieherin regt die Kinder zu einem Fantasiespiel an, in dessen Mittelpunkt ein mitgebrachter Gegenstand, ein kleiner, aber schwerer Sack, steht. Die Kinder werden aufgefordert, Hypothesen über den Inhalt des Sackes aufzustellen. Sie lassen ihrer Fantasie freien Lauf, stellen Vermutungen aufgrund ihres Vorwissens an, was in Säcken versteckt sein könnte. Die Erzieherin als Spielleiterin weiß als Einzige, worauf dieses Spiel hinauslaufen soll. Deshalb haben ihre sprachlichen Handlungen einen auffordernden und zugleich lenkenden Charakter. Als klar ist, dass ein Bilderbuch vorgelesen wird, um die im Spiel aufgeworfenen Fragen nach dem Woher und Wohin des Steines zu klären, nimmt sich die Erzieherin als Spielleiterin zurück und tritt als *Erzählerin* in Aktion. Sie ist nun diejenige, die die Bilderbucherzählung ausdrucksvoll vorliest bzw. inszeniert und zum jeweiligen Zeitpunkt die Bilder zeigt. Erst als die Geschichte zu Ende vorgelesen ist, bringt sie sich wieder aktiv ein. Nun beginnt ein *mehr oder weniger gelenktes Gespräch* über das Buch, bei dem die Erzieherin die Moderation übernimmt.

Im Unterschied zur eingangs geschilderten Situation hat dieses Gespräch keinen spielerischen Charakter, obwohl es wie ein Spiel ausschaut. Wurden nämlich zu Beginn die subjektiven Äußerungen der Kinder von der Erzieherin lächelnd registriert, reagiert sie nun auf die Antworten der Kinder mit Wertungen. Ihre Fragen sind inhaltsbezogen und ergebnisorientiert. Die Kinder sollen erkennen, dass das Huhn ohne die Hilfe der anderen Tiere vom Wolf gefressen worden wäre. Dabei tritt die ästhetische Wirkung des Textes und der Bilder auf die Kinder für die Erzieherin weitgehend in den Hintergrund. Erst als die von der Erzieherin favorisierte Deutung erarbeitet ist, nimmt sie das Spiel wieder auf und lässt die Kinder den Titel des Buches erraten.

Kreativität versus kognitive Leistungen

Betrachtet man die Reaktionen der Erzieherin auf die Äußerungen der Kinder, so wird allerdings schnell deutlich, dass es ihr weniger um einen kreativen Umgang mit Sprache und Bildern geht, sondern um ein Überprüfen der Verstehensleistungen der Kinder. So wird z. B. der Titel von der Erzieherin besonders gelobt, der dem richtigen Titel phonetisch (nicht inhaltlich) nahe kommt, nämlich: „Steinbuch". Auf die

Eindrücke und Meinungen der Kinder geht die Erzieherin nicht weiter ein.

Befragt, wie sie die Erstrezeption des Bilderbuchs in ihrer Gruppe einschätzen würde, antwortet die Erzieherin spontan:

> *„Also, ich würde sie eigentlich als ganz normal und gut einschätzen. (...) Und ich denke, schon eine gewisse Spannung dadurch erzeugt zu haben, dass ich eben erst mal den Sack dort habe rumgehen lassen. Es sind eben auch Kinder dabei, die sehr schnell ablenkbar sind und es sind auch Kinder dabei, die von zuhause aus wenig mitbekommen. Und eben auch die zu fesseln, 16 Kinder auf einmal zu fesseln, ist nicht so ganz leicht."*

Immer wieder kommt die Erzieherin in diesem, unmittelbar nach der Erstrezeption geführten Gespräch auf die Reaktionen der Kinder zu sprechen, während die Beurteilung ihres didaktisch-methodischen Vorgehens im soziokulturellen Handlungsrahmen unreflektiert bleibt. An deren Stelle treten Aussagen zur Altersstruktur der Gruppe, zur sozialen und psychischen Entwicklung einzelner Kinder und zur Rolle des Elternhauses. Sie dienen größtenteils dazu, das Verhalten der Kinder während der Rezeption des Bilderbuches zu erklären. Ihre Hauptsorge scheint zu sein, wie sie die Gruppe „in Schach halten" kann, wie auch die folgende Äußerung belegt: „Ich muss eben immer sehen, dass ich die 16 in Balance halte."

2.4 Konsequenzen für die pädagogische Praxis

Bei der Rezeption des Bilderbuchs musste die Erzieherin Marion S. sehr unterschiedlichen Anforderungen gerecht werden. Zwar bewegte sich ihre Vorlese- bzw. Erzählhandlung in einem vorgegebenen Rahmen, der sich vor allem aus der Rezeptionsvorlage, dem Bilderbuch, ergab. Doch lag es letztlich stets in ihrer Verantwortung, ob und wie sie den Aneignungsprozess zu steuern gedachte. In der skizzierten Studie stützte sich die Erzieherin bei der Bilderbuchauswahl zunächst auf eigene individuelle Ansprüche an die Gestaltung von Bilderbüchern sowie auf Berufserfahrungen über Bilderbuchvorlieben von Kindern im Vorschulalter, um in Übereinstimmung mit ihren fachlichen und pädagogischen Berufsgrundsätzen handeln zu können.

Ihre Entscheidung, die Kinder nicht mit dem mehrdeutigen Ende der Bilderbucherzählung „Steinsuppe" zu konfrontieren, lässt vermuten, dass die Erzieherin eine eindeutige Sinngebung des Bilderbuchs bevorzugt. Sie versucht ihr Handeln in Einklang mit dem bekannten und bewährten Deutungsmuster vom „bösen Wolf" zu bringen, wie es in der Märchentradition verankert ist. Sie macht es sich also nicht zur Aufgabe, der mehrdeutigen Schlussgestaltung eine eigene visionäre oder realistische Perspektive zu geben. Und noch ein weiterer Widerspruch tritt zu Tage. Während die Erzieherin sowohl den Einstieg zur Bilderbuchrezeption als auch das Vorlesen des Buches sehr emotional, spannungsgeladen und kreativ gestaltet, entbehrt das Gespräch über das Vorleseerlebnis jeglicher Dynamik. Es reduziert sich vielmehr auf ein Frage- und Antwortspiel, in das Interpretations-Versatzstücke der Erzieherin eingefügt werden, um richtungsgebend den Verstehensprozess der Kinder zu lenken.

Fasst man die Ergebnisse dieser Pilotstudie thesenhaft zusammen, dann ließe sich über den Umgang mit Bilderbüchern im Kindergarten Folgendes sagen:

1. Die Auswahl von Bilderbüchern durch die Erzieherin erfolgt keineswegs zufällig oder spontan, sondern ist das Ergebnis verschiedener Faktoren im soziokulturellen Handlungsgefüge, das sich primär auf das individuelle Vorwissen, auf kulturgeprägte Vorlieben und auf jeweilige Berufserfahrungen der Erzieherin zurückführen lässt. Es umfasst persönliche Erinnerungen, ästhetische Präferenzen, berufliche Aspekte (z. B. Bildungs- und Erziehungsziele) und pragmatische Erwägungen hinsichtlich der didaktisch-methodischen Behandlung von Bilderbüchern im konkreten Arbeitsfeld Kindergarten.

Die Intensität bild- und sprachästhetischer Erlebnisse hängt von der methodischen Gestaltung ab

2. Ob die Begegnung mit Bilderbüchern bei Kindergartenkindern zu einem bild- und sprachästhetischen Erlebnis wird, hängt im Wesentlichen davon ab, wie adressatenorientiert die Erzieherin ihre Entscheidung trifft. Ihre Art und Weise, wie sie den Text nacherzählt, die Bilder kommentiert und die Gespräche mit den Heranwachsenden gestaltet, d. h. wie sie ihre dramapädagogischen, sprachkommunikativen, bild- sowie literaturästhetischen Fähigkeiten und Fertigkeiten entfaltet, geschieht in Abhängigkeit von ihren Vorannahmen über einen zieladäquaten Adressatenbezug.

3. Die Erzieherin konzentriert sich bei ihrer Arbeit mit den Kindern vor allem darauf, dass eine Interaktion im Stuhlkreis stattfindet; wohingegen der interaktive Diskurs, das Gespräch über unterschiedliche

bild- und sprachästhetische Wirkungen des Bilderbuchs weitgehend ausgeblendet bleibt.

Diese zunächst vorläufigen Ergebnisse unterstreichen einerseits die Rolle der soziokulturellen Vorprägungen der Erzieher/innen bei der Auswahl von Bilderbüchern. Andererseits weisen sie darauf hin, dass bei der Beschäftigung mit Bilderbüchern erzieherisch-soziale Aspekte die ästhetischen überlagern. Mit anderen Worten ausgedrückt: Der Adressatenbezug bestimmt im konkreten Interaktionsrahmen Bilderbuchrezeption den Gesprächsinhalt.

Damit sich Kinder das Bilderbuch tatsächlich als „Grundschule der Künste" erschließen können, sollten sich Erzieher/innen jedoch als kompetente Interpreten *und* Vermittler von Bilderbüchern verstehen.

Aufgaben im Rahmen der Ausbildung

Welche Aufgaben wären diesbezüglich im Rahmen von Aus-, Fort- und Weiterbildungsprogrammen für Erzieher/innen abzuleiten bzw. zu bewältigen? Aus der dargestellten Forschungsperspektive sollte an folgende drei Aspekte angeknüpft werden:

Zum ersten müssten die individuellen Erfahrungen der Erzieher/innen um die Dimension gesellschaftlicher Erfahrungen auf dem Gebiet der nationalen/internationalen Kinder- und Jugendkultur erweitert werden. Für die Bilderbuchrezeption im Kindergarten bedeutet das, die Vielfalt bild- und sprachästhetischer Angebote, Konzepte, Handschriften und Materialien aktueller Bilderbuchrezeptionen zu entdecken. Die Erweiterung des Bilderbuchangebots eröffnet den Erzieher/innen damit die Chance einer altersspezifischen Auswahl von ästhetisch ausdifferenzierten Bilderbüchern, die sich zur Erreichung jeweiliger Bildungs- und Erziehungsziele besonders eignen.

Zum zweiten hätten die Handlungen zur Sicherung einer erfolgreichen Adressatenbezogenheit die Fähigkeit der Erzieher/innen zur Beurteilung von bild- und sprachästhetischen Wirkungen von Bilderbüchern ebenso wie die didaktisch-methodischen Entscheidungen über die Art und Weise im Umgang mit dem Bilderbuch einzuschließen. Insofern bedarf es einer Förderung der eigenen/individuellen Erlebnisfähigkeit von Erzieher/innen mit dem Ziel des Bewusstmachens der Subjektivität von Sinnbildungsprozessen über bild- und sprachästhetische Codierungen der Wirklichkeit in Bilderbüchern. Sie kann zu einer Ausdifferenzierung „globaler Vorannahmen" beitragen.

Zum dritten sind, um bild- und sprachästhetische Wirkungen zu objektivieren, bei den Erzieher/innen sowohl Grundkenntnisse zur Analyse bild- und sprachästhetischer Mittel und Strukturen erforderlich als auch ein handlungsorientiertes didaktisch-methodisches Können. Letzteres erfordert ein Umsetzen der Wirkungen von Bilderbüchern auf der Ebene interaktiver Rezeptionshandlungen und sollte den Kindern Freiräume eröffnen, um ihre eigenen Erfahrungen in die Begegnung mit Bilderbüchern einfließen zu lassen.

Hier haben zukünftige Aus-, Fort- und Weiterbildungsprogramme für Erzieher/innen, aber auch für Eltern und Bilderbuchproduzenten anzusetzen.

Literatur

Primärliteratur

Vaugelade, Anais: Steinsuppe, aus dem Französischen von Tobias Scheffel, Moritz 2000

Sekundärliteratur

Bonfadelli, Heinz/Süß, Daniel (1997): Bilderbuchrezeption als Forschungsgegenstand der Medienwissenschaft. In: Schweizerisches Jugendbuch-Institut (Hrsg.): Siehst du das? Die Wahrnehmung von Bildern in Kinderbüchern – Visual Literacy (Arbeitsberichte des SJI, Bd. 19). S. 73–94

Braun, Barbara (1995): Vorläufer der literarischen Sozialisation in der frühen Kindheit – eine entwicklungspsychologische Fallstudie. Peter Lang Verlag: Frankfurt a.M., Berlin, Bern u. a

Bruner, Jerôme (1987): Wie das Kind sprechen lernt. Huber Verlag: Bern, Göttingen, Toronto, Seattle

Mattenklott, Gundel (2002): Das Bilderbuch als Grundschule der Künste. Ein Abecedarius. In: Informationen zur Deutschdidaktik (ide): Schwerpunktthema: Bilder-Bücher. 26. Jg., Nr. 2, S. 33–43

Schneider, Silvia (1995): Entwicklungsbedingungen sozialer Handlungsfähigkeit. Formen der Interaktionsstrukturierung beim gemeinsamen Bilderbuchlesen von Eltern und Kind. Peter Lang Verlag: Frankfurt a.M., Berlin, Bern u. a

Thiele, Jens (2003): Das Bilderbuch. Ästhetik, Theorie, Analyse, Didaktik, Rezeption. Isensee Verlag: Oldenburg

Wardetzky, Kristin (2001): Kinder brauchen Geschichten. Die Stimme des Erzählers in der Kinderliteratur. In: JuLit. Informationen des Arbeitskreises. 27. Jg., Nr. 4, S. 36–46

Wieler, Petra (1997): Vorlesen in der Familie: Fallstudien zur literarisch-kulturellen Sozialisation von Vierjährigen. Juventa Verlag: Weinheim, München

3 Bildersachbücher und Sachgeschichten

Wissensvermittlung durch Bild und Text

Jörg Steitz-Kallenbach

Die Erinnerung an das erste Bilderbuch aus dicker Pappe mit wenigen Seiten, das an den Ecken nach kurzer Zeit deutliche Gebrauchsspuren zeigt, ist schon bei den meisten jugendlichen Lesern deutlich verblasst und daher sicher auch den meisten Erzieherinnen und Erziehern nicht mehr gegenwärtig. Aber in der Tat stellen Bücher dieser Art, die einen farbigen Ball, eine bunte Rassel oder ähnliche Gegenstände, Grundfarben und einfache Formen aus dem kindlichen Alltag zeigen, den ersten Buchbesitz dar. Noch bevor das Kind das Buch selbst halten oder die Seiten umblättern kann, macht es nicht selten mit dem Mund Gebrauch vom Buch, beleckt es und knabbert die Seiten an. Und noch bevor der Zusammenhang von Abbildung und abgebildeter Wirklichkeit ins Bewusstsein der Kinder dringt, findet hier ein taktiler, sensorischer Umgang mit dem Objekt Buch statt, der die Basis einer lustvollen Beziehung zum Buch bilden kann.

Eingebettet in die Interaktion mit vermittelnden Erwachsenen (vgl. Kapitel I.1) ist es hier nicht so sehr die Erfahrung mit Bildern und poetischer Sprache, die die literarische Sozialisation des Kindes fördert. Es ist der Umgang mit dem Buch selbst und mit seinen Repräsentationen von Wirklichkeit, die die Bedeutung für die kindliche Entwicklung als Leser ausmacht. Die ganz frühen und einfachen Sachbücher stellen vor die Erzählung der Wirklichkeit ihre Abbildung. Objekte des kindlichen Alltags werden abgebildet und stehen als Repräsentationen, als Symbole der Wirklichkeit für den kognitiven Umgang mit dieser Wirklichkeit zur Verfügung. Im Rahmen dieser kognitiven Vorgänge benennen Kinder zum Beispiel zunächst diese symbolische Wirklichkeit. Die Sprachentwicklung findet im Umgang mit solch einfachen Büchern eine wichtige Unterstützung, indem Wörter gelernt werden und insgesamt die Entwicklung des Wortschatzes angeregt wird. Aber auch das In-Beziehung-Setzen von bekannten Objekten in unbekannte Kontexte stellt eine kognitive Tätigkeit dar, die in den Bildersachbüchern eine wichtige Unterstützung findet. Das heißt, dass bekannte Gegenstände, die man schon benennen kann, in neuer Umgebung in den Büchern entdeckt und in Beziehung zu anderen Objekten gebracht werden. Diese kognitive Tätigkeit spiegelt sich in Reihentiteln wie „Suche und entdecke" (Ravensburger) oder „Kennst du das?" (Duden-Verlag) wider. Sachbücher können also zunächst danach beurteilt werden, welche Angebote sie für die sprachliche und die kognitive Entwicklung machen. Aber Sprache und Kognition sind nicht die einzigen Momente, die das Sachbuch prägen. Sie werden durch den Gestaltungsaspekt ergänzt; denn je komplexer die Bücher werden, umso deutlicher tritt auch die Tatsache in den Vordergrund, dass die abgebildete Wirklichkeit eine gestaltete Wirklichkeit ist. Dieser Zusammenhang von Abbildung und Gestaltung, von Welterfahrung und affektivem Sich-In-Bezug-zur-Welt-Setzen soll im Folgenden ein Leitmotiv für die Darstellung der Kinderliteratur sein, die die Wissensvermittlung durch Bild und Text in den Mittelpunkt rückt.

Sprache, Wissensvermittlung und Gestaltung prägen den Charakter des Sachbuchs

3.1 Definition und historische Entwicklung

3.1.1 Zur Definition

Auch nach 40 Jahren wissenschaftlicher Beschäftigung mit „Sachbücher(n) für Kinder- und Jugendliche" kann Ossowski in seinem gleichnamigen Artikel für das Taschenbuch der Kinder- und Jugendliteratur zutreffend feststellen: „Eine allgemeine Definition des Begriffs Sachbuch lässt sich bis heute der Fachliteratur nicht entnehmen." (Ossowski 2000, 657).

Sachbücher beschäftigen sich mit der empirisch erfahrbaren Welt

Zwei Dinge scheinen unstrittig: Sachbücher sind mit Gegenständen der empirisch erfahrbaren Welt befasst, d. h. sie beschäftigen sich nicht mit fiktionaler, sondern mit non-fiktionaler Wirklichkeit, der Wirklichkeit also, die wir gemeinhin als die Realität bezeichnen. Darüber hinaus vermitteln sie denjenigen Wissen über diese Welt, die nicht Fachleute auf dem jeweiligen Gebiet sind. Aber damit ist die Gattung noch nicht hinreichend beschrieben, weil sie eine Vielzahl von *Darstellungsmöglichkeiten* der Realität verwendet. Einfacher als eine positive Definition scheint daher zunächst eine negative Definition zu sein, indem man beschreibt, was Sachbücher *nicht* sind.

Sie sind keine wissenschaftliche Fachliteratur, weil sie sich in Sprache, Adressatenkreis und inhaltlicher Detailliertheit von dieser unterscheiden. Sie sind zweitens keine Lehr- und Fachbücher, weil sie in der Darstellung mehr als diese auf Bilder und auf eine erzählende Darstellung zurückgreifen, also lesemotivierende Darstellungsweisen verwenden – die sich allerdings in der neueren Schulbuchentwicklung auch zeigen. Sie sind aber auch keine poetische Literatur, weil sie es mit „wirklichen" Welten und nicht mit fiktionalen Welten zu tun haben. Allerdings zeigt sich auch hier ein wesentliches Problem der Gattung, gerade auch hinsichtlich der Kinder im Vorschulalter. Nicht nur Erzählungen über historische Sachverhalte etwa müssen ihren Gegenstand fiktionalisieren, auch wenn Tatsachen die Grundlage der jeweiligen Fiktionalisierung bilden.

Abb. 25 Aus: Mirjam Pressler/Dagmar Geisler: Ben und Lena gehen einkaufen.

Auch einfache Wissensvermittlung ist eingebunden in szenische Darstellung, aus der heraus Erzählung entsteht bzw. entstehen kann. Gerade für Kinder im Vorschulalter spielen dabei Bilder und bildliche Darstellungen sowie die Einbindung der Sache und der Wissensvermittlung in Handlungen eine große Rolle.

So müssen Ben und Lena (Pressler/Geisler 1998; vgl. Abb. 25) eben nicht nur Sahne kaufen und dabei die Handlungen ausführen, die zum Einkaufen einer Ware im Supermarkt gehören. Sie müssen auch mit Verführungen im Supermarkt umgehen lernen – und dies bedient die Fantasien und Wünsche bei den kindlichen Betrachtern und reichert so die bildgestützte Sacherzählung über das Einkaufen mit Affekten an. Das Beispiel macht noch ein Weiteres deutlich: Sachbücher für Kinder im Vorschulalter vermitteln nicht nur Wissen über die Welt, sondern zeigen auch Handlungsmuster für das Verhalten in der Welt. Als eine Arbeitsdefinition für das Sachbuch für Kinder im Vorschulalter kann also Folgendes festgehalten werden:

Sachbücher vermitteln Wissen über die Welt

Sachbücher vermitteln Kindern Wissen über die Welt und das Handeln in der Welt. Der Bezug auf die Wirklichkeit der kindlichen Lebensräume steht dabei im Vordergrund. Sachbücher verwenden bei ihren Darstellungen Bilder und Texte sowie verschiedene Formen der Bild-Text-Kombination. Ansätze zur Fiktionalisierung sowohl auf der Bildebene wie auf der Textebene dienen der Motivierung der kindlichen Leser/-innen bzw. Betrachter/-innen und sind der zu vermittelnden Wirklichkeit und den darzustellenden Handlungen verpflichtet.

3.1.2 Eine kleine Geschichte des Sachbuchs

Bereits ganz frühe „Sachbücher" wie der „Orbis Pictus" (1658) von Jan Amos Comenius (1592–1670) kombinierten Unterweisung über die Welt und das Handeln in ihr mit Bildern und einem dialogischen Prinzip der Wissensvermittlung: ein Erwachsener erklärt dem Kind in einem Gespräch die Welt. Die Tradition dieser Form des vergnüglichen Lernens (vgl. Dierks 1975) entwickelte Joachim Heinrich Campe (1746–1818) weiter und machte sie zur Grundlage seines „Robinson der Jüngere" (1779). Hier erzählt der Vater im Kreise der Familie von der Welt, den Abenteuern, die man in ihr bestehen muss, und vom angemessenen Verhalten in ihr. Diese in eine Erzählung eingebundenen väterlichen Ratschläge haben vor allem in der Mädchenliteratur eine bis weit ins 20. Jahrhundert hineinreichende Tradition, die zwar nicht im modernen

Sinne als Sachliteratur bezeichnet werden kann, die aber dennoch wesentliche Parallelen mit ihr teilt (vgl. Wilkending [Hrsg.] 1994).

Vor allem als naturkundliches Unterweisungsbuch sowie als Mischung aus Reisebericht und Abenteuerbuch entwickeln sich Sachbücher im Laufe des 19. Jahrhunderts weiter. Dabei lassen sie Erscheinungsweisen erkennen, die auch uns noch geläufig sind. Zum einen werden spannende Handlungen mit geografischen und historischen Informationen angereicht, zum anderen entwickelt sich ein rein sachorientiertes Angebot zu verschiedenen naturwissenschaftlich-technischen Anwendungen (vgl. Pech 1990). Im Zuge reformpädagogischer Bestrebungen zu Beginn des 20. Jahrhunderts kommen dann auch mehr und mehr Kinder und ihr Weltverstehen in das Blickfeld der Autoren, die meist selbst den Beruf des Erziehers/Lehrers ausübten.

Eine frühe Form eines mit einer Erzählstruktur verbundenen Sachbuchs für Vorschulkinder findet sich in Heinrich Scharrelmanns (1871–1940) „Ein kleiner Junge. Was er sah und hörte, als er noch nicht zur Schule ging" aus dem Jahre 1908. Dieser erste Band der so genannten Berni-Geschichten lässt die Leser am Leben des kleinen Berni Becker teilhaben, der solch alltägliche Dinge erlebt wie „Die Straße wird gepflastert" (vgl. Abb. 26), „Das gebrochene Rad" oder „Die Schmiede" (Auszüge in Ewers/Mieles 1994, S. 312 ff). Scharrelmann fand bereits in seiner Zeit zahlreiche Nachahmer und begründete somit eine Sachbuchtradition, die man im Prinzip auch noch heute wiederfindet.

Das Sachbuch als Antwort auf die Wissens- und Informationsgesellschaft

Seinen eigentlichen Boom erlebt das Sachbuch aber erst nach 1945. Zunächst ist es die Sachliteratur für Erwachsene, die deutlich werden lässt, dass die Gesellschaft der zweiten Hälfte des 20. Jahrhunderts eine Wissens- und Informationsgesellschaft ist bzw. sich dahin entwickelt. Die immer raschere Zunahme des Wissens einer breiten Gruppe von Interessierten zu vermitteln, ist die Aufgabe des Sachbuchs. Zunächst in der Tradition der Mischung aus Abenteuergeschichte und Wissensvermittlung entwickelt sich auch das Sachbuch für Kinder und Jugendliche zu einer immer bedeutenderen Sparte der Kinder- und Jugendliteratur. Die wachsende Bedeutung des Sachbuchs kommt u. a. auch darin zum Ausdruck, dass es seit 1967 im Rahmen des Deutschen Jugendliteraturpreises, der seit 1956 vergeben wird, neben den Preisen für ein Bilder-, ein Kinder- und ein Jugendbuch auch einen Sachbuchpreis gibt. Seit den späten sechziger Jahren erscheinen die heute das Sachbuchangebot prägenden Reihen wie der „Kinder-Kosmos" aus dem Kosmos Verlag und vor allem die „Was ist was-Reihe" von Tessloff, die inzwischen

Abb. 26: Aus: Ewers, Hans-Heino; Mieles, Myriam (Hrsg.) (1994): Kinder- und Jugendliteratur. Von der Gründerzeit bis zum Ersten Weltkrieg. Reclam: Stuttgart., S. 313

etwa mit der Reihe „Sehen-Staunen-Wissen“ aus dem Gerstenberg Verlag zahlreiche Nachahmer und Konkurrenten gefunden hat.

All diese Reihen haben im Wesentlichen zwei Dinge gemeinsam, die sie vom Adressatenkreis der Vorschulkinder tendenziell absetzen. Sie beschäftigen sich mit einer Wirklichkeit, die entweder in sachlicher oder historischer Perspektive an die unmittelbare Lebenswelt der Leser/-innen zwar anknüpft, diese aber überschreitet. Und sie setzen in gewissem Maße die Fähigkeit zum eigenständigen Lesen derjenigen voraus, die das Buch benutzen.

Sachbücher für Kinder im Vorschulalter beschränken sich eher auf Bilder und Benennungen einfacher Art bzw. auf kürzere Textpassagen, die von Erwachsenen jeweils vorgelesen werden. Daher ist der Sachbuch-Begriff für Kinder im Vorschulalter auch in einem erweiterten Sinne zu fassen. Gegenstand der Sachbücher für diese Altersgruppe ist nicht so sehr die Welt jenseits der kindlichen Wahrnehmung und Lebenswelt, sondern diese Lebenswelt unmittelbar. Mit seinen seit 1968 erscheinenden „Wimmelbüchern", in denen es nur so wimmelt von Figuren, Gegenständen und Handlungen, hat Ali Mitgutsch einen Prototyp des Sachbuchs für Vorschulkinder vorgelegt, der auch die verschiedenen Varianten erkennen lässt, die den heutigen Sachbuchmarkt für Kinder im Vorschulalter bestimmen.

„Wimmelbücher" zeigen eine verdichtete Darstellung der Realität

Hier wird zwar kein Abbild von Wirklichkeit, aber eine verdichtete Darstellung von Realität gezeigt, die es erlaubt, Dinge sowie ihr Zusammenspiel in Handlungen und Vorgängen zu erkennen und zu benennen und gleichzeitig mit Erzählungen anzureichern. Die anfänglichen z. T. etwas idyllischen Darstellungen [„Rundherum in meiner Stadt" (1968), „Bei uns im Dorf" (1970), „Komm mit ans Wasser" (1971) und „Hier in den Bergen" (1979)] sind durch moderne Perspektiven auf Stadt („Unsere große Stadt", 1988) und Land („Auf dem Lande", 1996) ergänzt worden. Neben den weitestgehend textfreien „Wimmelbüchern" finden sich auch solche, die auf je zwei Doppelseiten die abgebildeten Gegenstände aus ihrem szenischen Kontext herauslösen und ihnen Benennungen zuweisen („Bei uns im Dorf", „Komm mit ans Wasser", „Auf dem Lande"). Dieses Grundprinzip findet sich in verschiedenen Variationen auch in anderen, meist in Reihen erscheinenden Sachbüchern für Vorschulkinder, wie „Meyers kleine Tierwelt" oder „Kennst du das?" aus dem Duden-Verlag, wie „Zeig mir was" oder „Suche und entdecke" von Ravensburger oder wie „Wissen der Welt" vom Verlag arsEdition und andere mehr. Der Markt expandiert im Moment rasch, weil gezielte Frühförderung der kognitiven Entwicklung an Bedeutung gewinnt. Diese Bedeutung hat im Gefolge der Diskussionen nach PISA noch zugenommen.

Mediale Erweiterungen des Sachbuches

Ergänzt werden die klassischen buchgestützten Angebote in zunehmendem Umfang auch durch Hörkassetten, wie beispielsweise die Addy-Junior-Reihe, die dem gleichnamigen CD-ROM-Lernprogramm zugeordnet ist. CD-ROMS, wie etwa die Löwenzahn-Reihe aus dem terzio Verlag, begleiten und erweitern die gleichnamige Fernsehserie, sind aber in der Regel erst für Kinder ab 6 Jahren, also im unmittelbaren Übergang zur Grundschule, geeignet. Auch die „Sendung mit der Maus" mit ihren „Sachgeschichten" kann man nicht nur im Fernsehen sehen. Neben der Möglichkeit zum Bücher- und Videokassetten-

Abb. 27 Aus: Ali Mitgutsch: RUNDHERUM IN MEINER STADT.

kauf hat die Maus auch eine eigene Internetpräsenz (www.diemaus.de/). Allerdings muss man auch hier lesen können, um von dem Angebot sinnvollen Gebrauch machen zu können.

3.2 Mit welchen Mitteln Sachbücher die Wirklichkeit gestalten

Sachbücher bilden nicht einfach Wirklichkeit(en) ab, sie gestalten sie vielmehr im Prozess der Abbildung und betten sie in eine visuelle und sprachliche Erzählung ein. Wie erzählt ein Bild, was bedeutet es, dass die Wirklichkeit in eine visuelle Erzählung eingebettet ist?

Gestaltungsprinzip der Auswahl und der Kombination

Zunächst gestaltet ein Bild die Wirklichkeit, indem es eine Auswahl von Gegenständen zeigt, die es miteinander in Beziehung setzt. Der eingangs erwähnte farbige Ball oder die Rassel werden in der Regel nicht mit einem Elefanten oder einer Schlange oder einer Mondrakete kombiniert. Das ist ein extremes Beispiel, weil solche Kombinationen in der Wirklichkeit in der Regel auch nicht vorkommen, aber es zeigt das Gestaltungsprinzip der Auswahl und der Kombination. Sachbücher können daher auf einer sehr grundlegenden Ebene mit folgender Frage beurteilt werden: Welche Gegenstände der kindlichen Welt werden gezeigt, in welchen Kombinationen werden sie gezeigt und welche Gegenstände der kindlichen Welt werden nicht gezeigt? Gerade die Frage nach dem, was nicht gezeigt wird, lässt in der Regel Rückschlüsse darauf zu, welche Vorstellungen von Kindheit den Sachbüchern zugrunde liegen. Wenn etwa die fehlenden Aspekte in der kindlichen Welt aber durchaus vorkommen, wie dies bislang häufig bei Produkten der Medienumwelt (Computer, Fernseher, Kassettenrekorder) der Fall war, dann zeigt dies, dass diese Dinge nicht gezeigt werden sollen, weil sie nicht ins gewünschte Bild von Kindheit und Kindlichkeit passen.

Was wird in welcher Kombination gezeigt?

Situierung der Gegenstände

Nach Auswahl und Kombination ist die Situierung der Gegenstände ein weiteres Gestaltungsprinzip. Das heißt, dass es etwa einen Unterschied macht, ob die Gegenstände vor einem weißen, einem hellblauen, einem schwarzen oder andersfarbigen Hintergrund abgebildet werden. Bereits die Farben der Gegenstände selbst und die des Hintergrunds gestalten die wahrgenommene Wirklichkeit. Situierung meint aber auch die Raumauswahl und -gestaltung, in der die abgebildeten Gegenstände vorkommen. Ein düsteres Kellerloch als Kinderzimmer, in dem sich ein Ball, ein Fahrrad und andere Gegenstände der kindlichen Welt be-

Wichtig sind Hintergrund, Raumauswahl und Raumgestaltung

finden, wirkt anders als ein helles, sonnendurchflutetes, freundliches Zimmer mit einem Fenster, vor dem ein blühender Baum zu sehen ist. Die Beurteilung von Sachbüchern geht also auch der Frage nach, wie die Gegenstände, die Sachen situiert sind.

Personal und Handlung

Die räumliche Situierung lässt ein weiteres Gestaltungsmoment deutlich werden, denn in den Räumen finden sich neben den Gegenständen in der Regel Personen, die mit den abgebildeten Gegenständen etwas machen. Personal und Handlung sind also weitere Gestaltungsmittel des Sachbuchs. Alter, Geschlecht und Anzahl der Personen sowie die Handlungen mit den abgebildeten Gegenständen machen dem Kind, das das Sachbuch betrachtet, unterschiedliche Angebote für sein jeweiliges Verständnis der Sachen. So kann ein gleichaltriges Kind mit einem Feuerwehrauto spielen oder eine junge Frau in einer Autowerkstatt einen Auspuff montieren und dabei einen Hammer in der Hand halten: Das Gestaltungsmittel der Personendarstellung hält unterschiedliche Identifikationsangebote bereit, die der Wahrnehmung der Gegenstände in der Welt einen entscheidenden Rahmen verleihen. Die Beantwortung der Frage, welche Personen führen welche Handlungen mit den Gegenständen aus, hilft also dabei, das Angebot des jeweiligen Sachbuchs über die Sachpräsentation hinaus zu beurteilen.

Die Perspektive

Schließlich wird die bildliche Darstellung all dieser Sachverhalte entscheidend durch die Perspektive geprägt, mit der der Betrachter auf das Bild blickt. Die Übersicht gewährt eine distanzierte Blickrichtung von oben und damit das Gefühl der Erhabenheit über dem Geschehen, die Untersicht lässt die Dinge groß und bedrohlich erscheinen und vermittelt den Eindruck, als sei man unmittelbar Teil des Geschehens.

Steuerung von Affekten

Mit der Wahl einer Perspektive sowie mit der Entscheidung für die anderen Gestaltungsmittel ist in der Regel auch die Steuerung von Affekten verbunden, mit der der Betrachter in das abgebildete Geschehen blickt und die Darstellung von Wirklichkeit wahrnimmt. Aus der Kombination von Bildern entstehen Bildfolgen und Bildgeschichten, bei denen die Wirkung der hier einzeln vorgestellten Gestaltungsmittel kombiniert und verstärkt werden. Die Gestaltung der sprachlichen Erzählung folgt analogen Prinzipien und braucht hier nicht noch einmal gesondert aufgeführt zu werden. Entscheidend in der Gesamtsicht auf das Phänomen der Gestaltung ist, dass in der Verbindung aller Darstellungsmittel Sachbücher für Kinder nicht nur Welt entfalten, sondern den Bezug zur Welt auch mit Affekten ausstatten.

Beurteilungskriterien für Sachbücher

Die bereits angesprochenen Beurteilungskriterien für Sachbücher lassen sich wie folgt bündeln, wobei der Bezugsrahmen für die Beantwortung jeweils die kindliche Auffassungsgabe und das bereits erreichte kindliche Sprachvermögen ist:

- Welche Angebote für die sprachliche und die kognitive Entwicklung enthalten die Bücher?
- Welche Gegenstände der kindlichen Welt werden gezeigt, in welchen Kombinationen werden sie gezeigt und welche Gegenstände der kindlichen Welt werden nicht gezeigt?
- Wie sind die Gegenstände farblich und räumlich situiert?
- Welche Personen und Handlungen erscheinen im Umfeld der Sachbezüge?
- Welche Perspektiven auf die Sachbezüge werden den Kindern angeboten?
- Welche Gefühle werden in den Betrachtern/Lesern in Bezug auf die dargestellte bzw. erzählte Wirklichkeit erzeugt?

3.3 Zur Typologisierung von Sachbüchern

Die bisherigen Ausführungen lassen erkennen, dass das Sachbuch für Kinder im Vorschulalter im Wesentlichen ein bildgestütztes Buch ist. Auch da, wo Text die Bildelemente erläutert oder in einen größeren Zusammenhang stellt, steuern bildliche Darstellungen die Wahrnehmung des Kindes. Insofern treffen Typologisierungen des Sachbuchs, wie sie in verschiedenen Varianten die Forschungsliteratur seit Inge Auböcks erstem wissenschaftlichem Versuch zum Sachbuch 1963 bestimmen, die Besonderheiten des Sachbuchs für Kinder im Vorschulalter nur dann, wenn sie dieser Tatsache Rechnung tragen. Dahrendorf (1966) unterscheidet das „reine Sachbuch", die „Sacherzählung" und das „erzählende Sachbuch". Hier lassen sich die Spezifika des bildgestützten Sachbuchs für Vorschulkinder nur dann unterbringen, wenn man den Begriff Erzählung sehr weit fasst, was Dahrendorf nicht beabsichtigt hatte. Auch andere Typologisierungen stellen das Sprach-Erzählerische so stark in den Mittelpunkt, dass die visuellen Dimensionen der Gestaltung und Wissensvermittlung zu sehr in den Hintergrund treten (vgl. Ossowski 2000, 672 f). Einzig Ossowski räumt in seinen sechs Typen des Sachbuchs den bildgestützten Sachbüchern einen angemessenen Raum ein. Er unterscheidet:

„1. das Bildersachbuch,
2. das Sachbilderbuch,
3. Erzählsachbuch,
4. das Sacherzählbuch,
5. das Werkbuch (Anleitungsbuch),
6. das Informationsbuch.“ (Ossowski 2000, 672)

Dabei definiert er das „Bildersachbuch“ und das „Sachbilderbuch“ wie folgt:

> *„Beim ‚Bildersachbuch‘ wird die erfahrbare kindliche Umwelt nur in Bildern, ohne Text vorgestellt, entweder in Einzeldarstellungen oder in zusammenhängenden Bildfolgen; Sachen, die in einem Zusammenhang stehen, erscheinen auf einem Bild. ‚Sachbilderbücher‘ befassen sich vorwiegend bild-erzählerisch mit Umweltgegenständen.“* (Ebenda, 672 f)

Bildersachbücher

Der Kategorie der „Bildersachbücher“ lassen sich die bereits erwähnten „Wimmelbücher“ zuordnen. Neben der von Ali Mitgutsch bekannten Form gibt es sie auch in einer Variante, in der technische Details unserer Alltagswelt im Sinne einer Explosionszeichnung zum „Wimmeln“ gebracht werden. In Stephen Biesty's „Irre, wie das funktioniert. Wunderwerke des Alltags“ (Biesty/Platt 1997) werden die Details von Gegenständen und ihrer Herstellung bzw. Handhabung wie „Milch“, „Die Brücke“, „Papier“, „Der Sportschuh“, „Der Fotokopierer“ (s. Abb. 28) und vieles mehr gezeigt. Der Detailreichtum setzt beim Kind zwar einen genauen Blick voraus, und den kleinen Technikfreak kann auch ein solches Wimmeln bereits vor der Einschulung faszinieren.

Bildersachbücher sind auch jene Titel wie „Erste Bilder – Erste Wörter“ (Spanner 2002) oder die der „Kennst du das“-Reihe, die Dinge in einem thematischen Zusammenhang abbilden und benen-

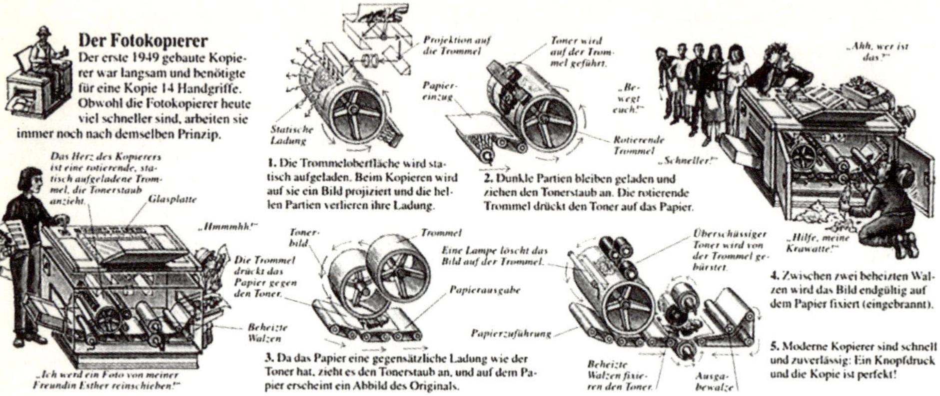

Abb. 28 Aus: Biesty, Stephen (Bilder); Platt, Richard (Text) (1997): Irre, wie das alles funktioniert! Wunderwerke des Alltags. Gerstenberg: Hildesheim 1998

nen. Dabei werden zur Abbildung entweder Fotografien (Beispiel: Kennst du das? Bauernhof) oder Zeichnungen (Beispiel: Erste Bilder – Erste Wörter) verwendet. Letztere bilden häufig Kinder oder Erwachsene ab, um die jeweiligen Objekte in Handlungszusammenhängen zu zeigen. Mitunter wird dafür auch auf Tierfiguren zurückgegriffen und werden kindertümelnde Klischees verwendet. Bei der Auswahl für den Einsatz im Kindergarten ist daher darauf zu achten, dass kindertümelnde und geschlechtsstereotypisierende Darstellungen vermieden werden, die in diesen Büchern leider immer wieder auftauchen. So ist das Bärenmädchen in „Erste Bilder – Erste Wörter" mit einer rosa Hose und der Bärenjunge mit einer blauen Hose bekleidet.

Auf kindertümelnde und geschlechtsstereotypisierende Darstellungen achten

Sachbilderbücher

Zu den Sachbilderbüchern im Sinne Ossowskis gehören zunächst die einfachen Klappbilderbücher wie „Mein Feuerwehrauto" (Metzger 1994, Abb. 29) oder „Da fährt der kleine Krankenwagen" (Loft 2003). Sie zeigen z. B. je ein Gefährt wie Feuerwehrauto, Traktor, Krankenwagen und Polizeiauto, stellen es mit seinen Komponenten vor und zeigen es in kleinen Minimalhandlungen, in denen das Gefährt zu einem funktionstypischen Einsatz kommt. Auch hier handeln wieder entweder animierte Tiere oder Menschen mit den entsprechenden Konsequenzen für die Realistik der Darstellung.

Abb. 29 Aus: Wolfgang Metzger: MEIN FEUERWEHRAUTO.
© 1994 by Ravensburger Buchverlag Otto Maier GmbH, Ravensburg

Auch Sachbücher binden emotional in das Geschehen ein

Auch die Bücher der Reihe „Wieso? Weshalb? Warum?“ sind dieser Kategorie zuzuordnen, auch wenn sie wegen des Textumfangs und der Detailfülle bereits einen Übergang zum Schulkind als Nutzergruppe signalisieren. Sie beginnen in der Regel mit einer im Stil der „Wimmelbücher“ gehaltenen Doppelseite, die das jeweilige Thema im Überblick präsentiert. Es folgen Einzelseiten, die sich jeweils einem Thema widmen. In „Alles über Pferde“ (Eberhard/Erne, 2003) sind dies „Wie fühlen sich Ponys und Pferde wohl?“, „Was mögen Pferde?“, „Was lernst du in der ersten Reitstunde?“ u. a. m. Der begleitende Text ist sachlich gehalten, schildert die thematischen Schwerpunkte und enthält sich weitgehend einer entfalteten narrativen Gestaltung. Auch die abgebildeten Kinder und Erwachsenen sind jeweils andere, sodass auch hier keine narrative Kontinuität entsteht. Dennoch transportieren die Bilder auch Affekte und binden die Betrachter so in das Geschehen ein: Stolz, Anstrengung, Ärger und andere Gefühlsregungen sind leicht den Gesichtern zu entnehmen und animieren so zur fantasievollen Ausgestaltung des sachlich präsentierten Geschehens. Zudem lassen sich auf den Seiten Aktionen durchführen, die die Betrachter/-innen auch „handelnd“ in die Darstellung einbeziehen.

Typologische Mischformen und Übergänge des Sachbuchs

Im Übergang zum Erzählsachbuch sind Bücher einzuordnen, in denen die Bilder zwar noch die Erstwahrnehmung bestimmen, der Text aber eine gewisse Eigenständigkeit als Erzählung gewinnt. Mit der Einführung handlungstragender Charaktere, mit der Einnahme einer Erzählperspektive, mit Erzählerrede und Personen sowie anderen erzählerischen Gestaltungsmitteln beginnen erzähltechnische Eigengesetzlichkeiten den Text zu bestimmen, der gleichwohl in dieser erzählerischen Struktur Sachwissen vermittelt – in Christian Bouchardys und Benoit Charles' „Die Tiere vom Fluss" etwa über das Leben der Tiere an einem Fluss, über die Gefahren, denen sie ausgesetzt sind und über die Veränderungen, die sich entlang eines Flusslaufs ergeben.

In erzählerischer Struktur wird Sachwissen vermittelt

> *Als Nelli, das Fischotterkind, zum ersten Mal die Augen öffnet, ist es ganz dunkel, nur ein schwacher Lichtstrahl dringt in sein Versteck. Das Erste, was sie riecht, sind die warmen Zitzen ihrer Mutter, das Erste, was sie hört, ist das Gurgeln des Flusses. „Wo sind wir?", fragt sie ihre Mutter. „Woher kommt dieses Licht und woher das Geräusch?" „Wir sind in unserem Bau", antwortet die Mutter. „Ich habe ihn extra für deine Geburt gegraben, unter den Wurzeln einer Eiche nahe am Fluss. Am Wasser ist der Eingang. Das Licht kommt durch einen kleinen Luftschacht, da direkt über uns." „Die Eiche! Der Fluss! Das Wasser!", unterbricht sie Nelli. „Was ist das alles?" Die Mutter nickt. „Jetzt bist du zwei Monate alt und es ist an der Zeit, dass du die Welt entdeckst. Komm mit!"* (Bouchardy/Charles 1999)

Auch wenn die Erzählweise in ihrer Sachorientierung mit den Fragen des Fischotterkindes, das gerade seine Augen geöffnet hat, etwas gezwungen wirkt, entsteht doch eine Erzählsituation, die die kindlichen Leser/Betrachter mitzureißen vermag und ihnen ein Angebot macht, welches das vermittelte Wissen affektiv auflädt und so besser kognitiv zu verankern erlaubt.

Damit gewinnen die Bilder eine über das bloße Zeigen hinausgehende Funktion. Sie bestimmen den Vorstellungsraum für die kindlichen Betrachter ebenso wie für die erwachsenen Vermittler. Farbwahl, die Gestaltung von Nähe und Tiefe, die Positionierung des Betrachters in eine bestimmte Sicht auf das Geschehen, all das begleitet die Entstehung des Gesamtzusammenhangs, in den das erworbene Sachwissen eingebunden wird.

Aus: Janosch (1990): Emil und seine Bande. Diogenes Verlag, Zürich 1990, S. 10

Aus: Ali Mitgutsch: RUNDHERUM IN MEINER STADT.

Aus: Brigitta Garcia Lopéz: Flieg, Flengel, flieg! Atlantis Verlag im Orell Füssli Verlag, Zürich 2002

Aus: Susanne Janssen: Rotkäppchen. © 2001 Hanser Verlag, München – Wien

Aus: Tony Ross: ICH KOMM DICH HOLEN.

Aus: Leo Lionnie: Das kleine Blau und das kleine Gelb. Verlag Friedrich Oetinger, Hamburg 1962

Aus: Wolf Erlbruch: Nachts. Peter Hammer Verlag, Wuppertal 1999

Aus: Anais Vaugelade: Steinsuppe. Aus dem Französischen von Tobias Scheffel. Moritz Verlag, Frankfurt 2000

Im ersten Haus wohnt die Henne.
Der Wolf klopft an die Tür, poch, poch, poch.
»Wer da?«, fragt die Henne.
Der Wolf antwortet: »Der Wolf.«

Aus: Grégoire Solotareff: Du groß, und ich klein. Aus dem Französischen von Erika und Karl A. Klewe. Moritz Verlag, Frankfurt am Main 1996

Aus: Jörg Steiner; Jörg Müller: Die Kanincheninsel.

Aus: Nikolaus Heidelbach: Die dreizehnte Fee. 2002 Beltz Verlag Weinheim und Basel

Aus: Die Königin der Farben. Bilderbuch. Illustration/Text: Jutta Bauer, Beltz & Gelberg 1998

Fallbeispiel „Die Kanincheninsel"

Gerade die erzählerischen Potentiale der Bilder machen es mitunter schwer, ein Buch eindeutig einer Sachbuchkategorie zuzuordnen oder es gar überhaupt als Sachbuch zu klassifizieren. So erzählen Jörg Steiner und Jörg Müller in „Die Kanincheninsel“ (Steiner/Müller 1997) vom Schicksal zweier Kaninchen, dem Kleinen Braunen und dem Großen Grauen. Sie werden zunächst in einer Kaninchenfarm gehalten, brechen für einen Tag aus und führen den Betrachtern die Differenzen von Natur und Technik, von Mensch und Natur, respektive Tierwelt vor Augen. Die Suche der beiden Kaninchen nach der Freiheit ist eine eigene Geschichte, wie sie in vielen Tiergeschichten ihre Vorbilder hat. Sie ist gleichwohl eingebettet in einen zivilisatorischen Zusammenhang, der in seiner kritischen Perspektive den Sachzusammenhang

Abb. 30 Aus: Jörg Steiner; Jörg Müller: Die Kanincheninsel.

des Buchs darstellt. Diese Sichtweise wird wesentlich dadurch unterstützt, dass die Bilder mit unterschiedlichen Perspektiven auf das Geschehen spielen, so den Betrachter „verwirren" und zum Nachdenken anregen. Neben Auf- und Übersichten gibt es vor allem starke Untersichten, die das Geschehen aus der Perspektive der Kaninchen darstellen (vgl. Abb. 30).

Und es sind vor allem diese, die Perspektive auch verzerrenden und dehnenden Untersichten, die „sachliche Information" zu vermitteln versuchen, eben die Perspektive der Kaninchen. Doch die Frage, ob „Perspektive" noch eine „Sache" im Sinne einer Sachbuchtypologisierung ist, bleibt strittig und zeigt, wie vielfältig das Genre ist und wie schwer es sich eindeutig von anderen, etwa „rein" sprach-erzählerischen Genres in der Kinderliteratur unterscheiden lässt.

Auch Bücher wie „Teddy ist müde" (Eberhard 1995) lassen erkennen, wie vielfältig der Typus Bildersachbuch sein kann. Das jeweils in zusammenhängenden Doppelseiten gestaltete Buch zeigt auf der rechten Hälfte die für das Bildersachbuch typische Ansammlung von Gegenständen der kindlichen Umwelt. Auf der linken Hälfte wird ein Teil

Abb. 31 Aus: Irmgard Eberhard: TEDDY IST MÜDE.

der Gegenstände in einem Text beschrieben und gleichzeitig in einen kleinen Handlungszusammenhang gestellt. Der Unterschied zu Klappbilderbüchern wie „Mein Feuerwehrauto“ besteht darin, dass die Anzahl der Gegenstände wie bei den „Wimmelbilderbüchern“ relativ groß ist und dass zudem im Text die Gegenstände nicht durch Wörter, sondern durch Abbildungen aufgezeigt werden. Die Kinder lernen also nicht nur Dinge zu identifizieren und zu benennen, sondern auch Grundstrukturen einer Schreibung in Linien mit Wort- und Bildabständen (vgl. Abb. 31) zu erkennen und nachzuvollziehen.

Diese Orientierung an Dimensionen des frühen Lernens führt auch zu Mischungen der Typen, wie sie etwa in der Reihe „Zeig mir was!“ von Ravensburger sichtbar werden. Hier sind jeweils fünf Doppelseiten zu Themen wie „Auf dem Flughafen“, „In unserem Kindergarten“, „Bei der Eisenbahn“, „Unsere Familie“ u. a. m. gestaltet. Auf der ersten Doppelseite wird unter dem Stichwort „Kennst du das?“ in das Thema eingeführt. Bilder und Text sind im Stil des Sachbilderbuchs kombiniert. Die dritte Doppelseite erzählt eine kurze Bildergeschichte (Comic) mit erläuterndem Text ebenfalls im Stil des Sachbilderbuchs und wird als „Erzähl mir was!“ kategorisiert. Die fünfte Doppelseite („Mein erstes Wörterbuch“) zeigt die wichtigsten Begriffe zum Thema mit ihren sprachlichen Benennungen. Die verbleibenden, unkategorisierten Doppelseiten zwei und vier zeigen je zwei Örtlichkeiten aus dem Themenbereich des Buchs im Stil der „Wimmelbilderbücher“. Insofern kombiniert „Zeig mir was!“ Stile und Lernmöglichkeiten der bisher vorgestellten Typen.

3.4 Themenschwerpunkte für Kinder im Vorschulalter

Themen aus der kindlichen Lebenswelt

Viele Themen, die im Sachbuch für Kinder im Vorschulalter vorkommen, sind im Verlauf der bisherigen Darstellung schon indirekt angesprochen geworden. Insgesamt handelt es sich um Themen aus der kindlichen Lebensumwelt. Diese Lebensumwelt kann auf die den Sachbuchtypen je eigenen Weisen entfaltet werden: Sei es als zunächst ungeordnete Vielfalt, wie in den „Wimmelbilderbüchern“, die die Kinder mit ihrem selektiven Blick selbst oder unter Zuhilfenahme erwachsener Vermittler strukturieren. Oder sei es als enzyklopädische Ansammlung von Abbildungen und Benennungen, womit die Entwicklung des Zusammenhangs von Wirklichkeit, Abbildung, Symbol und Wort unterstützt wird, der für die Symbolisierung wichtig ist.

Neben dieser eher ungeordneten Lebenswelt ist das Sachbuchangebot aber auch selbst schon um bestimmte Themen herum gruppiert. Es gibt Sachbücher zur Tier- und Pflanzenwelt, zu Umweltfragen, zur Arbeit in Haus und Garten, zur Technik, zur Geschichte, zum Verhalten im Verkehr, zum Kindergarten, zu Fragen des kindlichen Körpers u.v.m. In der Regel mischen sich die oben beschriebenen Typen, sodass die Bücher ein vielfältiges Angebot für den Wissenserwerb, für das Gespräch und das Geschichten-Erfinden, für das Fantasieren sowie das Spielen und Bauen enthalten.

Das Sachbuch thematisiert den Kindergarten

„Unser Kindergarten“ aus der Reihe „Wieso?-Weshalb?-Warum?“ (Lindley/Mennen 1999) zeigt aus der Perspektive von Kindern mögliche Abläufe im Kindergarten-Alltag. Regeln werden thematisiert, Konflikte angesprochen, Spiel- und Lernmöglichkeiten aufgezeigt, Anregungen für Aktivitäten gegeben. Lindley und Mennen präsentieren keine Geschichten, aber zahlreiche Szenen und Themen, die beim gemeinsamen Betrachten/Vorlesen von Kindern und Erziehern/innen Anlass zum Gespräch und zur Verständigung über den Alltag im Kindergarten geben. Weniger ausführlich im Detail, aber von inhaltlich ähnlicher Breite ist „In unserem Kindergarten“ aus der „Zeig mir was“-Reihe. Die inhaltlichen Angebote finden sich allerdings sehr verdichtet in dem „Erzähl mir was“-Teil sowie in den beiden „Wimmel“-Doppelseiten. Insofern fordert und fördert diese Art der Verdichtung des Alltags in wenigen Szenen und ohne textliche Kommentierung das verständigungsorientierte Gespräch zwischen Kindern und Erziehern/-innen.

Anlässe zur Verständigung über den Alltag

Verkehrserziehung

Auch zum Thema Verkehrserziehung liegen Sachbuchtitel vor, wie sie typologisch für das Thema Kindergarten bereits beschrieben wurden. Ergänzungen finden sich in eher als Erzählsachbuch einzuordnenden Büchern wie denen von Janosch „Tiger und Bär im Straßenverkehr“ (1990) oder „Der kleine Tiger braucht ein Fahrrad“ (1992). Hier wird die Bekanntheit von Tiger und Bär genutzt, um eine Geschichte zu erzählen, in deren Verlauf die wichtigsten Regeln im Straßenverkehr und beim Fahren eines Fahrrads vermittelt werden. Die von der erzählerischen Grundgestalt der Geschichte geforderte Vorlesesituation wird hier also mit Lernangeboten aufgefüllt. Eine weitere Ergänzung, die es auch zu anderen Themen gibt, liegt mit „Mein Malbuch – Im Verkehr“ aus dem Verlag arsEdition (Seelig 2002) vor. Hier können die Kinder nach eigenem Geschmack und Gestaltungswillen Verkehrsszenen ausmalen, müssen aber die verkehrstypisch normierten Dinge „richtig“ malen: Verkehrsschilder, Zebrastreifen etc.

Körperbewusstsein – Aufklärung

Auch wenn die Abgrenzungen zwischen Jungen und Mädchen im Vorschulalter noch nicht so groß sind, wie dann im Laufe der Grundschulzeit, gibt es doch bereits bei Kindern dieses Alters ein ausgeprägtes Bewusstsein davon, Mädchen oder Junge zu sein. Ein Teil des Interesses aneinander im Spiel hat auch mit dem Erkunden dieser Differenz zu tun. Im Allgemeinen wissen Kinder selbst, wie sie miteinander umzugehen und welche Grenzen sie zu achten haben. Unsere Gesellschaft hat in ihrer Entwicklung Intimität aber zunehmend dem öffentlichen Blick preisgegeben und damit auch häufig ihre Abwehr befördert. Dies drückt sich u. a. in gewaltförmiger Sprache und sexualisiert-aggressivem Umgang miteinander aus. Daher kann auch bei Vorschulkindern die Notwendigkeit entstehen, über Fragen der Körperlichkeit, des Empfindens des eigenen und des anderen Körpers zu reden. Bücher wie „Wir können was, was ihr nicht könnt. Ein Bilderbuch über Zärtlichkeit und Doktorspiele“ (Enders/Wolters 1996) können die Möglichkeit bieten, mit Kindern über dieses Thema zu reden. Die Kinder in dem Buch erleben geschlechtliche Differenz und die Neugier auf das andere des Jungen bzw. des Mädchens. Im Spiegel der Geschichte können daher eigene Fragen, Wünsche und Ängste angesprochen werden. Mehr noch als bei anderen Themen sind hier jedoch ein empathisches Eingehen auf die Kinder und ihre Fragen sowie das Halten des Themas im Übergangsraum der Geschichte (vgl. Kapitel I.3) wichtig und notwendig.

Kinder sollen lernen, auch Nein sagen zu können

In diesem Zusammenhang geht es auch um die Förderung der Fähigkeit der Kinder, Nein sagen zu können gegenüber Ansprüchen, die sie nicht wollen. Auch hier finden sich zahlreiche Angebote, Sachbücher mit ihren fiktionalisierenden Thematisierungen als Gesprächsgrundlage zu nutzen (vgl. z. B. Geisler/Pro Familia 1994 oder Boehme/Enders/Wolters 1997). Die Frage nach der Herkunft der Kinder, gepaart mit einem altersspezifischen Interesse an Sexualität, bestimmt die kindliche Neugier im Bereich Körpererleben und Aufklärung zentral. Häufig wird die Frage ausgelöst durch die Geburt eines Geschwisterkindes.

Abb. 32 Aus: Fagerström, Grethe; Hansson, Gunilla (1977): Peter, Ida und Minimum. Familie Lindström bekommt ein Baby. Ravensburger Buchverlag, Ravensburg 1989

Noch immer ist es das bereits 1977 erschienene Buch des schwedischen Autorenduos Fagerström und Hansson „Peter, Ida und Minimum“, das sich bei Kindern im Vorschulalter, aber auch noch im

Grundschulalter, großer Beliebtheit erfreut. 2002 bereits in 15. Auflage erschienen, kann es als das erfolgreichste Aufklärungsbuch für Kinder dieser Altersstufe gelten. Der Erfolg liegt vor allem in der Einbettung des aufklärenden Sachgehalts in eine Erzählung. Peter und Ida fungieren als Identifikationsobjekte, ihre Neugier und ihre spielerische Verarbeitung der Tatsache, ein Geschwisterkind zu bekommen, animieren die kindlichen Betrachter, ihr Erleben des Geschehens zu thematisieren und ihre Fragen zu stellen. Der Text seinerseits spricht die Kinder direkt an und eröffnet damit einen interaktionellen Klärungsprozess zwischen erwachsenen Vorlesern und kindlichen Zuhörern/Betrachtern. Die gezeigten Spielsequenzen, in denen Peter und Ida das Geschehen um das erwartete Geschwisterkind spielerisch antizipieren, fungieren gleichermaßen als Anregung.

Während in „Peter, Ida und Minimum" das fiktionale Aufklärungsgeschehen im Eltern-Kind-Gespräch stattfindet, verlegt Janosch es in seinem „Mutter sag, wer macht die Kinder?" (2002) in die Schule, die hier eine Mäuseschule ist, gleichwohl aber sehr an die bekannte „Häschenschule" (1924) erinnert. Die Mäusekinder bekommen ihre eigentliche Frage von der Mutter nicht beantwortet, das Alltagsgeschehen verhindert eine Kommunikation zwischen Eltern und Kindern. In der Schule ist es dann Mäuse-Lehrer Schröder, der zunächst Befruchtung bei den Blumen – das ist die Sache mit den Bienchen! –, dann bei Tieren und schließlich bei den Menschen erklärt. Die Mäuse-Kinder scheint das genauso zu interessieren wie jeder x-beliebige Schulstoff. Und am Ende gehen die Mäuse-Eltern zwar gemeinsam ins Bett, die Kinder jedoch sind mit anderem beschäftigt. Hier scheint Aufklärung als schulische Pflichtübung absolviert zu werden und entsteht nicht wie in „Peter, Ida und Minimum" aus den direkten Fragen der Kinder. Auch Pernilla Stalfelts „Wenn Herzen klopfen ... Das Kinderbuch von der Liebe" (2001) erzählt keine Geschichte, sondern reiht Kombinationen von Text und comicartigen Zeichnungen rund um das Thema Liebe und Sexualität recht unverbunden aneinander. Dabei fehlt nicht nur der orientierende, von kindlichen Fragen ausgelöste Erzählzusammenhang; die in den einzelnen Skizzen angesprochenen Themen entspringen mitunter nicht wirklich kindlichen Perspektiven. Auch in der Sache wirkt die Darstellung nicht wirklich gelungen. So scheint genitale Sexualität auf das Kinderkriegen reduziert, denn nach der äußerst knappen Beschreibung der männlichen und weiblichen Anatomie heißt es:

Der Erzählzusammenhang sollte von kindlichen Fragen ausgehen

„Falls man so verliebt ist, dass man Kinder machen will, ist das (= die anatomische Anlage von Mann und Frau, der Autor) sehr praktisch. Der Pimmel passt genau in das Loch. Nach einer Weile spritzt der Pimmel ein bisschen weiße Schmotze ins Loch. Das sind Samenzellen. Die sind so klein, das man sie nicht sieht. Sie wollen zu einem Ei, das in der Frau ist.“ (Stalfelt 2001)

Die Erzieher/innen sollten also bei den Darstellungen in den von ihnen benutzen Büchern darauf achten, ob diese kindliche Fragen aufgreifen und in Sprache und Gestaltung kindliche Verarbeitungsmöglichkeiten einbeziehen oder durch deren Missachtung gar eher verschreckend wirken.

3.5 Anregungen für die pädagogische Praxis

Die Arbeit mit Sachbüchern im Kindergarten unterscheidet sich zunächst nicht wesentlich von der Arbeit mit anderen Gattungen der Kinderliteratur. Auch sie sind weitgehend für Situationen des Vorlesens gedacht, vor allem da, wo es Text gibt, der vorgelesen werden muss, weil die Kinder noch nicht lesen können.

Sachbücher vermitteln Wissen und führen ein in die Wissens- und Handlungsstrukturen unserer Gesellschaft. Diese Vermittlung braucht Vermittler. Im interaktionellen Geschehen zwischen Kindern und Erwachsenen findet diese Vermittlung im Vorschulalter ihren angemessenen Ort. Selbst die „Wimmelbilderbücher“, die ohne Text auskommen, brauchen diese Vermittlungssituation. Sie ist gemäß dem für den Sprach- und Literaturerwerb so bedeutenden Muster des „turn-taking“ (vgl. Wieler 1997) organisiert. Es besagt, dass nach der Abfolge „Frage – Antwort – Bestätigung“ das Identifizieren/Erkennen und das Benennen geübt wird. In diese Interaktionsform sind solche Handlungen um das Buch herumgruppiert wie Vorlesen, Hören, Schauen, Zeigen und Benennen. Auch das Erfinden von Geschichten wächst aus dieser Situation heraus. Insofern sind das Sachbuch und seine Vermittlung eben nicht affektfrei, nicht frei von Fantasietätigkeit. Bücher wie „Die ganze Welt“ (Couprie/Louchard 2002), das 2002 mit dem Deutschen Jugendliteraturpreis in der Sparte „Sachbuch“ ausgezeichnet wurde, zeigen dies in besonderer Weise.

Interaktionsform: Frage, Antwort, Bestätigung

Die kommentarlosen, verschiedenste Darstellungsstile von Wirklichkeit verwendenden, mitunter in den Doppelseiten aufeinander bezogenen Bilder zeigen Wirklichkeit, verwirren aber auch. Damit fordern sie zur Strukturierung auf, bieten Anlass für Gespräch und gemeinsames Aushandeln von Sinn und Bedeutung. Manche Bücher enthalten zudem Mitmach-Angebote, so die der „Wieso?-Weshalb?-Warum?"-Reihe mit ihren Bildern hinter den Bildern, die durch Aufklappen sichtbar werden.

Die Arbeit mit dem Sachbuch muss aber nicht nur auf die Vorlesesituation und ihre sich an das Vorlesen anschließenden Gespräche beschränkt sein. In ihrem Verweis auf Realität bieten sie vielfältige, gleichwohl themenabhängige Angebote. In den Sachbüchern zum Thema Natur finden sich häufig Hinweise zum Bauen und Selbermachen. Sei es, dass man etwas sät und pflanzt („Die Garten-Uhr", Blech/Spangenberg 1980), sei es, dass man Beobachtungen vornimmt („Unser Kindergarten", Lindley/Mennen 1999). Viele Themen eignen sich zudem dazu, nachgespielt zu werden. So finden sich in „Alles über die Polizei" (Metzger/Erne 2003) oder ähnlichen Büchern zahlreiche Anregungen, konkrete Szenen oder allgemeine Handlungsmuster nachzuspielen.

Viele Themen eignen sich zum Nachspielen

Angebot des Buches, Unterstützung und Anregung durch die Erzieher/innen und das Interesse der Kinder, das sich häufig auch spontan entwickelt, müssen dabei jeweils in ein sinnvolles Verhältnis gebracht werden, das von Gruppe zu Gruppe variiert und das sensible Verstehen der Erzieher/innen voraussetzt.

Bücher im Übergang zur Grundschule

Die in diesem Kapitel hauptsächlich beschriebenen Sachbücher für Kinder im Vorschulalter zeichnen sich dadurch aus, dass sie überwiegend auf Visualisierungen der vermittelten Sachverhalte und auf Vermittlung durch einen vorzulesenden Text basieren. Gegen Ende der Kindergartenzeit entwickelt sich die Fähigkeit der Kinder, anspruchsvollere Bild-Text-Verhältnisse zu verstehen. Langsam mag es dann ratsam sein, komplexere Sachverhalte und Darstellungen anzubieten, die im Wesentlichen auf mehr Text basieren. Der Entwicklungsprozess, der auf der Darstellungsebene als Prozess vom Bild zur Schrift beschreibbar ist, lässt sich auf der Symbolisierungsebene als Prozess von der äußeren zur inneren Anschauung erfassen. Das bedeutet kein Verschwinden der Bilder und ihrer Funktion, Informationsträger und zugleich Vermittler des szenischen Geschehens zu sein. Denn auch die Sachbücher für das Schulalter sind komplexe Bild-Text-Kompositionen, deren Verstehen gelernt werden muss, wobei auf die im Vorschulalter erwobenen Fähigkeiten aufgebaut wird. Hier kann es ratsam sein, Übergänge zu ermöglichen, indem beispielsweise Angebote aus dem Spektrum der „Was-ist-was"-Bücher (Tessloff), der „Sehen-Staunen-Wissen"-Reihe (Gerstenberg) oder vergleichbarer Sachbuchreihen gemacht werden.

Resümee

Abschließend lässt sich die Bedeutung der Sachbücher für die kindliche Entwicklung im Vorschulalter wie folgt zusammenfassen: In Sachbüchern lernen die Kinder die Welt in bild- und sprach-symbolischen Repräsentationen kennen und handhaben. Die Welt wird für sie im Medium von Bild und Sprache verfügbar. Insofern die Entwicklung der Symbolisierungsfähigkeit einen Zuwachs an Ich-Stärke darstellt (vgl. Kapitel 1.3), trägt die Beschäftigung mit Sachbüchern zu einer Entwicklung des Selbstbewusstseins der Kinder bei. Die spezifische Mischung aus Sachorientierung und Narration verbindet zudem kognitives Lernen mit affektivem Lernen und fördert die Entwicklung von Kognition und Fantasie.

Literatur

Primärliteratur (Bildersachbücher/Sachbücher)

Biesty, Stephen (Bilder); Platt, Richard (Text) (1998): Irre, wie das alles funktioniert! Wunderwerke des Alltags. Gerstenberg: Hildesheim

Blech, Dietlind; Spangenberg, Christa (2001): Die Garten-Uhr. Ein Bilderbuch vom Pflanzen und Wachsen, vom Blühen und Ernten. Ellermann Verlag: Hamburg

Boehme, Ulfert; Enders, Ursula; Wolters, Dorothee (1997): Lass das – Nimm die Finger weg! Beltz & Gelberg: Weinheim/Basel

Bouchardy, Christian; Charles, Benoît (2000): Die Tiere vom Fluss. Eine abenteuerliche Reise zum Meer. Arena Verlag: Würzburg

Campe, Joachim Heinrich (1778): Robinson der Jüngere. Ein Lesebuch für Kinder. Nachdruck der Ausgaben von 1860. Harenberg: Dortmund

Couprie, Katy; Louchard, Antonin (2001): Die ganze Welt. Hildesheim: Gerstenberg

Eberhard, Irmgard (2001): Teddy ist müde. Ravensburger Buchverlag: Ravensburg

Eberhard, Irmgard (Ill.); Erne, Andrea (Text) (2003): Alles über Pferde und Ponys (Wieso? Weshalb? Warum?). Ravensburger Buchverlag: Ravensburg

Ewers, Hans-Heino; Mieles, Myriam (Hrsg.)(1994): Kinder- und Jugendliteratur. Von der Gründerzeit bis zum Ersten Weltkrieg. Reclam: Stuttgart

Fagerström, Grethe; Hansson, Gunilla (1989): Peter, Ida und Minimum. Familie Lindström bekommt ein Baby. Ravensburger Buchverlag: Ravensburg

Geisler, Dagmar (Ill.)/Pro Familia (Text) (2002): Mein Körper gehört mir. Loewe: Bindlach

Janosch (1992): Tiger und Bär im Straßenverkehr. Zürich: Diogenes

ders. (1992): Der kleine Tiger braucht ein Fahrrad. Zürich: Diogenes ders. (2002): Mutter sag, wer macht die Kinder? Bassermann Verlag: München

Kennst du das? – Bauernhof. Bibliographisches Institut & Brockhaus AG: Mannheim 2001

Leberer, Sigrid (2001): Zeig mir was! In unserem Kindergarten. Ravensburger Buchverlag: Ravensburg

Lindley, Katrin (Ill.); Mennen, Patricia (Text) (1999): Unser Kindergarten. (Wieso? Weshalb? Warum?). Ravensburger Buchverlag: Ravensburg

Lohf, Sabine (2003): Da fährt der kleine Krankenwagen. arsEdition: München

Metzger, Wolfgang (Ill.) (1994): Mein Feuerwehrauto. Ravensburger Buchverlag: Ravensburg

Metzger, Wolfgang (2001): Zeig mir was! Auf dem Flughafen. Ravensburger Buchverlag: Ravensburg

Metzger, Wolfgang (Ill.); Erne, Andrea (Text) (2003): Alles über die Polizei. (Wieso? Weshalb? Warum?). Ravensburger Buchverlag: Ravensburg

Mitgutsch, Ali (1968): Rundherum in meiner Stadt. Ravensburger Buchverlag: Ravensburg 1993

ders. (1994): Bei uns im Dorf. Ravensburger Buchverlag: Ravensburg

ders. (1994): Komm mit ans Wasser. Ravensburger Buchverlag: Ravensburg

ders. (1994): Hier in den Bergen. Ravensburger Buchverlag: Ravensburg

ders. (1994): Unsere große Stadt. Ravensburger Buchverlag: Ravensburg

ders. (1996): Auf dem Lande. Ravensburger Buchverlag: Ravensburg

Pressler, Mirjam; Geisler, Dagmar (Ill.) (1998): Ben und Lena gehen einkaufen. 1. Aufl. Loewe Verlag: Bindlach

diess. (1999): Ben und Lena gehen zum Arzt. 1. Aufl. Loewe Verlag: Bindlach

Seelig, Stefan (2002): Mein Malbuch – Im Verkehr. arsEdition: München

Spanner, Helmut (2002): Erste Bilder – Erste Wörter. Ravensburger Buchverlag: Ravensburg

Stalfelt, Pernilla (2001): Wenn Herzen klopfen … Das Kinderbuch von der Liebe. Moritz Verlag: Frankfurt am Main 2002

Steiner, Jörg; Müller, Jörg (1997): Die Kanincheninsel. Unionsverlag: Zürich 1998

Weinhold, Angela (1998): Pass auf im Straßenverkehr. (Wieso? Weshalb? Warum?). Ravensburger Buchverlag: Ravensburg

Wilkending, Gisela (Hrsg.) (1994): Kinder- und Jugendliteratur. Mädchenliteratur. Vom 18. Jahrhundert bis zum Zweiten Weltkrieg. Reclam: Stuttgart

Sekundärliteratur

Auböck, Inge (1963): Die literarischen Elemente des Sachbuches. Diss. Wien

Auböck, Inge (1966): Die verschiedenen Auffassungen des Begriffes Sachbuch. In: Bamberger, 18–32

Aust, Siegfried (1983): Das sachorientierte Kinder- und Jugendbuch. In: Binder, Lucia (Hrsg.): Das sachorientierte Kinder- und Jugendbuch. Wien

Bamberger, Richard (Hrsg.)(1966): Probleme des Sachbuchs für die Jugend. Wien

Baumgärtner, Alfred C./Pleticha, Heinrich (Hrsg.) (1995 ff): Kinder- und Jugendliteratur. Ein Lexikon. Meitingen

Binder, Lucia (Hrsg.) (1983): Das sachorientierte Kinder- und Jugendbuch. Wien

Dahrendorf, Malte (1966): Das naturwissenschaftliche Sachbuch. In: Bamberger 1966, S. 66–95

Dierks, Margarete (1975): Orbis pictus. In: Doderer, Klaus (Hrsg.): Lexikon der Kinder- und Jugendliteratur. Bd. 2. Weinheim/Basel 1984, 613–660

Doderer, Klaus (1961): Das Sachbuch als literarpädagogisches Problem. Frankfurt/M. o. J

Hussong, Martin (1984): Sachbuch. In: Doderer, Klaus (Hrsg.): Lexikon der Kinder- und Jugendliteratur. Bd. 3. Weinheim/Basel, S. 237–242

Ossowski, Herbert (1996a): Die Sache mit dem Sachbuch. In: Deutschunterricht, H. 7/8, S. 346–353

Ossowski, Herbert (1996b): Das Sachbuch. In: Baumgärtner/Pleticha 1995ff (2. Erg.-Lfg. S. 1–12)

Ossowski, Herbert (1997): Sachen, Spiele und Gefühle: Zur Didaktik der Vorschulerziehung. In: Schulz, Gudrun/Ossowski, Herbert (Hrsg.): Lernen als genußvolles Aneignen der Künste. Einblicke in die Didaktik der Kinderliteratur. Baltmannsweiler, S. 102–112

Ossowski, Herbert (1999): Sachbilderbücher: Von Bildern, die Wissen schaffen. In: Franz, Kurt/Lange, Günter (Hrsg.): Bilderwelten. Baltmannsweiler

Ossowski, Herbert (2000): Sachbücher für Kinder und Jugendliche. In: Lange, Günter (Hrsg.): Taschenbuch der Kinder- und Jugendliteratur. Band 2. 1. Aufl. Schneider Vlg.: Baltmannsweiler, S. 657–682

Pech, Klaus Ulrich (1990): Vom Biedermeier zum Realismus. In: Wild (Hrsg.) S. 139–178

Schmidt-Dumont, Geralde (1993): Demokratisierung von Wissen. Das Jugendsachbuch seit den 50er Jahren. In: Festschrift für Christian Stottele. Eine Sonderausgabe der Fachzeitschriften Bulletin Jugend + Literatur/ESELSOHR, Dezember

Stiftung Lesen (Hrsg.) (1991): Jugendbücher zum Thema: Umwelt. Kindergarten/Primarstufe/Sekundarstufe. Für Lehrer und Sozialpädagogen. (Redaktion: Herbert Ossowski). Mainz

Wieler, Petra (1997): Vorlesen in der Familie. Fallstudien zur literarisch-kulturellen Sozialisation von Vierjährigen. 1. Aufl. Juventa: Weinheim/München

Wild, Reiner (Hrsg.) (1990): Geschichte der Deutschen Kinder- und Jugendliteratur. Metzler: Stuttgart

4 Kinderlyrik

Jörg Steitz-Kallenbach

Eins, zwei, drei, vier, Eckstein,
Alles muss versteckt sein,
Hinter mir und vor mir
Gilt es (Giltet's) nicht,
Eins, zwei, drei, ich komme!
(Nach mündl. Überlieferung)

Bei Müllers hat's gebrannt, brannt, brannt,
Da bin ich hingerannt, rannt, rannt,
Da kam ein Polizist, zist, zist,
Der schrieb mich auf die List, List, List,
Die List fiel in den Dreck, Dreck, Dreck,
Da war mein Name weg, weg, weg,
Da lief ich schnell ins Haus, Haus, Haus,
Zu meinem Onkel Klaus, Klaus, Klaus,
Der Klaus, der lag im Ehebett,
Mit seiner Frau Elisabeth,
Elisabeth, die lachte,
Der Büstenhalter krachte,
Der Bauch der explodierte,
Das Baby rausmarschierte.
(Nach mündl. Überlieferung)

Kinderlyrik ist eine ausgesprochen vielfältige und vielschichtige Gattung. Beobachtet man die kinderlyrische Praxis von Kindern im Kindergartenalter, so kann man feststellen, dass Abzählreime wie „Eins, zwei, drei, vier, Eckstein …" und rhythmische Sprachspiele wie „Bei Müllers hat's gebrannt", innerhalb und außerhalb des Kindergartens vorkommen. Auch wenn in aller Regel kein Erwachsener Kindern je solche Verse beigebracht hat, können wir ihre Existenz wie ihre Funktion im kindlichen Spiel erkennen. Kinder regeln ihre Spiele (Nachlaufen, Verstecken u.ä.m.) unter anderem auch mittels solch gereimter

Anweisungen und Spielinitiatoren. Sprachspielerische Verse wie „Bei Müllers hat's gebrannt" werden meist in Gruppen wie ein Sprechgesang „vorgetragen", wozu die Hände rhythmisch aneinander geklatscht werden. Es entstehen vielfältige Klatschmuster, die von den Kindern eine große Konzentration und eine beachtliche Koordinierung von Sprache und Körper erfordern.

Knecht Ruprecht

Von drauß' vom Walde komm ich her;
Ich muß euch sagen, es weihnachtet sehr!
Allüberall auf den Tannenspitzen
Sah ich goldene Lichtlein sitzen;
Und droben aus dem Himmelstor
Sah mit großen Augen das Christkind hervor,
Und wie ich so strolcht durch den finstern Tann,
Da rief's mich mit heller Stimme an.
„Knecht Ruprecht", rief es, „alter Gesell,
Hebe die Beine und spute dich schnell!
Die Kerzen fangen zu brennen an,
Das Himmelstor ist aufgetan,
Alt' und Junge sollen nun
Von der Jagd des Lebens einmal ruhn;
Und morgen flieg ich hinab zur Erden,
Denn es soll wieder Weihnachten werden!"
Theodor Storm

Aus: Heinrich Pleticha (Hrsg.) (1997): Schöne alte Kindergedichte. Von Martin Luther bis Christian Morgenstern. Stürz Verlag, Würzburg, S. 150

Rumpumpels Geburtstag

Kräht der Hahn früh am Tage,
kräht laut, kräht weit:
Guten Morgen, Rumpumpel,
dein Geburtstag ist heut!
Guckt das Eichhörnchen runter:
Wenig Zeit, wenig Zeit!
Guten Morgen, Rumpumpel,
dein Geburtstag ist heut!
Kommt das Häschen gesprungen,
macht Männchen vor Freud:
Guten Morgen, Rumpumpel,
dein Geburtstag ist heut!
Steht der Kuchen auf dem Tische,
macht sich dick, macht sich breit:
Guten Morgen, Rumpumpel,
dein Geburtstag ist heut!
Und Mutter und Vater,
alle Kinder, alle Leut
schrein: Hoch, der Rumpumpel,
sein Geburtstag ist heut!
Paula Dehmel

Aus: Pleticha (Hrsg.) 1997, S. 245

Auch bei der Gestaltung von Festen und anderen Anlässen im Jahreskreis spielt die Kinderlyrik im Kindergarten eine wichtige Rolle. Heute weiß sicher kaum noch jemand, dass „Knecht Ruprecht", hier zur Hälfte wiedergegeben, 1852 von Theodor Storm, dem Autor des „Schimmelreiter", geschrieben wurde. Die Kenntnis des Gedichts mag zudem weitgehend auf die ersten Zeilen zusammengeschrumpft sein. Auch „Rumpumpels Geburtstag" findet neben dem berühmten Geburtstagslied von Rolf Zuckowski („Wie schön, dass du geboren bist") noch Verwendung in Kindergärten, wenn ein Geburtstagskind geehrt wird. Es stammt von Paula Dehmel und wurde bereits 1912 in ihrem Bilderbuch „Auf der bunten Wiese" veröffentlicht.

An diesen Beispielen wird deutlich, dass die kinderlyrische Praxis im Kindergarten oft unbekannten literarischen Traditionslinien folgt. Allerdings sind es heute nicht mehr nur solche weit zurück reichenden Traditionslinien, die die Verwendung von Kinderlyrik bestimmen. Unter dem Einfluss der Studentenbewegung und den Ideen der anti-autoritären Erziehung hat sich seit den 1970er Jahren ein größeres Interesse an Kindern und Fragen der Kindererziehung entwickelt. Als Teil dieses Interesses erfreut sich seitdem die Kinderliteratur insgesamt – und die Kinderlyrik im Besonderen – einer deutlich gestiegenen Aufmerksamkeit. Dies hat dazu geführt, dass die kinderlyrischen Angebote im Vergleich zur Tradition heute differenzierter und vielfältiger geworden sind, gerade auch in Verbindung mit frühen musikalischen Angeboten. Das folgende Sing-und-Tanz-Lied mag dafür als Beispiel stehen.

Das Katzentatzentanzspiel

Guck, die Katze tanzt allein,
tanzt und tanzt auf einem Bein.
1. Kam der Igel zu der Katze:
Bitte reich mir deine Tatze!
Mit dem Igel tanz' ich nicht.
Ist mir viel zu stachelig.
Doch der Igel neigt sich vor,
sagt der Katze was ins Ohr:
Und dann tanzen sie zu zwein über Stock und über Stein.
Und dann tanzen sie zu zwein über Stock und über Stein.
Und dann gingen beide heim.
Guck, die Katze tanzt allein,
tanzt und tanzt auf einem Bein.
Frederik Vahle

Aus: Frederik Vahle: Das Anne Kaffeekanne Liederbuch

4.1 Zur Definition von Kinderlyrik

Wenn bisher einfach so von „Kinderlyrik“ gesprochen worden ist, dann wurde unterstellt, es sei klar, was damit gemeint ist. Und irgendwie macht das Wort ja auch bereits deutlich, dass es sich bei „Kinderlyrik“ um ein Teilgebiet eines größeren Gebiets „Lyrik“ handelt, das eben irgendwie mit Kindern zu tun hat. Aber was ist Lyrik?

Ganz allgemein gesprochen ist Lyrik eine der drei Gattungen, in die literarische Texte unterteilt werden, nämlich in Lyrik, Epik und Drama. Das klärt aber noch nicht, wodurch sich lyrische Texte auszeichnen, denn auch Dramen können in Versform geschrieben sein. In Alltagsgesprächen wird die Frage danach, was Lyrik oder was ein Gedicht ist, häufig mit der knappen Antwort: „Das reimt sich!“ beantwortet. Reim, die Gliederung in Strophen und ein bestimmter, häufig singbarer Rhythmus sind weitere Merkmale, die üblicherweise als typisch für ein Gedicht gehalten werden. Und gerade diese Merkmale führen dazu, dass Menschen Gedichte gerne aufsagen, weil sie den Rhythmus erspüren und zum Ausdruck bringen wollen, weil neben dem Inhalt auch die Gestaltung des Texts im lauten Vorlesen oder im auswendig Aufsagen Freude macht. Und sicher: Ein Großteil der lyrischen Texte der literarischen Tradition lässt sich auch so beschreiben. Aber es gibt gerade in der modernen Literatur auch Gedichte, die sich nicht reimen, die keine Aufteilung in Strophen haben und die sich rhythmisch nicht so sehr von der Sprache unterscheiden, die im Alltag gesprochen wird. Deshalb verweigern sich diese Gedichte den einfachen Vortragsformen.

Lyrische Sprache ist meist nicht eindeutig, sondern lässt viele Interpretationen zu

Lyrik gilt auch häufig als die Literaturform, mit der man in der Schule die größten Schwierigkeiten hatte und wo man bei der Interpretation so richtig daneben liegen konnte. Das hat damit zu tun, dass die lyrische Sprache meist nicht eindeutig ist, viele Interpretationen zulässt, bildreich und verdichtet ist. Gerade in dieser Sprachverwendung liegt aber auch der Reiz, weil man den Bildern, die der Text auslöst, nachhängen kann, weil lyrische Sprache in besonderer Weise die Fantasie anregt. All das sind Definitionsmomente, aber noch keine Definition.

Auch die literaturwissenschaftliche Diskussion darum, wie man denn Lyrik definieren soll, hilft nicht unbedingt weiter, weil sie mehr Fragen aufwirft, als sie beantwortet (vgl. Völker 1996; Burdorf 1997). Daher soll hier ungeachtet aller Probleme und möglicher Einwände eine Definition verwendet werden, die Lyrik als eine Textform begreift, die vor allem durch Gestaltungsmittel wie Metrum, Rhythmus, Reim oder strophische Gliederung bestimmt ist. Dies sind die Gestaltungsmittel der „gebundenen Sprache". Insofern beziehen sich die folgenden Ausführungen auf Kurt Franz, wenn er Kinderlyrik in seinem gleichnamigen Beitrag für das „Taschenbuch der Kinder- und Jugendliteratur" wie folgt definiert:

> *„Sämtliche in gebundener, großenteils gereimter Sprache und in einer bestimmten Form von Kindern oder Erwachsenen für Kinder vom Kleinkindalter bis etwa 12 Jahren verfassten und von diesen rezipierten sprech-, les- und zum Teil auch singbaren Texte."* (Franz 2000, 201)

Das Phänomen Kinderlyrik ist schwer zu fassen

Diese Definition birgt aber weitere Probleme in sich. Sie ist zwar allgemein genug, um die in den einleitend zitierten Beispielen deutlich werdende Vielfalt des Phänomens Kinderlyrik zu fassen. Die Abzählreime und Gebrauchsverse des Alltags werden in ihren Variationen von Kindern für Kinder gemacht und sprechend (mündlich) tradiert. „Knecht Ruprecht" und „Rumpumpels Geburtstag" wurden von Erwachsenen für Kinder geschrieben und zunächst in schriftlicher Form über erwachsene Vermittler den Kindern zugänglich gemacht, also vorgelesen/vorgetragen oder von Kindern, die bereits lesen können, selbst gelesen. Und Frederik Vahles Lied ist singbar. Mit dem Begriff „verfassten" wird aber eine Bewusstheit in der Texterstellung angenommen, die so für die vielen Varianten der mündlich tradierten Verse und Reime in der Kinderlyrik nicht angenommen werden kann. Hier wirken vielmehr auch zufällige und spontan spielerisch-schöpferische Aspekte mit, von denen viele vielleicht sofort wieder verschwinden, weil sie gar kein zweites Mal die Veröffentlichung erleben. Franz' Definition trägt die Perspektive des Didaktikers, der sich an Texten orientiert, die eben überwiegend in Schulbüchern vorkommen (können) und mit denen man letztlich in schriftlicher Form umgehen soll. Aus der Perspektive des Kindergartens spielen aber Formen des kindlich-spielerischen Alltagsgebrauchs sowie des Singens eine deutlich größere Rolle als Formen der Rezeption gedruckter, also zu lesender Texte. Für den Kindergarten sollte daher die mehr an der Textform orientierte Definition von Franz um den Aspekt des Gebrauchs, den Kinder und Erzieher/innen von diesen Texten machen, wie folgt ergänzt werden:

Die kinderlyrische Praxis im Kindergarten nutzt aus dem großen Fundus kinderliterarischer Texte vor allem solche Texte, die sich in spontane kindliche Spielpraxis (z. B. Abzählverse und Klatschspiele) einerseits und andererseits in die von Erzieher/innen angeleitete ästhetische Praxis (z. B. Begleitung von Ritualen und wiederkehrenden Ereignissen, Anregungen zum freien Vortrag sowie Angebote ästhetischen Lernens) integrieren lassen.

Im Folgenden werden verschiedene Typen der Kinderlyrik in Anlehnung an die Überlegungen von Kurt Franz vorgestellt.

4.2 Zu den Formen der Kinderlyrik und ihrer Geschichte

Franz (1979, 2000) und mit ihm Reger (1996) unterscheiden 5 Typen kinderlyrischer Texte:

- Kinderreim/Kindervers,
- Kindergedichte,
- Kinderlied,
- Kinderspiel bzw. Spielvers sowie
- Sprachspiel.

4.2.1 Der Kinderreim

Zu den Kinderreimen gehören zunächst die Beispiele früher kinderliterarischer Erfahrungen, die sich häufig in autobiografischen Texten zur literarischen Sozialisation finden: die Fingerspiele und Kniereiter der ersten Lebensmonate und Lebensjahre, auch bereits vor Eintritt in den Kindergarten. Die Form ist einfach. Die Verse bestehen meist aus paarweise gereimten Zeilen und haben einen die Sing- und Sprechbarkeit unterstützenden regelmäßigen Rhythmus. Mitunter nimmt die Zeilenzahl Elemente des beschriebenen Gegenstands auf, wie etwa die fünf Finger in „Das ist der Daumen …".

Kinderreime werden oft mündlich tradiert

Kinderreime werden überwiegend mündlich tradiert und quasi von Generation zu Generation weitergegeben. Dieser intergenerationelle Traditionsfluss scheint in unserer modernen Gesellschaft mitunter ins Stocken geraten zu sein. Die vielfältigen Angebote aus der medialen Umwelt von Erwachsenen und Kindern lassen althergebrachte Interaktionsformen in den Hintergrund treten. Dennoch werden gerade die interaktionellen Erfahrungen, die an Kniereitern und Kinderreimen gemacht werden können, für wichtig gehalten.

Um das Wissen um Texte und den interaktionellen Umgang mit ihnen am Leben zu erhalten, sind in den letzten Jahren vermehrt Sammlungen und Anleitungsbücher erschienen, die Eltern und Erzieher/innen informieren und anregen sollen. Dabei tun sich große Qualitätsunterschiede auf. Empfehlenswert sind Bücher wie die von Raimund Pousset (1983) oder Marga Arndt und Waltraud Singer (1998). Sie richten sich überwiegend an die Erwachsenen, vermitteln ihnen die notwendigen Textkenntnisse und beschreiben die Handlungs- und Interaktionsmuster, die mit den Kindern parallel zu den Texten ausgeführt werden können. Hier lassen sich Ideen für die Arbeit mit den Kindern finden. Bei der Auswahl sollte man sich an Texten orientieren, die einen „fetzigen" Rhythmus haben, der durch eine entsprechende Körperaktion unterstützt wird. Gerade da sollte man aber darauf achten, dass die auszuführenden Aktionen nicht zu kompliziert werden. Generell ist aber wichtig, dass der „Kinderreim" mit seiner Interaktionshandlung in der Beziehung Erwachsener – Kind aufgehoben ist. Die Frage, ob beide, Kind und Erwachsener, das Aufsagen, Singen, Spielen des Kinderreims genießen können, ist letztlich das entscheidende Kriterium für seine Anwendung.

Reime begleitende Aktionen sollten nicht zu schwierig sein

Nicht mehr an kindlichen Lebenswelten orientiert sind dagegen Bücher wie die von Rosanna Pradella (2002a/2002b), die sich als Vorlesebuch und als Interaktionsanleitung anbieten. Mit der traditionellen Form und der langen Geschichte von Kinderreimen geht hier leider auch die Vorstellung eines überaus antiquierten Bildes vom Kind und seiner Spielumwelt einher. Die kindertümelnden Darstellungen des 19. und frühen 20. Jahrhunderts sollten in den Angeboten für Kinder nicht mehr vorkommen.

4.2.2 Abzählverse

Einen großen Anteil in der Gruppe der Kinderreime nehmen die Abzählverse ein, wie folgender:

Ene, mene, miste,
Es rappelt in der Kiste,
Ene, mene, meck,
Und du bist weg!
Weg bist du noch lange nicht,
Sag mir erst, wie alt du bist …
(Nach mündl. Überlieferung)

Auch sie weisen die einfache, paarweise gereimte Struktur auf und zeigen insgesamt eine große Variationsbreite auf, die von kindlicher Kreativität zeugt.

Insbesondere in dieser Untergruppe finden sich Alltagsverse aus dem „literarischen Untergrund“, die Peter Rühmkorf gesammelt und unter dem Titel „Über das Volksvermögen“ (1967) veröffentlicht hat. Es handelt sich um Reime, in denen Normverletzungen vorgenommen werden. Dabei geht es meist um sexuelle Anspielungen und um andere Themen, über die es nicht schicklich ist zu sprechen. Das bei Kindern überaus beliebte Spiel mit Normen und Normübertretungen im Medium der Kinderreime ist letztlich aber gerade für die Übernahme von Normen wichtig. Zum einen macht das Spiel mit der Normverletzung klar, dass es die Norm gibt, an die es sich eigentlich zu halten gilt. Es unterstreicht also die Bedeutung der Norm. Zum anderen entlastet das Spiel, weil hier ohne Konsequenzen die Normübertretung in der Fantasie ausprobiert werden kann.

Abzählverse spielen oft mit Normübertragungen

Neben dem eingangs zitierten „Bei Müllers hat's gebrannt“ zeugen die folgenden beiden Texte von dem angesprochenen Variationsreichtum, wobei das Beispiel rechts zeigt, wie die Normverletzung lyrisch gestaltet ist. Das sanktionierte Wort „Furz“ – im Reimschema eher „Forz“ – wird nicht ausgesprochen, sondern durch das vorausgehende Reimwort angedeutet, indem es als Reimerwartung mitgedacht wird:

Ene dene dorz
De Deiwel lässt'n Forz
Lässt en in die Hose
Stinkt nach Aprikose
Lässt en widder naus
Und du bist draus

Aus: Peter Rühmkorf (1967): Über das Volksvermögen. Exkurse in den literarischen Untergrund. Rowohlt, Rainbek bei Hamburg, S. 29

Ene dene dorz
De Deiwel lässt'n [Reimerwartung wirken lassen] … Drachen steigen
Die Kordel war zu korz (kurz).

(Nach mündl. Überlieferung)

4.2.3 Kindergedichte

Kindergedichte knüpfen an die einfachen Strukturen von Kinderreimen an

Von den Kinderreimen unterscheiden sich die Kindergedichte zunächst dadurch, dass sie überwiegend von Erwachsenen für Kinder geschrieben und schriftlich tradiert werden. Mitunter werden in entsprechende Sammlungen auch Gedichte aufgenommen, die nicht ursprünglich für Kinder geschrieben, aber von den jeweiligen Herausgebern als für Kinder geeignet erachtet werden. Die Form der Kindergedichte knüpft an die einfachen Strukturen der Kinderreime an. Neben einfachen Gliederungen zeigen sich auch komplexe Strophenstrukturen. Metrum, Rhythmus und Reimschemata[1] variieren und lassen neben den einfachen liedhaften Strukturen auch komplexe und kunstvoll gebaute Versformen erkennen. Kennzeichnend für das Kindergedicht ist zudem, dass es jeweils einen thematischen Schwerpunkt hat oder sich an Gestaltungsformen der Lyrik für Erwachsene orientiert. So finden sich Naturgedichte, Tiergedichte, Dinggedichte oder Problemgedichte. Formal unterscheidet man Balladen, Erzählgedichte, Versfabel u. ä. (vgl. Reger 1996, S. 54 ff). Die sechs Texte aus drei Jahrhunderten zeigen sowohl Aspekte der formalen wie der inhaltlichen Vielfalt im Gesamtspektrum der Kindergedichte.

(Mitte 18. Jh.)
Fritzchen an den Mai (Auszug)

Komm, lieber Mai, und mache
Die Bäume wieder grün
Und laß mir an dem Bache
Die kleinen Veilchen blühn!
Wie möcht' ich doch so gerne
Ein Blümchen wieder sehn!
Ach, lieber Mai, wie gerne
Einmal spazierengehn!

In unsrer Kinderstube
Wird mir die Zeit so lang;
Bald werd' ich armer Bube
Vor Ungeduld noch krank.
Auch bei den kurzen Tagen
Muß ich mich obendrein
Mit den Vokabeln plagen
Und immer fleißig sein.
Christian Adolf Overbeck

Aus: Heinrich Pleticha (Hrsg.) (1997): Schöne alte Kindergedichte. Von Martin Luther bis Christian Morgenstern. Stürz Verlag, Würzburg, S. 20

(Mitte 19. Jh.)
Kletterbüblein

Kletterbüblein

Steigt das Büblein auf den Baum,
Oh, so hoch, man sieht es kaum!
Schlüpft
Von Ast zu Ästchen,
Hüpft
Zum Vogelnestchen,
Ui!
Da lacht es,
Hui!
Da kracht es,
Plumps, da liegt es drunten.

Abb. 33 Aus: Friedrich Güll; Franz Pocci (1975): Kinderheimat in Liedern und Bildern. Insel Taschenbuch: Frankfurt am Main 1975

[1] Metrum = das Schema des Wechsels von betonten und unbetonten Silben; Rhythmus = die durch das Metrum ausgelöste rhythmische Struktur des Gedichts; Reimschema = regelmäßige Anordnung von Reimwörtern meist am Zeilenende.

(Anfang 20. Jh.)
Der Frühling kommt bald

Herr Winter,
Geh hinter,
Der Frühling kommt bald!
Das Eis ist geschwommen,
Die Blümlein sind kommen
Und grün wird der Wald.

Herr Winter,
Geh hinter,
Dein Reich ist vorbei.
Die Vögelein alle,
Mit jubelndem Schalle,
Verkünden den Mai!
Christian Morgenstern

Aus: James Krüss (Hrsg.) (1959): 365 Gedichte für Kinder und Kenner. Bertelsmann, München S. 8

Sommertage

Unter Bäumen, grün im
Schatten sitzen wir,
aus der Hand die Kirschen
in den Mund,
heiter im Wechsel
das Reden, das schönere
Schweigen,
aus diesen Tagen werden wir
leben, tief in
Winterzimmern,
Glück im Gedächtnis.
Hans Georg Bulla

Aus: Heinz-Jürgen Kliewer/Ursula Kliewer (Hrsg:) (2002): Über den halben Himmel. Gedichte für die Grundschule. Schneiderverlag, Baltmannsweiler, S. 125

Das Feuer

Hörst du, wie die Flammen flüstern,
knicken, knacken, krachen, knistern,
wie das Feuer rauscht und saust,
brodelt, brutzelt, brennt und braust?

Siehst du, wie die Flammen lecken,
züngeln und die Zunge blecken,
wie das Feuer tanzt und zuckt,
trockne Hölzer schlingt und schluckt?

Riechst du, wie die Flammen rauchen,
brenzlig, brutzlig, brandig schmauchen,
wie das Feuer, rot und schwarz,
duftet, schmeckt nach Pech und Harz?

Fühlst du, wie die Flammen schwärmen,
Glut aushauchen, wohlig wärmen,
wie das Feuer, flackrig – wild,
dich in warme Wellen hüllt?

Hörst du, wie es leiser knackt?
Siehst du, wie es matter flackt?
Riechst du, wie der Rauch verzieht?
Fühlst du, wie die Wärme flieht?

Kleiner wird der Feuersbraus:
ein letztes Knistern,
ein leises Flüstern,
ein schwaches Züngeln,
ein dünnes Ringeln – aus.
James Krüss (1961)

Aus: Kliewer/Kliewer, s.o., S. 26

(Ende 20. Jh.)
Letzte Warnung

Werte Erwachsene,
die Maikäfer und die Frösche habt ihr umgebracht,
die Libellen und die Schlangen habt ihr totgemacht.
Um jedes Stückchen Wiese legt ihr einen Zaun,
jedes verwilderte Grundstück müßt ihr verbaun.
Die Eidechsen und die Fischottern sterben aus,
keine Maus, kein Wiesel, keine Ratte, keine Laus
dürfte, wenn es nach euch geht, überleben.
Nur Beton, Stahl und Plastik soll es geben!
Die Luft ist voll Blei, die Wolken sind giftig,
die Vögel verrecken, euch ist das nicht wichtig.
Der Regen ist sauer, im Bach schwimmt Chemie,
die Falter krepieren, so schlimm war's noch nie!
Und ihr seufzt bloß: Es ist alles sehr schwierig!
Ist es aber nicht! Ihr seid bloß unheimlich gierig!
Und hört ihr nicht auf, euch gegen das Leben zu versündigen,
so müssen wir euch leider demnächst entmündigen!
Eure Kinder
Christine Nöstlinger

Aus: Hans-Joachim Gelberg (Hrsg.): Großer Ozean, 2000 Beltz Verlag, Weinheim und Basel, Programm Beltz & Gelberg, Weinheim, S. 231

Die Natur ist ein ebenso verbreitetes Thema in Kindergedichten wie das kindliche Handeln selbst. Während im „Kletterbüblein" die dem Gedicht zu entnehmende Moral nur sehr andeutungsweise vorgetragen wird – sie ist eher der Tatsache zu entnehmen, dass das „Büblein" den Sturz vom Baum vermeiden soll, indem es eben nicht auf den Baum klettert – sind die Kindergedichte des 18. und vor allem des 19. Jahrhunderts in der Regel von einer direkten pädagogisch-erzieherischen Absicht getragen. Christian Morgensterns „Der Frühling kommt bald" dagegen ist verspielt, leicht, liedhaft – und kurz. Es eignet sich daher gut, um auch bereits von Vorschulkindern auswendig gelernt und vorgetragen zu werden.

Auch die Kinderlyrik der näheren Vergangenheit und Gegenwart nimmt einfache, liedhafte und dadurch leicht vortragbare Formen auf. Krüss' „Das Feuer" ergänzt diese Tradition um den Effekt der Synästhesie. D. h. er spielt mit verschiedenen Sinneswahrnehmungen, dem Sehen, dem Hören und dem Riechen, und verbindet sie zu einer Gesamtwahrnehmung. Gedichte wie diese schulen dabei das Vorstellungsvermögen, aktivieren verschiedene Sinne für die Vorstellung und liefern den Kindern daher reichhaltige Anregungen für die Entwicklung ihrer Fantasie und ihres Sprachvermögens.

Gerade die moderne Kinderlyrik der letzten dreißig Jahre greift aber auch komplexere Themen auf bzw. gestaltet ihr Anliegen vielschichtiger. So erinnert Bullas „Sommertage" thematisch an Leo Lionnis Bilderbuch „Frederick", denn auch hier werden im Sommer für die triste Zeit des Winters Farben, Eindrücke und Stimmungen gesammelt. Das reimlose Gedicht ist aber nahezu in Alltagssprache ausgeführt, und gestaltet die Zeilenanordnungen auf überraschende Weise. Die Zeilenumbrüche decken sich nicht mit den Sinneinschnitten. Daher ist das Gedicht schwerer auswendig zu lernen und schwerer vorzutragen. Ähnlich kompliziert in der Form ist auch Christine Nöstlingers „Letzte Warnung"; auch inhaltlich stellt das Gedicht komplexere Anforderungen an das Verständnis von Kindern als etwa Morgensterns „Der Frühling kommt". „Letzte Warnung" zeigt die im Gefolge der kritischen Kinderliteratur stehende Wendung in der Kinderlyrik hin zu einem Hinterfragen der Beziehung zwischen Kindern und Erwachsenen, denn nicht mehr die Kinder, sondern die Erwachsenen sind zu erziehen, weil sie die natürlichen Lebensgrundlagen der zukünftigen Generationen zerstören.

Fortschreitendes ästhetisches Lernen

Bei der Einschätzung von Kindergedichten müssen Erzieher/innen also darauf achten, dass die Kinder durch die Gedichte formal und inhaltlich nicht überfordert werden. Dennoch kann auch im Medium der Kindergedichte ein fortschreitendes ästhetisches Lernen der Kinder angelegt werden. Sie erfahren, dass Erlebnisse und Themen auf unterschiedliche Weise und mit unterschiedlicher Schwierigkeit in Gedichten zum Ausdruck gebracht werden können. Indem sie auch komplexere Formen und Inhalte kennen lernen, die ihnen im Gespräch mit den Erwachsenen erklärt werden, entwickeln sie auch die Fähigkeit, mit ihnen umzugehen. Wegen ihrer einfachen Form können als Ausgangspunkt dabei aber auf jeden Fall das Kinderlied und das Spiellied genutzt werden.

4.2.4 Kinderlied und Spiellied

Bestimmend für diese beiden Formen der Kinderlyrik ist die Verbindung von Text und Musik/Gesang bzw. von Text, Musik/Gesang und kindlichem Handeln. Beide Formen haben eine lange Tradition und greifen auf die einfacheren Strukturen aus den Kinderreimen zurück. Lieder wie „A, B, C, die Katze lief im Schnee“ oder „Alle meine Entchen“ (vgl. Buchner [Hrsg.] 1997, S. 9 bzw. 13) gehören sicher zu musikalisch-lyrischen Grunderfahrungen einer Vielzahl von Kindern. Zudem wird eine Fülle von Volksliedern inzwischen ebenso dem Kinderliedgut wie dem Volksliedgut zugerechnet: „Im Märzen der Bauer“, „Jetzt fahr'n wir übern See“, „Schlaf, Kindlein, schlaf“ u. a. m. Solche Lieder aus der traditionellen Überlieferung werden heutzutage vor allem aus zwei Quellen ergänzt. Zum einen nehmen Kinder aus ihrer Medienumwelt Lieder auf, so das Eingangslied aus der Sesam-Straße „Wer, wie, was?“, das Erkennungslied der Sendung mit der Maus, das man in der Version von Stefan Raab auch multimedial präsentiert bekommt (vgl. www.wdrmaus.de/lachgeschichten/raab/), oder Lieder aus Fernsehserien wie das berühmte Pippi-Langstrumpf-Lied (Vgl. efraimstochter.de/songs/song_deutsch.shtml). Daneben sind es vor allem die bewusst für Kinder geschriebenen Lieder, die intentionalen kinderlyrischen Produktionen von Autoren wie Frederik Vahle und Rolf Zuckowski oder Lieder, wie sie etwa zu Sven Nordqvists Buchreihe „Petterson und Findus“ (Nordqvist 2001) entstanden sind, die das Kinderlied-Repertoire heutiger Kinder prägen.

Spiellieder werden im Unterschied zu den Kinderliedern durch Spielhandlungen ergänzt. Aus der kinderlyrischen Tradition bekannt sind die so genannten Ringelreigen oder Spiellieder wie „Zeigt her eure Füße“, „Häschen in der Grube“ und „Wer will fleißige Handwerker sehn“. Es handelt sich meistens um Spiele, die im Kreis gespielt werden, in dessen Mitte ein Kind ein im Liede besungenes zentrales Handlungselement darstellt. Entweder wechselt das Mittelkind von Strophe zu Strophe oder aber das Spiel wird mehrfach wiederholt, sodass möglichst viele Kinder auch einmal in der Mitte waren. Neben der ästhetischen Erfahrung des gemeinsamen Singens erleben die Kinder bei diesen Spielliedern auch die Gemeinsamkeit des Handelns. Die Struktur des Lieds mit seinen klaren Handlungsanweisungen entlastet davon, in der Gruppe auszuhandeln, was geschieht und wer was macht. So entsteht ein Gemeinschaftserlebnis, das die Kinder in Spiel und Lied zusammenführt.

Bei Spielliedern erleben Kinder die Gemeinsamkeit des Handelns

4.2.5 Sprachspiel

Die Wirkung entsteht aus dem Spiel mit den Buchstaben

Das Sprachspiel im eigentlichen Sinne bezieht seine Wirkung aus dem Spiel mit Buchstaben und dem grafischen Erscheinungsbild von Schrift; es kann daher bei der Lyrik für das Vorschulkind nur bedingt als eine eigene Gruppe betrachtet werden. Sprachspielerische Elemente kommen allerdings in nahezu allen bisher behandelten Sparten der Kinderlyrik vor – wie überhaupt lautmalerische und phonetische[2] Variationen ja ein wichtiges Merkmal der Lyrik sind. Bei den „Drei Chinesen mit dem Kontrabass" ist das Spiel mit den Vokalen und der Wirkung, die ihre Veränderung hervorbringt, unmittelbar einsichtig. Auch das schnellere und höhere „TickTack" der kleinen Uhren gegenüber dem langsamen und tiefen „TickTack" der großen Uhren spielt mit dem lautlichen Aspekt von Sprache und ist nicht wirklich im Schriftbild darstellbar. Onomatopoetische Effekte – also das lautmalende Gestalten von Vorgängen und Gegenständen bzw. Personen und Tieren – kommen ebenso häufig bereits in Spielliedern vor. Das „Zisch, zisch, zisch" des Tischlers oder das „Poch, poch, poch" des Schusters in „Wer will fleißige Handwerker sehn" (vgl. Bartos-Höppner 1990, S. 113) sind Beispiele aus dem traditionellen Kinderlied. Auch in modernen Kinderliedern kommt das Phänomen vor, so in Frederik Vahles „Lied vom Wecken".

Lied vom Wecken (Strophen 1–3 und 7)

1. Wenn ich zum Markt geh', dann kauf ich dir ein Hähnchen,
und das soll dich jeden Morgen wecken.
Und das Hähnchen macht: Kikerikiki, jeden Morgen schon ganz früh.
2. Wenn ich zum Markt geh', dann kauf ich dir ein Glöckchen,
und das soll dich jeden Morgen wecken.
Und das Glöckchen macht: Dinnnng, donnnng.
Und das Hähnchen macht: Kikerikiki, jeden Morgen schon ganz früh.
3. Wenn ich zum Markt geh', dann kauf ich dir ein' Wecker,
und der soll dich jeden Morgen wecken.
Und der Wecker macht: Drrrrrrn, drrrrrrn.
Und das Glöckchen macht: Dinnnng, donnnng.
Und das Hähnchen macht: Kikerikiki, jeden Morgen schon ganz früh.

[2] den Laut bzw. die Lautung betreffend

7. Doch, ach herjeh, ich hab kein Geld einstecken
und komm' vom Markt und muß dich alleine wecken.
Ich mach: Bla, bla, bla, dulijöh, dulijöh!
Ich mach: Mäh, mäh! Ich mach: Kuckuck, kuckuck!
Ich mach: Drrr, drrrrn! Ich mach: Dinnnng, donnnng!
Und am Schluß mach ich: Kikerikiki,
diesen Morgen schon ganz früh.
Frederik Vahle

Aus: Frederik Vahle: Das Anne Kaffeekanne Liederbuch

Gerade Vahle benutzt dieses Stilmittel sehr häufig. Er setzt es in den Refrain-Partien oder in den Kettenzeilen von Liedern ein und animiert so die Kinder zum Singen, während die „eigentlichen" Erzählpartien von einem/r Vorsänger/in vorgetragen werden. Ein weiteres klassisches Beispiel hierfür ist sein Lied „Der Hühnerhof" (Vahle 1982, S. 21–24).

Sprachspiele beziehen sich neben der lautlichen Gestalt von Texten aber vor allem auch auf deren grafische und typografische Gestalt.

```
        HoseHoseHoseHose
        HoseHoseHoseHose
        HoseHoseHoseHose
        HoseHoseHoseHose
       HoseHose HoseHose
      HoseHose   HoseHose
     HoseHose     HoseHose
    HoseHose       HoseHose
   HoseHose         HoseHose
  HoseHose           HoseHerz
 HoseHose             HoseHose
HoseHose               HoseHose
```

Abb. 34 „Das Herz ist in die Hose gerutscht"
Aus: Wilhelm Steffens (1998): Spielen mit Sprache im ersten bis sechsten Schuljahr. Schneider Verlag: Baltmannsweiler

Bei dem, was dabei entsteht, kann man nur noch begrenzt von „Lyrik" sprechen. Wir haben es vielmehr mit Sprachverwendungen zu tun, die mit der Differenz zur Sprachverwendung im Alltag spielen und deren Wirkung auf dieser Differenz und dem entstehenden Sprachbild beruht. Die Abbildung 34 lässt zudem unmittelbar einsichtig werden, dass diese „Texte“ die Kenntnis von Buchstaben und Wörtern voraussetzen und einzig durch die Visualisierung wirken: Hier kann man sinnvoll nichts mehr vortragen. Dafür entstehen Wort-Bilder, die Text und Sprache in bildnerische Formen übertragen und in gewisser Weise auch eine „lyrische“ Fassung auf der Bildfläche entstehen lassen. Ein Zwischending stellen Gedichte wie das inzwischen berühmte „Ottos Mops“ von Ernst Jandl dar.

ottos mops

ottos mops trotzt
otto: fort mops fort
ottos mops hopst fort
otto: soso
otto holt koks
otto holt obst
otto horcht
otto: mops mops
otto hofft
ottos mops klopft
otto: komm mops komm
ottos mops kommt
ottos mops kotzt
otto: ogottogott
Ernst Jandl

Aus: Ernst Jandl/Norman Junge (2001): ottos mops. Beltz & Gelberg: Weinheim – Basel

Die Klanggestalt des Textes macht das Sprachspielerische hörbar

Die Klanggestalt des Textes macht das Sprachspielerische unmittelbar hörbar, was durch die Schriftgestalt unterstützt wird, ohne dass diese zwingend zum Verständnis des Texts notwendig wäre. Der Gehalt des Gedichts scheint auf das Spiel mit den Vokalen reduziert, wodurch einerseits ein absurd wirkender Text entsteht, andererseits aber Anregungen gegeben werden, das Prinzip Jandls mit anderen Vokalen: „Helens Hering hetzt“ oder „Annas Gans aast“ (vgl. Gernhard 1997, S. 128). In der Fassung als Bilderbuch mit den Illustrationen von Norman Junge (Jandl/Junge 2001) wird zudem das Absurde des Texts in eine Bildfolge übertragen, die das Szenische jeder Zeile aufnimmt und in einem je eigenen Bild für sich umsetzt.

4.2.6 Eine kleine Geschichte der Kinderlyrik

Lyrik für Kinder entstand im Zusammenhang mit der Aufklärung

Kinderreime und Spielverse haben eine lange Tradition, die weitgehend unabhängig von der intentionalen Kinderlyrik bestand und besteht. Neben einigen wenigen Vorläufern vor allem aus dem Umfeld religiöser Lieder nimmt eine eigene intentionale lyrische Tradition für Kinder ihren Anfang in der Aufklärung im 18. Jahrhundert.[3] Die „Entdeckung" des Kindes steht im Zusammenhang mit der Begründung einer neuzeitlichen Pädagogik. Damit entsteht ein Bedarf an Materialien für den Erziehungsprozess. Die Kinderlyrik hat neben anderen literarischen Kleinformen wie etwa der Fabel hier von Anfang an eine wichtige Rolle gespielt. Themen waren überwiegend solche der moralischen Anweisung und Erziehung der Kinder. Das romantische Interesse am „natürlichen" Kind zu Beginn des 19. Jahrhunderts spiegelte sich u. a. in der umfangreichen Liedersammlung von Achim von Arnim und Clemens von Brentano („Des Knaben Wunderhorn", 1806/1808), aber auch in der Märchensammlung der Gebrüder Grimm („Kinder- und Hausmärchen, 1812 ff). Der Kinderlieder-Anhang „Des Knaben Wunderhorn" dokumentiert solch bekannte Kinderverse wie „Tra, ri, ro, der Sommer der ist do" oder das Gedicht vom „Buckligen Männlein". Vor allem August Heinrich Hoffmann von Fallersleben (1798–1874) schrieb eine ganze Reihe von Kinderliedern, die zum kindlichen Volksliedgut geworden sind, wie etwa „Ein Männlein steht im Wald", „Sum, Sum Sum", „Der Kuckuck und der Esel" und andere mehr.

Im 19. Jh. setzt sich ein erzählerischer Impetus durch

Das 19. Jahrhundert ist einerseits geprägt von der Vorstellung vom Kind als dem natürlichen und unverdorbenen kleinen Menschen; in der Lyrik findet dieser Zusammenhang von Kind, Natur und Reinheit seinen Ausdruck. Daneben bestimmt das Bild vom Kind als dem zu erziehenden Wesen die Vorstellungen der für Kinder schreibenden Autoren. Entsprechend setzt sich der erzieherische Impetus auch in der Kinderlyrik durch.

Zu Beginn des 20. Jahrhunderts kommt es im Umfeld reformpädagogischen Gedankenguts zu einer anderen Wahrnehmung des Kindes. Die Ausrufung des „Jahrhunderts des Kindes" (Ellen Key) führt dazu,

[3] Die von Pleticha (1997) zusammengestellte Sammlung „Schöne alte Kindergedichte" kann als gute Grundlage für eine historische Orientierung von den Anfängen bis zum Beginn des 20. Jahrhunderts verwendet werden. Der historische Abriss von Franz (2000, 211–221) kann durch die von Reiner Wild (1990) herausgegebene „Geschichte der deutschen Kinder- und Jugendliteratur" ergänzt und um den Blick auf die Gesamtentwicklung der Kinder- und Jugendliteratur erweitert werden.

kindliches Wahrnehmen und Empfinden auch in die Kinderlyrik aufzunehmen. Daneben machen sich erste Töne einer kritischen Kinderlyrik bemerkbar, die einerseits gegen Erwachsene und die etablierte Ordnung rebellieren (Ringelnatz' „Kinder-Verwirr-Buch" 1931) und andererseits stellvertretend die Stimme der Kinder gegen die politischen Verhältnisse erheben (beispielsweise Bertolt Brecht).

Die unmittelbare Nachkriegszeit ist vor allem durch die Namen James Krüss und Josef Guggenmos geprägt. Krüss legt mit „So viele Tage wie das Jahr hat" (1959) eine Sammlung alter und neuer Gedichte für Kinder vor, und Guggenmos gelingt es mit seinem Gedichtband „Was denkt die Maus am Donnerstag?" (1968) Kinderlyrik eine neue Aufmerksamkeit zu verschaffen. Hans-Joachim Gelberg dokumentiert seit 1969 („Die Stadt der Kinder") mit zahlreichen Sammlungen die Entwicklung der Kinderlyrik. Hervorzuheben sind dabei zum einen die sozialkritischen Kinderlieder im Kontext der problemorientierten Kinder- und Jugendliteratur der 70er und 80er Jahre. Lieder wie „Der Baggerführer Willibald" (1973) greifen die bestehenden wirtschaftlichen Machtverhältnisse an und „Die Rübe" (1973) appelliert an die Solidarität der Kinder untereinander. Die zunehmende Bedeutung der Kinderlieder hängt zudem mit ihrem Vertrieb über Hörkassetten und in letzter Zeit vermehrt über CDs zusammen (vgl. Kapitel III.2). Ein zweiter wichtiger Trend sind Gedichte aus dem Kontext der konkreten Poesie und experimentellen Lyrik, wie etwa die Bildgedichte Jürgen Spohns (z. B. „Der mini mini Düsenzwerg. Reime & Bilder" 1971).

Sozialkritische Kinderlieder der 70er und 80er Jahre

4.3 Kinderlyrische Praxis im Kindergarten

Schriftbasierte kinderlyrische Praktiken spielen sicher im Kindergarten eine eher geringe Rolle. Zwar können im Rahmen von ersten Erkundungen von Schrift und Buchstaben sicher auch sprachspielerische Übungen möglich sein, sie bilden aber ebenso wie das Vorlesen und Aufsagen von Gedichten wohl eher die Ausnahme als die Regel. Das heißt nicht, dass es nicht einen bewussten und angeleiteten Umgang mit kinderlyrischen Texten geben kann und sollte. Die kinderlyrische Praxis im Kindergarten sollte aber vor allem durch die spontane Spielpraxis der Kinder bestimmt werden.

4.3.1 Spontane Praxis der Kinder

Die Kinder strukturieren bestimmte Aspekte ihres Spiels durch kinderlyrische Anleitungen. Hierbei kommen vor allem zunächst Abzählverse zum Einsatz. Diese werden mündlich tradiert und in der Regel von älteren Kindern an jüngere im konkreten Spielverlauf weitergegeben. Hier als Erwachsener einzugreifen wäre eher störend. Die Kinder sind selbst kreativ genug, Variationen aufzunehmen oder zu erfinden. In diesem Spielzusammenhang kommt auch das Erlernen des Umgangs mit Normen vor, insofern normverletzende Verse benutzt werden und an der Reaktion auf diese Verwendung das Gefühl für Norm und Normbruch spürbar ist. Daher bedeutet für die erwachsenen Begleiter/-innen des kindlichen Spiels der Verzicht auf anleitendes Eingreifen nicht gleichzeitig, auch die Wahrnehmung der kindlichen Spielpraxis aufzugeben. Häufig ist das spontane kindliche Spiel durchaus darauf angewiesen, dass es eine beobachtende Person in der Nähe gibt, die aber gerade durch die Wahrung der Distanz das Spiel und die kindliche Entwicklung im Medium des Spiels fördert.

Kinder erfinden immer wieder neue Variationen

Spiellieder wie „Macht auf das Tor!“ oder die an Märchen angelehnten Spiele (z. B. „Dornröschen“) finden sich sowohl in der spontanen Spielpraxis der Kinder wie auch in von Erzieherinnen und Erziehern angeleiteten kinderlyrischen Aktivitäten. Auch wenn Erwachsene häufig den Eindruck haben, heutige Kinder hätten das Wissen um solche Spiele verloren, zeigen doch einschlägige Erhebungen immer wieder eindrücklich, wie verbreitet solche Lieder und Spielpraktiken immer noch sind.[4]

4.3.2 Angeleitete kinderlyrische Praxis

Selbstverständlich gibt es eine Vielzahl von Möglichkeiten Lieder und Reime im Kindergartenalltag einzubringen und ihre Verwendung zu fördern. Mitunter mögen Kinder es sehr, wenn ihre frühesten kinderliterarischen Erfahrungen aufgegriffen und im Sinne eines begrenzten Eintauchens in die entsprechenden Erfahrungen wiederholt werden.

---

[4] Vergleiche hierzu vor allem die zweibändige Dokumentation von Ulrich Braader (1979) sowie ergänzend den Aufsatz „Momente gelebten Glücks – Beobachtungen und Anmerkungen zu Kinderliedern, Reimen und Sprachspielen im kindlichen Alltag“ (Steitz-Kallenbach 1999), der auf das konkrete Vorkommen spontaner kinderlyrischer Praktiken ausführlicher eingeht, als dies hier möglich ist.

Fingerspiele und Kniereiter sind nicht mit dem Eintritt in den Kindergarten überholt, auch wenn sie in der Regel keine institutionstypische Ersterfahrung darstellen. Diese werden in der Regel durch andere Angebote geprägt. Da ist zunächst die Möglichkeit der Strukturierung des Alltags durch Lieder am Anfang oder am Ende des Tages. Gleichermaßen werden Geburtstage und andere im Jahresrhythmus wiederkehrende Ereignisse von Liedern und Kindergedichten begleitet. Die Wichtigkeit solcher Erfahrungen besteht darin, die Bedeutung des Ereignisses zu betonen und dazu die strukturelle Differenz von Alltagssprache und poetischer Sprache im Kinderlied oder -gedicht zu nutzen.

Gemeinsames Singen ist dem Hören von Liederkassetten vorzuziehen

Dass das gemeinsame Singen von Liedern dem Hören von Liederkassetten oder -CDs vorzuziehen ist, versteht sich von selbst, denn es unterstreicht die Bedeutung der Interaktionserfahrung, die die literarische Erfahrung fördert. Tanz- und Spiellieder können nicht nur den Kindergartenalltag hie und da bereichern, sie können zudem die musikalische Früherziehung ergänzen bzw. mit ihr Hand in Hand gehen. Dabei muss es nicht gleich um Aufführungen wie etwa „Rolfs Vogelhochzeit“ gehen. Auch einzelne Lieder aus solch größeren Werken sind ebenso denkbar, wie solche aus Sammlungen wie „Das große Liederbuch von Petterson und Findus“ (Nordqvist 2001). Das Einbringen solcher Lieder erfordert allerdings von dem/r Erzieher/in eine gewisse musikalische Grundfertigkeit, weil man zwar nicht unbedingt vom Notenblatt spielen und singen können muss, aber zumindest die als CD beiliegende Aufnahme anhand der Notation nachspielen könnten sollte.

4.3.3 Die synästhetische Wirkung von Gedichten herausarbeiten

Gedichte – natürlich auch solche für Kinder – spiegeln ja nicht nur eine äußere Realität wider, sondern sie gestalten diese. Dies tun sie unter anderem dadurch, dass Gefühle, Farbeindrücke, Höreindrücke und andere Sinneseindrücke mehr mit Mitteln der Sprache hervorgerufen werden. Für diese synästhetische Wirkung von Sprache zu sensibilisieren, stellt einen wichtigen Schritt in der literarischen Sozialisation dar. Wer früh Erfahrungen mit der Wirkungsbreite von literarischer Sprache gemacht hat, wird in späteren Jahren selbstverständlicher mit der Mehrdeutigkeit von Literatur umgehen können.

Gedichte wie „Der Frühling kommt bald“ von Christian Morgenstern oder „Das Feuer“ von James Krüss skizzieren sprachlich ein Bild,

Die Vielschichtigkeit von Lyrik zum Ausdruck bringen

das sich malen lässt. Es verweist aber auch auf Höreindrücke, die entweder ausdrücklich genannt sind („mit jubelndem Schalle" – „Hörst du, wie die Flammen flüstern, / knicken, knacken, krachen, knistern") oder die sich indirekt mit dem Text verbinden lassen. Wie klingt das, wenn der Winter verschwindet? Kinder tragen solche Gedichte nicht nur gerne vor und gestalten sie stimmlich. Sie können auch mit Gegenständen ihres Alltags versuchen, die einzelnen Gedichtzeilen zum Klingen zu bringen, während ein Kind das Gedicht vorträgt oder die Erzieherin oder der Erzieher das Gedicht vorliest. Im Falle von Morgensterns Text ist das allerdings bereits eine recht komplexe Aufgabe, weil die meisten Angaben eben nicht explizit akustisch sind. Wählt man sich allerdings ein mit akustischen Impulsen aufgeladenes Gedicht, können hier interessante Experimente veranstaltet werden.

Im Bahnhof

In der hohen Bahnhofshalle
Drängen schon die Menschen alle,
Züge pfeifen, Türen schlagen,
Polternd rollen Kofferwagen;
Ferien gibt's für klein und groß,
Heute geht die Reise los!

Immer mehr noch! Und dazwischen
Lokomotivendampf und -zischen!
Wie das rennt und ruft und hastet,
Hochbepackt und schwer belastet!
Auch die Tante Böllermann
Keucht mit ihrem Moppel an.

Horch! Schon gellen die Signale!
Stiller wird's mit einem Male,
Tücher wehn und Reisemützen –
Schnell, sonst bleiben wir noch sitzen!
Moppi, marsch in dein Coupé
Tante Böllermann, adjö!
Adolf Holst

Aus: Heinrich Pleticha (Hrsg.) (1997):
Schöne alte Kindergedichte. Von Martin Luther
bis Christian Morgenstern. Stürz Verlag, Würzburg, S. 266

November

Es kommt eine Zeit,
da lassen die Bäume
ihre Blätter fallen.
Die Häuser rücken
enger zusammen.
Aus dem Schornstein
kommt ein Rauch.

Es kommt eine Zeit,
da werden die Tage klein
und die Nächte groß,
und jeder Abend
hat einen schönen Namen.

Einer heißt Hansel und Gretel.
Einer heißt Schneewittchen.
Einer heißt Rumpelstilzchen.
Einer heißt Katherlieschen.
Einer heißt Hans im Glück,
Einer heißt Sterntaler.

Auf der Fensterbank
im Dunkeln,
daß ihn keiner sieht,
sitzt ein kleiner Stern
und hört zu.

Elisabeth Borchers

Aus: Hans-Joachim Gelberg (Hrsg.): Großer Ozean, 2000 Beltz Verlag, Weinheim und Basel, Programm Beltz & Gelberg, Weinheim, S. 18

Die Kinder hören sich das Gedicht an und überlegen gemeinsam, welche Geräusche in dem Gedicht vorkommen und wie man diese Geräusche zum Hören bringen kann. Sie suchen sich sodann Gegenstände des Alltags, um diese Geräusche zu erzeugen und tragen gemeinsam mit dem/er Erzieher/in die so entstandene akustische Inszenierung des Gedichts vor.

Eine Erweiterung und eine Verbindung zur musikalischen Früherziehung kann darin bestehen, einfache Instrumente selbst zu bauen (vgl. Rettkowski-Felten 2003) und Notationen für die lyrischen Klanginszenierungen zu überlegen (vgl. Beck-Neckermann 2002, S. 167 ff).

Resümee

„Denke ich zurück – im Kindergartenalter müsste ich gewesen sein – sehe ich mit welch großer Freude und ruhigem Verständnis meine Großmutter uns Lieder und Reime nicht beigebracht, sondern spielerisch näher gebracht hat, sodass es für mich damals und auch heute nicht den Charakter des Belehrt-Werdens, vielmehr eines freiwilligen und begierigen Aufnehmens hatte und hat.“[5]

---

[5] Aus der Lesebiografiesammlung des Autors.

Zahlreiche Untersuchungen zum Lesen und zur frühen kinderliterarischen Praxis in den Familien zeigen, dass solch intime Situationen der Literaturvermittlung, wie sie in dieser autobiografischen Skizze erkennbar sind, immer seltener werden. Gleichzeitig wissen wir, wie groß die Bedeutung solcher Erfahrungen für die Entwicklung des literarischen Verstehens, der Fantasie und der Freude an Literatur ist. Kinder, die bereits mit vergleichbaren Erfahrungen in den Kindergarten kommen, können das Angebot der Erzieher/innen mit ihrer häuslichen Erfahrung verbinden und ihre literarische Sozialisation gewinnbringend fortsetzen. Im Kindergarten ist es aber auch möglich, Kindern, die solche Erfahrungen im Elternhaus nicht haben machen können, das Erlebnis der Freude an Kinderlyrik, Reimen und Versen ganz neu zu vermitteln. Die Einrichtungen der Vorschulerziehung haben bei solchen kompensatorischen Angeboten eine besondere Bedeutung. Sie haben, selbst wenn es kleine Gruppen gibt, zwar nicht die gleichen Möglichkeiten wie die Familie, wenn es um die Intimität der Erwachsenen-Kind-Beziehung geht. Aber sie sind auch noch nicht von der meist durch Überprüfbarkeit und Belehrung geprägten Schulsituation bestimmt. In der Situation des Übergangs liegt die Chance auch und gerade für die Vermittlung kindlyrischer Erfahrungen, denn sie bilden in ihrer Verbindung von Sprachentwicklung, Rhythmus, Körperempfinden, Sprachspiel, Musikerleben und dem Gefühl des Stolzes beim Aufsagen eines Gedichts eine ganz wichtige Grundlage für die Entwicklung zum Leser/zur Leserin.

Gedicht- und Liedersammlungen

Arndt, Marga; Singer, Waltraud: (1998) Das ist der Daumen Knudeldick. Fingerspiele und Rätsel. Otto Maier Verlag: Ravensburg

Arnim, Achim von/Brentano, Clemens (1987): Des Knaben Wunderhorn. Alte deutsche Lieder (1806/08). Hrsg. u. kommentiert von Heinz Rölleke. Bd. 3: Anhang „Kinderlieder“. Reclam: Stuttgart

Bartos-Höppner, Barbara (Hrsg.) (1990): Das große Reimebuch für Kinder. Mit Bildern von Monika Laimgruber. Betz Verlag: Wien, München

Buchner, Gerhard (Hrsg.) (1997): Kinderlieder von A – Z. Ravensburger Buchverlag: Ravensburg

Enzensberger, Hans Magnus (Hrsg.) (1966): Allerleirauh. Viele schöne Kinderreime. Suhrkamp: Frankfurt a.M.

Gelberg, Hans-Joachim (Hrsg.) (2000): Großer Ozean. Gedichte für alle. Beltz Verlag: Weinheim und Basel

Gernhard, Robert (1997): Lichte Gedichte 3. Aufl. Haffmanns Verlag: Zürich

Güll, Friedrich; Pocci, Franz (1975): Kinderheimat in Liedern und Bildern. Insel Taschenbuch: Frankfurt am Main

Guggenmos, Josef (1966): Was denkt die Maus am Donnerstag? Recklinghausen

Jandl, Ernst; Junge, Norman (2001): ottos mops. Beltz & Gelberg: Weinheim/ Basel

Kliewer, Heinz-Jürgen (Hrsg.) (1989): Die Wundertüte. Alte und neue Gedichte für Kinder. Reclam: Stuttgart

Kliewer, Heinz-Jürgen; Kliewer, Ursula (Hrsg.) (2002): Über den halben Himmel. Gedichte für die Grundschule. Schneider Verlag: Baltmannsweiler

Kreusch-Jacob, Dorothee (Hrsg.) (1978): Ravensburger Liederspielbuch für Kinder, Otto Maier Verlag.: Ravensburg

Krüss, James (Hrsg.) (2000): So viele Tage wie das Jahr hat. 365 Gedichte für Kinder und Kenner. 8. Aufl. Bertelsmann: München

Kuhnke, Klaus (Hrsg.) (1973): Baggerführer Willibald. Kinderlieder, Rowohlt: Hamburg

Nordqvist, Sven (2001): Das große Liederbuch von Petterson und Findus. Lieder von Dieter Faber. Frank Oberpichler und Rale Oberpichler. Oetinger: Hamburg

Pleticha, Heinrich (Hrsg.) (1997): Schöne alte Kindergedichte. Von Martin Luther bis Christian Morgenstern. Herausgegeben und mit Erläuterungen versehen von Heinrich Pleticha. Stürz Verlag: Würzburg

Pousset, Raimund (Hrsg.) (1983): Fingerspiele und andere Kinkerlitzchen. Spiel-Lust mit kleinen Kindern. Rowohlt: Reinbek bei Hamburg

Pradella, Rosanna (2002a): Was Kindern Spaß macht: Kinderreime. Pestalozzi Verlag.: München

diess (2002b): Was Kindern Spaß macht: Fingerspiele. Pestalozzi Verlag.: München

Rölleke, Heinz (Hrsg.) (1993): Das Volksliederbuch. Über 300 Lieder, ihre Melodien und Geschichten. Kiepenheuer & Witsch: Köln

Rühmkorf, Peter (1967): Über das Volksvermögen. Exkurse in den literarischen Untergrund. Rowohlt: Reinbek bei Hamburg 1995

Vahle, Frederik (1982): Liederspatz. Ein Lieder-Lese-Bilderbuch. Mit Zeichnungen von Arend Aghte. 2. Aufl. Pläne: Dortmund

Vahle, Frederik (1987): Das Anne Kaffeekanne Liederbuch. Lieder zum Singen, Spielen und Tanzen sowie neue Märchen- und Weihnachtslieder. Bilder von Ute Krause. Pläne: Dortmund

Sekundärliteratur

Baader, Ulrich (1979): Kinderspiele und Spiellieder, 2 Bde., (Untersuchungen in württembergischen Gemeinden/Materialien: Kinderspiellieder und Abzählreime) (= Untersuchungen des Ludwig-Uhland-Instituts der Universität Tübingen Bd. 46), Tübingen

Beck-Neckermann, Johannes (2002): Handbuch der musikalischen Früherziehung. Theorie und Praxis für die Arbeit in Kindertageseinrichtungen. Herder: Freiburg/Basel/Wien

Burdorf, Dieter (1997): Einführung in die Gedichtanalyse. 2. Aufl. Metzler: Stuttgart

Franz, Kurt (1979): Kinderlyrik. Struktur, Rezeption, Didaktik. UTB: München

Franz, Kurt (2000): Kinderlyrik. In: Lange, Günter (Hrsg.): Taschenbuch der Kinder- und Jugendliteratur. Band 1: Grundlagen – Gattungen. 1. Aufl. Schneider Vlg.: Baltmannsweiler, S. 201–227

Reger, Harald (1996): Kinderlyrik in der Grundschule. Literaturwissenschaftliche Grundlegung. Schülerorientierte Didaktik. 3. Aufl. Schneider Verlag: Baltmannsweiler

Rettkowski-Felten, Margarete (2003): Es rasselt, tönt und klingt. Werkstattheft 1: Klanginstrumente bauen. Herder: Freiburg/Basel/Wien

Steffens, Wilhelm (1998): Spielen mit Sprache im ersten bis sechsten Schuljahr. Schneider Verlag: Baltmannsweiler

Steitz-Kallenbach, Jörg (1999): Momente gelebten Glücks – Beobachtungen und Anmerkungen zu Kinderliedern, Reimen und Sprachspielen im kindlichen Alltag. In: Wragge-Lange, Irmhild (Hrsg.): „kinder feiern feste". Beiträge zur Kultur von Kinderfesten. 1. Aufl. Achilla Presse: Bremen, S. 89–105

Völker, Ludwig (1996): Lyrik. In: Ricklefs, Ulfert (Hrsg.): Das Fischer Lexikon Literatur. Band 2, Fischer: Frankfurt am Main, S. 1186–1222

Wild, Reiner (Hrsg.) (2002): Geschichte der Deutschen Kinder- und Jugendliteratur. 2. Aufl. Metzler: Stuttgart

5 Märchen als frühes literarisches Erlebnis

Irmhild Wragge-Lange

Geschichten, Mythen und Märchen haben den Menschen seit jeher begleitet. Sie wurden mündlich weitergegeben, in manchen Gesellschaften gab und gibt es sogar den professionellen Märchen- und Geschichtenerzähler. Ursprünglich waren sie Sache der Erwachsenen und orientierten sich thematisch an deren Interessen. Seit Generationen sprechen sie aber auch Kinder an und werden begierig von ihnen aufgenommen. Bis heute gehören Märchen zu den ersten literarischen Formen, denen Kinder begegnen. Erzieher/innen können davon ausgehen, dass die meisten Kinder bereits mit Eintritt in den Kindergarten über ein gewisses, wenn auch bruchstückhaftes Märchenwissen verfügen. Der folgende Text will der Faszination dieser literarischen Gattung nachgehen und zeigen, warum es sich auch heute noch lohnt, dem Märchen einen gebührenden Platz in der Kinderliteratur einzuräumen.

5.1 Märchen: eine Definition

In der Umgangssprache finden wir den Begriff *Märchen* im Wesentlichen in zwei Bedeutungen, nämlich als Erzählgut für Kinder mit zauberhaftem, zumeist unglaubwürdigem Inhalt, und in der Redewendung „Erzähl mir doch keine Märchen", die benutzt wird, um Zweifel am Wahrheitsgehalt einer Aussage anzubringen, und zwar sowohl gegenüber Kindern als auch Erwachsenen.

Märchen sind durch eine nicht realistische Weltsicht gekennzeichnet

Der Begriff Märchen ist hergeleitet vom mittelhochdeutschen Wort „maere" und bedeutet „bekannt", aber bereits seit dem 15. Jahrhundert „bekannte Geschichte oder Geschichte, die bekannt zu werden verdient". Das Diminutiv maerlin, maerken, maerchen bedeutet „neben einem Bericht auch eine fiktive Erzählung ..., die durch mündliche Tradierung, Kürze und eine nicht realistische Weltsicht gekennzeichnet ist". (Rölleke 1993, S. 59) Damit sind auch bereits drei Merkmale von Märchen beschrieben, die sich in vielen anderen Definitionen wiederfinden. Zauber, Wunder und übernatürliche Erscheinungen sind Hauptmerkmale des Märchens, das sich damit von einer problemorientierten, realistischen Weltsicht deutlich abhebt.

Im Mittelpunkt von Märchen steht ein Protagonist, der großen Gefahren oder schwierigen Aufgaben begegnet, die er bewältigen muss. Die Handlungen vollziehen sich ohne raumzeitliche Festlegung, mitbeteiligt sind oft auch fantastische Wesen oder solche mit übernatürlichen Fähigkeiten wie Hexen, Zauberer, Feen, Zwerge, Riesen, Drachen, sprechende Tiere oder verwunschene Menschen. Gleichwohl ist es der Protagonist oder die Protagonistin, der/die die entscheidenden Taten ausführt im Kampf von Gut gegen Böse, wobei am Ende das Gute siegt. Gewinnt das Böse, sprechen wir von einem „Antimärchen".

Unterschiede zwischen Volks- und Kunstmärchen

Von dieser Art Volksmärchen, wie es vor allem durch die Brüder Grimm verbreitet wurde, unterscheidet man das Kunstmärchen, das von einzelnen Schriftstellern wie Hans Christian Andersen („Die kleine Meerjungfrau") oder Ludwig Tieck („Der gestiefelte Kater") als individuelle Erzählung niedergeschrieben wurde. Dabei werden Formen und Strukturen des Volksmärchens häufig benutzt, jedoch so verändert, dass sie nicht mehr als Teile der Erzähltradition des Märchens gelten können. Als einziges gemeinsames Strukturmerkmal von Kunstmärchen und Volksmärchen gilt der Bezug zum Wunderbaren (Rölleke 1993, S. 60). Die Themen und Motive der Kunstmärchen sind häufig der jeweiligen Entstehungszeit zuzuordnen, sie bearbeiten also nicht notwendigerweise zeitunabhängige allgemeine existentielle Themen oder Entwicklungsprobleme, wie sie von den Volksmärchen in der Regel präsentiert werden. Die meisten Kunstmärchen sind aufgrund ihrer komplizierten Erzählstruktur (z. B. Goethes „Märchen" oder die Märchen von Hermann Hesse) und dadurch bedingt wegen ihrer Länge nicht für den Kindergarten geeignet.

5.2 Zur Bedeutung von Märchen

Kurt Ranke nennt als Bestimmungsmerkmal des Märchens u. a. den „wunderbaren Inhalt, (der) keinen Anspruch auf Glaubwürdigkeit hat" (Ranke in Hetmann 1999, S. 15). Offen bleibt bei dieser Definition allerdings, warum eine Erzählform, deren Bestimmungsmerkmal der Mangel an Glaubwürdigkeit ist, auf eine so lange Tradition zurückblicken kann.

Hier mag ein Gedanke des französischen Ethnologen und Strukturalisten Claude Lévy-Strauss weiterhelfen, der durch seine Beschäftigung mit außereuropäischen Kulturen zwei grundverschiedene Formen der Realitätsdeutung unterscheidet, nämlich die rationalanalytische und die mythische. Die rationalanalytische Weltsicht, d. h. die Orientierung an der empirisch nachvollziehbaren und durch die Vernunft geleiteten Deutung der Realität, beherrscht das europäische Denken weitgehend und ist beeinflusst durch die antike Philosophie. Die mythische Zugangsweise orientiert sich an ursprünglichen Bildern und großen Erzählungen zur Deutung der Welt, zur Klärung von Gut und Böse, zur Beantwortung der Frage nach dem Woher und Wohin menschlicher Existenz. Die Herkunft der Mythen liegt in der Regel im Dunkeln oder wird einer Gottheit zugeschrieben. Lévy-Strauss bezeichnet diese Form der Welterklärung als „Wildes Denken". (Vgl. Leach 1971, S. 23)

Märchen können als eine Form wilden Denkens bezeichnet werden

Reste mythischer[1] Weltinterpretationen und damit auch „wilden Denkens" finden sich in unseren Märchen wieder, die ja kaum rationalanalytischen Denkkriterien entsprechen, jedoch in bildlicher Verdichtung von fernen Welten, mutigen Heldinnen und Helden, wunderbaren Fügungen sowie von guten und bösen Mächten erzählen. Wenn Märchen Reste mythischer Überlieferungen sind, dann enthalten sie Botschaften, die Generationen von Menschen als Wahrheiten, als gültige Weltinterpretationen angenommen haben. Märchen erzählen also nicht nur einfach eine Geschichte, im Vordergrund stehen vielmehr Prozesse von Wandlung und Veränderung. Dabei werden Konfliktkonstellationen aufgegriffen, die von biografischer Brisanz sind wie Trennung, Ablösung, Autonomie etc. mit den damit verbundenen Ängsten und Unsicherheiten. Das Märchen bietet Konfliktlösungen an, die dem Menschen in seiner Lebensbewältigung eine Stütze sein können.

Das Märchen bietet Konfliktlösungen an

Damit wird verständlich, warum sich Märchen als mündlich tradiertes Erzählgut für alle Angehörigen einer kulturellen Gruppe, auch für die Generation der Kinder, so lange erhalten konnten. Märchen sind eine Möglichkeit, religiöse und/oder mythologische Weltdeutungen an die nachfolgenden Generationen zu tradieren, und zwar durch Bilder, die als Erzählung keinen Orts- und Zeitbezug anbieten und dadurch immer wieder in den jeweiligen historischen Kontext eingebunden werden können.

Als Beispiel, wie das „wilde Denken" das uralte Thema von der notwendigen und immer schmerzhaften Ablösung des Kindes vom Elternhaus bearbeitet, soll das Märchen „Aschenputtel" stehen, in der die

[1] Die Unterscheidung zwischen „Märchen" und „Mythos" findet man u. a. in: Petzoldt, Leander (2000): Märchen, Mythen und Sagen, in: Günter Lange (Hrsg.): Taschenbuch der Kinder- und Jugendliteratur; Bd: 1, S. 246–266

„richtige", d. h. die gute Mutter stirbt und das Kind in keiner Weise bereit ist, sich von dieser Mutter zu lösen. Es bedarf eines rigorosen Einschnittes in das Leben des Kindes, der in Form der „bösen" Stiefmutter erscheint und die Ablösung quasi erzwingt, aber immerhin liebevoll begleitet von der toten „guten" Mutter, die das Mädchen mit den notwendigen Utensilien – schöne Ballkleider, Kutsche, Schuhe etc. – ausstattet, um den neuen Lebensabschnitt zu eröffnen. Eine Fülle von Bildern und Symbolen vermitteln diese Botschaft, die jedoch als Oberflächenstruktur nicht erkennbar ist, sondern erst durch genaueres Betrachten der Tiefenstruktur und deren Interpretation freigelegt werden kann.

Märchen stellen Kindern Basiserfahrungen bereit

Märchen stellen Kindern auf symbolische Weise wichtige Basiserfahrungen in ihrer Entwicklung bereit: z. B. selbst aktiv zu sein bei der Lösung von Lebensproblemen („Aschenputtel"), individuelle Wege zu suchen und sich dafür Zeit zu nehmen („Dornröschen") oder an den guten Ausgang einer Krise zu glauben trotz widriger Umstände („Schneewittchen"). Unter diesen Gesichtspunkten kann Märchenliteratur in ihrer ursprünglichen Form für Kinder wichtiges psychologisches Material zur Verarbeitung bestehender Konflikte bereitstellen. Märchen bereiten zudem durch ihre symbolhafte Sprache und durch ihren fiktionalen Charakter auf die Rezeption anderer literarischer Formen vor und leisten einen Beitrag zur oralen Erzähltradition. Dass die analytische Seite der Märchen nicht im Vordergrund der Beschäftigung im Kindergarten stehen sollte, ergibt sich nicht nur aus den entwicklungsbedingten kognitiven Fähigkeiten der Kinder, sondern auch aus der nicht-rationalen Denkweise und der magischen Weltsicht der Märchen. Kinder verarbeiten Märchen unbewusst; erst im Erwachsenenalter sind Märchen – dann auch rational-analytisch interpretiert – eine Fundgrube für Erkenntnisse über Entwicklungsprobleme in der eigenen Kindheit.

Kinder verarbeiten Märchen unbewusst

Es gibt also viele Gründe, um Märchen im Kindergarten vorzulesen und sie zum Gegenstand gemeinsamer ästhetischer Erfahrungen zu machen:

- Märchen bieten Kindern entwicklungspsychologische Hilfen bei der Bewältigung elementarer Prozesse;
- sie bieten durch ihre einfache Form und bildhafte Sprache Kindern Identifikationsmöglichkeiten an;
- durch den strukturell bedingten guten Ausgang können sie Trost und Zuversicht geben;
- Märchen bieten Zugang zur Literatur und zur Erzählkultur;
- Märchen haben auch in den Biografien der Erzieher/innen Bedeutung erlangt, sodass alle Beteiligten über Märchenstoffe verbunden sind;

- Märchen sind also ein vielschichtiges Phänomen, deren Merkmale auf explizite Strukturen und funktionale Polyvalenz verweisen.

5.3 Was Märchen von anderen Gattungen abgrenzt

Das heutige Angebot an Märchenliteratur für Kinder beschränkt sich nicht auf die klassische Fassung der von Jakob Grimm edierten „Kinder- und Hausmärchen" von 1857. Kinder werden heute mit einem multimedialen Angebot konfrontiert, bei dem die Märchen nicht immer vollständig und vor allem nicht immer in der ursprünglichen Sinnhaftigkeit übermittelt werden. Um dies beurteilen zu können, bedarf es der genauen Kenntnis der Strukturmerkmale von Märchen, über die sich erst das symbolisch verdichtete Wissen bzw. die Botschaft von Märchen offenbaren kann.

Märchen folgen einer einfachen Grundstruktur

Märchen folgen einer einfachen Grundstruktur. Ausgangspunkt ist eine Mangelsituation, die Handlung treibt dann auf einen Höhepunkt zu und führt schließlich immer zu einem guten Ende. Der gute Ausgang wird in der Regel durch eine Polarisierung von Gut und Böse vorbereitet, wobei im Laufe der wunderbaren Handlung das Gute obsiegt. Diese Grundform ist leicht erfassbar und deshalb können Märchen auch von kleinen Kindern relativ problemlos auf unterschiedlichen Niveaus verstanden werden.

Märchen enthalten Elemente eines kollektiven Unbewussten

In Märchen wird vorrangig mit Symbolen und Bildern gearbeitet, deren Bedeutung zusammen mit der Personenkonstellation, den beschriebenen Räumen und den jeweiligen Handlungen der Protagonisten und Protagonistinnen eine Deutung ergibt. Nach C. G. Jung enthalten Märchen Elemente eines kollektiven Unbewussten, die er „Archetypen" nennt. Archetypen treten uns in Märchen als verschlüsselte Botschaften entgegen, z. B. der Bär in „Schneeweißchen und Rosenrot", der das männliche Prinzip symbolisiert, mit dem sich die Schwestern auseinandersetzen müssen (vgl. von Franz 1999, S. 69 ff). In dem Märchen von den „Sterntalern" erfährt ein armes Kind, dass es durch gute Mächte wunderbar geborgen ist, wenn es den ethischen Postulaten eben dieser Mächte gehorcht und sein geringes Hab und Gut mit noch Ärmeren teilt. Das gelingt unter der Voraussetzung, dass das Kind Urvertrauen in das Gute in der Welt entwickelt hat. Es gibt aber auch den Archetypus der Furcht vor dem Bösen, der uns im Märchen vom „Marienkind" entgegentritt. Als das von der Mutter Gottes aufgenommene Mädchen sein Versprechen, in einen bestimmten Raum nicht hineinzuschauen, bricht und auch keine Reue zeigt, wird sie grausam verstoßen und auch dann noch mit Strafe belegt, als sie nach langem Leiden einen Prinzen heiraten und ihm Kinder gebären darf. Erst als sie selber aktiv wird und Reue zeigt, wird sie erlöst und darf ihr Leben und ihre Kinder behalten.

Ein besonderes Charakteristikum von Märchen sind seine spezifischen Strukturmerkmale, die von Max Lüthi (vgl. Lüthi 1962) für europäische Volksmärchen herausgearbeitet wurden und im Folgenden vorgestellt werden.

Eindimensionalität

Zauberhaftes, Übernatürliches, Wunderbares werden wie erfahrbare Realität hingenommen und nicht deutlich davon unterschieden. Die wirkliche und die unwirkliche Welt gehen nahtlos ineinander über. So geht „Aschenputtel" an das Grab ihrer toten Mutter und erhält unter dem Haselbaum durch einen Zauberspruch wunderschöne Gewänder, ohne dass sie das in irgendeiner Weise verwundert.

Flächenhaftigkeit

Märchenfiguren werden ohne Darstellung des Innenlebens geschildert. „Schneewittchen" ist nur schön, gut und edel, während ihre Stiefmutter-Königin nur als böse und gehässig beschrieben wird. Zwischentöne gibt es nur selten. Das Volksmärchen ist weder an einen genauen Ort, noch an eine genaue Zeit gebunden. Die Formel „Es war einmal" ist ebenso unbestimmt wie die Ortsangabe „in einem fernen Land". Damit wird dem Kind symbolhaltiges, offenes Geschichtenmaterial angeboten, das es mit seiner eigenen Fantasie ausfüllen kann.

Abstrakter Stil

Personen werden nicht als Individuen, sondern als Typen eingeführt, z. B. der König als Repräsentant einer Gemeinschaft, der junge Mann als Vertreter einer Altersgruppe etc. Z. B. steht in dem Märchen vom „Eisenhans" der junge Königssohn exemplarisch für die Nöte von Jungen bei der Auseinandersetzung mit dem männlichen Prinzip.

Isolation und Allverbundenheit

Der Held im Märchen wird häufig als isolierter Mensch gezeichnet. Oft ist er das einzige, jüngste Kind oder Stiefkind, oder er erscheint als Dummling, wird unterschätzt, missachtet, benachteiligt. Viele Märchenhelden sind äußerste Glieder im Sozialgefüge, Kinder der Spitzen der Gesellschaft (Prinz/Prinzessin) oder ganz arme Leute (Schweinehüter, Gänsemagd). Der Held oder die Heldin verlässt häufig allein den eingeführten Raum, z. B. das Schloss, um notwendige Entwicklungen zu vollziehen; er/sie wird gelenkt von einer hinter der empirischen Realität stehenden höheren Macht („wildes Denken"). „Hänsel und Gretel" werden im dunklen Wald allein gelassen, und dort geschehen dann auch die notwendigen Entwicklungsschritte. Der Märchenheld ist isoliert, aber trotzdem beziehungsfähig; er ist nicht nur auf Hilfen angewiesen, sondern empfängt sie auch wirklich. Mühelos tritt er in einen fruchtbaren Kontakt mit Fern-, Über- und Unter- und der realen Welt. Isolation ist also die Voraussetzung für eine universale Beziehungsfähigkeit. Das macht den Märchenhelden potentiell allverbunden.

Polarität

Personen, Charaktere, Aussehen und Situationen werden im Märchen stark polarisiert. So stehen sich vollkommene Schönheit und absolute Hässlichkeit, arm und reich, gut und böse, faul und fleißig im strengen Gegensatz gegenüber.

Formelhaftigkeit

Eingangsformeln wie „Es war einmal" oder Schlussformeln wie „Und wenn sie nicht gestorben sind …" führen in die andere Realität hinein und führen auch wieder aus ihr heraus. Diese ritualisierten Erzählformeln bieten Sicherheit und Vertrautheit für den Rezeptionsprozess.

Dreizahl

Die Dreizahl bezieht sich auf die Erzählstruktur, die Handlungen (drei Wünsche) sowie die handelnden Personen (drei Töchter). Diese Wiederholungen verleihen dem Märchen Rhythmus und Spannung.

Innerhalb dieser Struktur kann das Märchen seinen besonderen Sinn entfalten, wie die folgende Analyse des Märchens Dornröschen deutlich macht.

5.4 „Dornröschen" – Interpretation eines Märchens über ein heranwachsendes Mädchen

„Dornröschen" gehört zu den Entwicklungsmärchen

„Dornröschen“ gehört zu den Entwicklungsmärchen und wird von Kindern aller Altersstufen gehört, gelesen und gesehen. Das Märchen beginnt – wie viele andere – mit einer Mangelsituation (vgl. Waiblinger, 1988, Lüthi 1962, S. 5ff, Bettelheim 1977, S. 261 ff). Ein Königspaar wünscht sich lange vergeblich ein Kind. Dieser Wunsch kann ihnen nicht erfüllt werden – vermutlich deshalb, weil die Beziehung zwischen Mann und Frau erstarrt ist. Ein neues Element ist notwendig, das die verkrustete Situation aufzubrechen vermag. In der Gestalt des Frosches, der der Königin im Bade begegnet und ihr in weniger als ei-

Abb. 35 Aus: Brüder Grimm/Lieselotte Schwarz: Dornröschen Heinrich Ellermann Verlag, München 1986

nem Jahr ein Kind verspricht, wird ein Symbol eingeführt, das auf einen Neuanfang hoffen lässt. Der Frosch taucht in vielen Märchen als Repräsentant der Fruchtbarkeit und der Wandlung auf. Er selber ist das Produkt einer Wandlung, denn er kommt aus dem Wasser – das Fruchtbarkeit bedeutet – und lebt auf dem Land, ohne dabei sein altes Element gänzlich zu verleugnen. Er muss sich also, um leben zu können, wandeln, muss seine alte Gestalt ablegen und das Element wechseln. („Der Froschkönig" ist ein weiterer Beleg dafür, dass der Frosch eine Wandlung symbolisiert.)

Der Frosch symbolisiert Wandlung und Fruchtbarkeit

Der doppelte Symbolgehalt des Frosches wird auch im Märchen vom „Dornröschen" wirksam: Die Königin bekommt ein Kind, eine Tochter, und diese Prinzessin symbolisiert ebenfalls die Möglichkeit der Wandlung, denn ein Kind bedeutet in Märchen, Mythos und Religion häufig einen Neuanfang, das Ausscheren aus eingefahrenen Vorstellungen und das Hoffen auf zukünftige, positive Entwicklungen.

Seiner Freude über die Erfüllung seines sehnlichsten Wunsches bringt der königliche Vater durch ein Fest zum Ausdruck, zu dem neben vielen Gästen die weisen Frauen des Landes geladen werden, die dem neugeborenen Kind ihre Wundergaben – z. B. Tugend, Reichtum und Schönheit – bringen. Damit wird die neugeborene Prinzessin eingebunden in die Tradition und steht nun nicht nur für die Wandlung, die durch ihre Geburt symbolisiert wurde, sondern auch für den Erhalt der Tradition. Da aber bricht das Unglück herein: Der harmonische Ablauf wird gestört durch das Erscheinen der dreizehnten Fee. Aus Ärger über den König, der sie aus einem nichtigen Grund – es fehlte ein goldener Teller – nicht zum Fest eingeladen hatte, verflucht sie nun Dornröschen. Beim Erreichen der Pubertät – in einigen Versionen ist es das 15., in anderen das 16. Lebensjahr – soll die Prinzessin sterben. Die zwölfte Fee, die ihren Zauberspruch noch offen hat, kann diesen Fluch nicht rückgängig machen, sondern nur noch in einen hundertjährigen Schlaf abmildern. Nun sind beide Elemente – das Gute repräsentiert durch die guten Feen und das Böse symbolisiert durch die dreizehnte Fee – am weiteren Fortgang des Geschehens beteiligt.

Die dreizehnte Fee als Zeichen für das Böse

Über die vierzehn oder fünfzehn Jahre, die vergehen, ehe der Fluch der dreizehnten Fee wirksam werden kann, wird wenig berichtet. Die Prinzessin entwickelt sich – gemäß den Wünschen der zwölf guten Feen – prächtig, und die Eltern, insbesondere der Vater, tun alles ihnen Mögliche, um sie vor dem Fluch der dreizehnten bösen Fee zu bewahren: sie lassen alle Spindeln im Land verbrennen. Begreift man die Spindeln als Symbol weiblicher Sexualität, so spiegelt sich in der Vernichtung der Spindeln der Wunsch der Eltern, ihrem Kind die Entwicklung zur erwachsenen Frau zu verwehren und es in kindlicher Abhängigkeit zu belassen.

Bezeichnend ist nun, dass die Eltern gerade an jenem wichtigen Tag, an dem Dornröschen 15 bzw. 16 Jahre alt wird und sich der Fluch der bösen Fee erfüllen soll, nicht zu Hause sind. So hat die Tochter eine Gelegenheit, sich allein im Schloss umzusehen. Ihr Alter verweist auf die beginnende Pubertät und damit auf die nun notwendig werdende Ablösung von ihren Eltern. Die Abwesenheit der Eltern an diesem Tag zeigt, dass die Eltern ihr bei diesem wichtigen Prozess nicht helfen können und wohl auch nicht helfen wollen, und dass Dornröschen ihren Weg entweder allein finden oder in kindlicher Abhängigkeit bleiben muss.

Die Spindel als Symbol für weibliche Sexualität

Obwohl ihr Vater alle Spindeln im Lande nach ihrer Geburt hatte verbrennen lassen, um sein Kind vor dem Fluch der dreizehnten Fee zu schützen, wurden bei einer alten Frau im Schloss Spinnrad und Spindel nicht gefunden und sie kann nun die Prinzessin in die Kunst des Spinnens einweisen. Die Spindel als Symbol für weibliche Sexualität und der Tropfen Blut, der durch den Stich mit der Spindel entsteht, symbolisieren, dass bei dem Mädchen die Menarche eingetreten ist. Bezeichnend ist, dass es nicht ihre leibliche Mutter ist, die ihr das Wissen über die Vorgänge in ihrem Körper vermittelt, diese hat vielmehr gemeinsam mit dem Vater alles unternommen, um das Kind Dornröschen nicht zur erwachsenen Frau reifen zu lassen. Stattdessen ist es eine andere Frau und bezeichnenderweise eine alte Frau, aus deren Hand Dornröschen das Symbol der Weiblichkeit empfängt. Dadurch wird verdeutlicht, dass das uralte Wissen um das eigene Geschlecht, das ja von Dornröschen ferngehalten werden sollte, niemals verborgen bleiben kann, sondern dass es immer Instanzen gibt, die Wissen tradieren und somit Entwicklung ermöglichen. Allerdings muss eine Voraussetzung erfüllt werden: Dornröschen musste selber aktiv werden. Waren bis zum Zeitpunkt ihres 15./16. Geburtstages andere für sie aktiv – die Feen, ihre Eltern –, so signalisiert ihr Gang in den Schlossturm den Beginn ihrer Eigenständigkeit. Sie geht diesen Gang ohne Begleitung und ohne Aufforderung und zeigt damit ihr Bedürfnis nach Selbstständigkeit und Entwicklung.

Der Fluch der dreizehnten Fee – Dornröschen soll nach ihrer Kindheit sterben – geht auf einer anderen Ebene in Erfüllung: Das Kind in Dornröschen stirbt in der Tat, aber es stirbt nicht die Person der Prinzessin, sondern sie kann und muss einen neuen Entwicklungsschritt tun. Sie muss die Rolle einer erwachsenen Frau kennen lernen und akzeptieren. Was zunächst als Fluch erschien, erweist sich jetzt in der durch die zwölfte Fee abgemilderten Form als Segen für Dornröschen. Sie muss diese neue Rolle nicht sofort ausfüllen, sondern bekommt Zeit zum Reifen. Diese notwendige Zeit wird durch den hundertjährigen Schlaf symbolisiert. Jeder, der diese Zeit nicht respektiert und ihren Schlaf stört – also jeder, der sie vor dem Ende ihrer Entwicklung begehrt –, kommt in der Dornenhecke um. Erst nach der Zeit ihrer Reifung kann sie einen Partner akzeptieren. Der Kuss des Prinzen bedeutet keinesfalls, dass dieser Dornröschen „erlöst", das hätten die Vorgänger auch gekonnt, sondern dass die Zeit der Entwicklung beendet ist und die erwachsen gewordene Frau den Mann akzeptieren kann. Voraussetzung dazu war zweierlei: Das Mädchen musste seine Entwicklung selber in die Hand nehmen, und es musste Zeit bekommen, um den begonnenen Prozess vollenden zu können.

Der Schlaf steht für die Zeit der Reifung zur Frau

Während des allgemeinen Schlafes im Schloss war für kurze Zeit wieder der anfängliche Erstarrungszustand eingetreten, der allerdings durch den Schlaf Dornröschens im Turmzimmer bereits verändert ist. Dass Dornröschen abseits ihrer Eltern schläft, deutet abermals an, dass diese ihr nicht bei ihrem Entwicklungs- und Abnabelungsprozess helfen können. Erst als dieser Prozess abgeschlossen ist, was durch ein neues Element, den Prinzen, symbolisiert wird, ist die Erlösung aus der Starrheit und damit ein Wandel der gesamten Situation möglich. Erst dann können König und Königin sowie der gesamte Hofstaat wieder aktiv werden.

Die Entwicklung der Prinzessin vom Kind zur reifen Frau lässt sie offen werden für den Prinzen. Indem sie am Schluss des Märchens gemeinsam mit ihm zu ihren Eltern in das Schloss geht, wird angedeutet, dass von nun an zwischen ihren Eltern und ihr ein neues, gewandeltes, erwachsenes Verhältnis besteht, das auch mitgeprägt wird durch den Gemahl. Damit vollendet sich implizit das Versprechen des Frosches zu Beginn des Märchens, der eine Wandlung der alten Verhältnisse symbolisierte: Das nun erwachsene Kind kann einen Neuanfang wagen. Aber es erfüllen sich auch die Wünsche der weisen Frauen nach Tradition: Weil die Prinzessin nun die alten Weisheiten kennt und weil sie ihren eigenen Weg infolge ihrer Entwicklung gefunden hat, kann sie Tradition und Veränderung miteinander verbinden und in Einklang bringen.

Die verwendeten literarischen Mittel (vgl. Rölleke 1993, S. 59–61) weisen den Text als typisches Märchen aus. Die Handlung ist einsträngig, d. h. keine Neben- oder Parallelhandlungen lenken von der Haupthandlung ab. Sie hat den für Märchen typischen dreigliedrigen Aufbau:

Geburt der Prinzessin sowie Fluch und Segen der Feen bilden den ersten Teil, der zweite inhaltliche Abschnitt ist das Aufwachsen Dornröschens im Schloss und das Ende ihrer Kindheit durch den Stich mit der Spindel. Schließlich folgt als dritter Teil die Reifezeit, die sie abseits von ihren königlichen Eltern in einem Turmzimmer verbringt und die schließlich zu einem guten Ende führt und damit die Mangelsituation des Anfangs aufhebt. Die Figuren sind typenhaft-eindeutig gezeichnet. Es gibt keine Zwischentöne; so sind die zwölf Feen eindeutig gut, nur die dreizehnte ist böse, aber das uneingeschränkt. Reale und zauberhafte Welt stehen nebeneinander, ohne dass Trennungen zwischen beiden vorgenommen werden, und das wird von den handelnden Personen ohne Verwunderung akzeptiert, denn sie bewegen sich alle zwanglos in beiden Welten.

Märchen thematisieren existenzielle Themen ...

Nimmt man das Märchen nur inhaltlich-oberflächlich zur Kenntnis, so scheint es keinen Bezug zu Problemen der heutigen Zeit zu haben. Erst die Aufdeckung seiner Symbolhaftigkeit enthüllt die uralte Weisheit von der Notwendigkeit der Ablösung vom Elternhaus beim Erwachen der Sexualität und dem damit verbundenen Schmerz, der nicht nur die Entwicklung des Mädchens kennzeichnet. Auch der Tatsache, dass zum Reifen Zeit notwendig ist, wird durch den symbolhaften hundertjährigen Schlaf Rechnung getragen. Dieser Reifungsvorgang ist eingebettet in eine klare Welt, in der zwischen Gut und Böse deutlich unterschieden wird, in der jeder seinen festen Platz hat und weiß, was zu tun und zu lassen ist. Zwischentöne gibt es in dieser eindeutigen, einsträngigen Handlung nicht. Auch die Tatsache, dass die Lösung des Konflikts an einem anderen Ort als die Ursprungshandlung geschieht, dass die Heldin in die Isolation gehen muss, um das Geschehen zu einem guten Schluss zu bringen, sind typische Strukturmerkmale von Märchen.

... und ihre Bewältigung

Märchen vermitteln eine klare Botschaft über die Zeiten hinweg. Sie konfrontieren den Leser/die Leserin mit den „grundlegenden menschlichen Nöten" (vgl. Bettelheim, 1977, S. 14) und zeigen auf, dass der Kampf gegen existentielle Schwierigkeiten zwar unvermeidlich ist, aber gewonnen werden kann, wenn man vor Hindernissen und Bedrängnissen nicht zurückschreckt. „Dornröschen" kann exemplarisch für diese Funktion von Märchen in der kindlichen Entwicklung stehen.

Hier bieten sich indirekte Anknüpfungspunkte an die psychische Situation des Vorschulkindes an; die Erfahrung der „Reife", der vergehenden Zeit und der Geduld gehören zur kindlichen Lebensgestaltung ebenso dazu wie die Hoffnung auf das gute Ende eines Konflikts.

Die einfache, bildhafte Sprache des Märchens kann Kindern dieser Altersspanne solche elementaren Erfahrungen glaubhaft vermitteln.

Im Kindergartenalter machen Kinder die ersten vorsichtigen Abnabelungsversuche von ihren Eltern, die erst in ferner Zukunft abgeschlossen werden. *Dornröschen* bietet Identifikationsmöglichkeiten für das kleine Kind und deutet an, dass der Entwicklungsprozess noch lange dauert.

Märchen weisen immer in die Zukunft der Hörer/innen

Märchen weisen immer in die Zukunft der Hörer/innen. Erst als Erwachsene begreifen wir wirklich, warum wir bestimmte Märchen besonders geliebt oder gefürchtet haben. Märchen geben uns dann Auskunft über Entwicklungsprobleme, kindliche Trauer und Verlustängste. Das gelingt besser, wenn durch intensive Beschäftigung mit den Texten bereits im Kindergarten ein Märchenfundus angelegt wird.

Die Tatsache, dass dieses Märchen nicht nur in verschiedenen Fassungen und in mehreren Sammlungen auftritt, sondern auch von Illustratoren, Film- und Videoproduzenten aufgegriffen wurde, zeigt, dass es auch heute noch auf Interesse stößt. Ob seine Botschaft von den Bedingungen und Notwendigkeiten der Entwicklung des Mädchens in den angebotenen Präsentationen allerdings tatsächlich aufgegriffen oder eine Fassung präsentiert wird, die das Dornröschen-Motiv lediglich oberflächlich als Aufhänger für buntschillernde Unterhaltung benutzt, gilt es gerade in diesem Fall zu analysieren, denn Dornröschen ist häufig als schlafende Schönheit, die durch einen Prinzen wachgeküsst wurde, missinterpretiert worden. – Anhand von zwei Beispielen soll gezeigt werden, wie dieses Märchen uminterpretiert bzw. neu interpretiert wurde.

5.5 „Dornröschen" als Unterhaltung: Walt Disney

Die Walt-Disney-Company hat im Medienverbund eine Version von Dornröschen vorgelegt, die als Film/Video, illustriertes Buch und Hörspiel auf einer Zeichentrickfassung basiert, bei der wesentliche Elemente des von den Brüdern Grimm herausgegebenen Märchentextes verändert wurden (vgl. Dornröschen, USA 1993, Regie: Walt Disney). Hier kann nicht auf alle Abweichungen eingegangen bzw. auf alle Wurzeln hingewiesen werden, die der Zeichentrickversion zugrunde liegen. Es gibt Elemente, die auf andere Märchen als die Fassung der Brüder Grimm verweisen, wenngleich die wesentlichen Bestandteile auf die Kinder- und Hausmärchen zurückgehen.

Wichtig sind im Zusammenhang meiner Überlegungen jene Elemente der Walt-Disney-Version, die die Hauptaussage des Märchens – die Notwendigkeit der selbstständigen und eigenaktiven Entwicklung des Mädchens und die Respektierung der dafür benötigten Zeit – verändern. Solche Elemente werden im Folgenden beschrieben.

Zu Beginn der Disney-Fassung wird lediglich von der Geburt der Prinzessin, die hier Aurora heißt, berichtet. Es gibt also keine Mangelsituation der Kinderlosigkeit, die symbolisch durch das Auftauchen des Frosches beendet wird. Wenn der Frosch als traditionelles Symbol des Wandels keine Erwähnung findet, wird bereits zu Beginn deutlich, dass es nicht Intention des Zeichentrickfilmes ist, das Spannungsfeld von Wandel und Tradition zu thematisieren.

Es gibt nicht nur ein Königspaar, sondern zwei. Die Eltern des neugeborenen Mädchens kennen ein weiteres Königspaar, das einen Sohn hat; beide Elternpaare beschließen aus machtpolitischen Interessen, ihre Kinder miteinander zu vermählen. Damit ist die Grundaussage des Märchens zerstört, denn die Fremdbestimmung durch die Eltern ermöglicht keine eigenständige Reifung und Entwicklung mehr.

Dass statt der 13 weisen Frauen drei gute Feen und die böse Fee Malefiz auftauchen, braucht die Aussage des Märchens nicht zu beeinflussen, wenn sie vergleichbare Funktionen übernehmen. Das ist jedoch nicht der Fall. Während bei der Grimm'schen Fassung die weisen Frauen lediglich ihre Wünsche bzw. ihren Fluch anbringen und dann nicht mehr auftauchen, begleiten die drei guten Feen und Malefiz die Prinzessin durch die gesamte Geschichte. Malefiz ist es, die dafür sorgt, dass Aurora sich in den Finger sticht und in einen langen Schlaf fällt, den sie dann auch selber bewacht. Da Malefiz nicht für die tradierte Weisheit stehen kann, weil sie als Repräsentantin des Bösen fungiert, kann dieser Schlaf nicht die Reifezeit für die Prinzessin symbolisieren, sondern macht sie zum Spielball zwischen den im Märchen agierenden Mächten.

Aurora verbringt ihre Kindheit nicht im Schloss ihrer Eltern, sondern wird aus Angst vor dem Flucht Malefizens von den drei guten Feen abseits ihres Elternhauses erzogen. Als der Stichtag des Fluches – ihr 16. Geburtstag – vorbei ist, wird sie zu ihren Eltern zurückgebracht. Während im Grimm'schen Märchen der Geburtstag das Signal zur Abnabelung ist, wird Aurora ihren Eltern wieder zugeführt. Hier wird das Märchen geradezu pervertiert, denn nach jahrelanger Trennung kann die Vereinigung der Tochter mit den Eltern kaum einen notwendigen Entwicklungs- und Reifungsprozess hin zum selbstständigen, erwachsenen Menschen einleiten.

Wesentliche Gedanken des Originalmärchens werden verfälscht

Abb. 36 Aus: Walt Disney (1993): Dornröschen. Schneider München

Von Anfang an gibt es einen Prinzen, der zum Gemahl Auroras auserkoren ist, und zwar von den Eltern, nicht als Entscheidung der beiden jungen Menschen. Die harmlosen Verwicklungen, die der Verbindung der beiden zunächst entgegenstehen, werden im Laufe der Handlung aufgelöst, und am Ende präsentiert sich den beiden Eltern ein nach Tschaikowskis „Dornröschen-Walzer" glücklich tanzendes Paar. Dieses Paar unterscheidet sich grundlegend von dem Paar, das sich am Ende des Grimm'schen Märchens den Eltern der Prinzessin vorstellt. Walt Disneys Prinzenpaar steht nur für Tradition eines vorgegebenen Weges. Die Eltern hatten den Weg der beiden bestimmt, die drei guten Feen hatten durch ihre Erziehung dafür gesorgt, dass ein dem traditionellen Rollenklischee genügendes junges Mädchen sozialisiert wurde, und die böse Malefiz konnte keinen Einfluss auf die Entwicklung nehmen. Die alte Frau, die die weibliche Weisheit weitergeben kann, fehlt. Der Prinz, den Aurora heiratet, hat keine abgewiesenen Vorgänger, sondern ist von Anfang an für sie bestimmt. Auch er entspricht dem traditionellen Rollenbild, natürlich dem männlichen. Entwicklung findet weder bei ihm noch bei Aurora statt.

Märchen teilen ihre Botschaft dem Rezipienten/der Rezipientin häufig durch die Auflösung einer eingangs entstandenen Mangelsituation mit. Das ist auch bei „Dornröschen“ der Fall. Bei der Disney-Fassung entsteht die Mangelsituation implizit am Ende der Geschichte. Sie besteht darin, dass es für beide Kinder, die zu Beginn der Geschichte eingeführt werden, keine Entwicklungsmöglichkeit gibt. Vielmehr steht zu befürchten, dass eine Erstarrung der gesellschaftlichen Verfassung eintritt, wenn die durch die Geburt eines Kindes symbolisierte Chance zu Veränderung und Tradition nur im Bereich der Tradition wahrgenommen wird. Diese Erstarrung bedarf dann eines neuen Märchens, um aufgelöst zu werden – nämlich des „richtigen“ „Dornröschens“!

Trotz dieser kritischen Einschätzung der Botschaft der Walt-Disney-Fassung des Grimm’schen Märchens darf nicht übersehen werden, dass der Zeichentrickfilm durch den typischen „fließenden“ Bewegungsstil Disneys, eine heitere Grundstimmung mit vielen komischen Momenten und spannungsgeladene Actionszenen hat und besonders für Vorschulkinder einen hohen Unterhaltungswert aufweist.

5.6 „Die dreizehnte Fee“ – kindliche Fantasien über Dornröschen

Nikolaus Heidelbach (2002) hat mit seinem Bilderbuch eine Märchenbearbeitung vorgelegt, bei der das Märchen als Rahmenhandlung fungiert, also vorausgesetzt wird. Der Text wird als Vorder- und Rückseite abgedruckt, sodass er zwar vorliegt, im Bilderbuch selber aber als bekannt vorausgesetzt wird.

Individuelle Bilder verdeutlichen die kindliche Verarbeitung

Der Inhalt der Bilderbuchgeschichte ist kurz erzählt: Eine Lehrerin hat ihrem ersten Schuljahr das Märchen vom „Dornröschen“ erzählt; die Kinder äußern sich auf einer einleitenden, bilderlosen Seite spontan und beurteilen aus einer realistischen Weltsicht das Gehörte. Hier wird nichts Neues erzählt, vielmehr Gewohntes wiederholt. Die eigentliche Verarbeitung des Märchens beginnt auf der nächsten Seite, wenn die Kinder am folgenden Tag über ihre Träume berichten, die sich alle auf die Feen beziehen und in individuellen Bildern die jeweilige kindliche Verarbeitung verdeutlichen.

Zwölf Kinder berichten von ihren Träumen auf jeweils einer Doppelseite. Jeder Traum steht für eine der guten Feen im Märchen; die

Abb. 37 Aus: Nikolaus Heidelbach: Die dreizehnte Fee.

Träume der Kinder sind aber keine paradiesischen Illusionen, sondern spiegeln ihre Ängste in teilweise erschreckenden Berichten mit den dazugehörigen Bildern wider. Einige davon seien exemplarisch aufgeführt.

Ein Schüler berichtet, er sei durch die Fee in eine Wachtel verwandelt worden, und diese hätte einen Kopf mit dem Gesicht einer Mitschülerin gehabt. Die rundliche Wachtel ruft bei ihm offensichtlich trotz des Bezuges zur Weiblichkeit keine Ängste hervor, erst das Gesicht einer Mitschülerin verdeutlicht, dass hier erste Beziehungen zum anderen Geschlecht thematisiert werden. Erst viel später darf sich auch die angesprochene Mitschülerin äußern, deren Fee sie in den entsprechenden Jungen mit deutlich männlichen Symbolen verwandelt. Beide Kinder äußern ein Unbehagen hinsichtlich ihrer Träume, und es gelingt ihnen auf diese Weise, unbewusste Ängste gegenüber einer nicht rational steuerbaren Entwicklung zu versprachlichen, die durch die Bilder symbolhaft illustriert werden.

Ein Junge beschreibt seine Fee als dicke Frau, die ihn so lange scharf anblickt, bis ihm am Körper Haare gewachsen sind, wie sie sein Vater hat. Die Fee ist mit entsprechend weiblichen Formen auf der gegenüberliegenden Seite dargestellt. Offensichtlich werden hier Sorgen verdeutlicht, ob das Ergebnis der eigenen Entwicklung den väterlichen Erwartungen standhalten kann.

Ein anderer Junge kann sich nicht entscheiden, ob seine Fee gut oder böse war. Jedenfalls hatte er zunächst Angst, aber dann hat sie ihn unter ihren Mantel genommen und keiner konnte ihm etwas tun. Dargestellt ist eine beschützende Fee, deren schwarze Arme und Hände allerdings etwas Bedrohliches haben, deren weite Röcke dem kleinen Jungen jedoch Schutz bieten – ein überdeutliches Symbol für eine nicht loslassende, klammernde Mutter.

Zwölf Träume werden berichtet; zwölf Mal erscheinen märchenhaft gestaltete Feen, die Verwandlungen bewirken, Ängste verdeutlichen und Realitäten verändern helfen. Im Märchen gibt es eine böse dreizehnte Fee; bei Heidelbach ist die dreizehnte Fee die Lehrerin, die nur einmal dargestellt wird, nämlich auf dem Einband, als unscheinbare junge Frau, wenig attraktiv, mit struppigen Haaren, Rautenpullover und blauer Hose. So sieht keine böse Fee aus, so sieht aber auch keine böse Lehrerin aus; vielmehr verkörpert sie die zurückhaltende, zuhörende Erzieherin, die den Kindern Raum lässt zur Darstellung ihrer Träume, die durch kaum wahrnehmbare Äußerungen signalisiert, dass sie die individuellen Verarbeitungsweisen der Kinder respektiert, dass sie Ängste teilt. Sie wirkt wie ein Katalysator für notwendige Entwicklungen bei den Kindern.

Das Märchen wird als Erzählanlass genommen

Heidelbach nimmt das Märchen als Erzählanlass und gestaltet seine kindlichen Verarbeitungsangebote in einer der Märchenstruktur angemessenen Weise. Jeder Traum, jede Fee, jede Handlung sind in einer fantastischen Welt angesiedelt, aber sie sind so gestaltet, dass der Intention des zugrundeliegenden *Dornröschen*-Märchens entsprochen wird. Auch Heidelbach zeigt die Notwendigkeit von Entwicklung auf, deutet an, dass Entwicklung individuell vollzogen werden muss und nicht ohne Ängste denkbar ist. Er geht aber einen Schritt weiter als die Grimm'sche Vorlage: Heidelbach individualisiert die Botschaft des Märchens für einzelne Kinder, indem er für jeden Traum eine einmalige Fee kreiert, die zwar über jeweils differente Formen verfügt, die aber deutlich an die Symbole der Märchensprache anknüpfen. Damit werden die im Märchen zeitlos problematisierten Entwicklungsnotwendigkeiten für Kinder von heute erfahrbar, weil sie in für sie angepassten Formen individuell formuliert werden. Solche individuellen Reaktionen auf Märchen können auch im Kindergarten erprobt werden, in Gesprächen, in Bildern, im Verkleidungsspiel. Es würde dann schnell deutlich werden, dass Kinder Märchen immer in biografischen Zusammenhängen erleben und sie auf ihre jeweilige Lebenssituation beziehen.

5.7 Kriterien für die Arbeit mit Märchen im Kindergarten

Das heutige Angebot an Märchenliteratur für Kinder ist breit gefächert. Es orientiert sich nicht nur an den *Kinder- und Hausmärchen* der Brüder Grimm in der Fassung von 1857; Kinder finden heute auch ein Angebot vor, das sich multimedial präsentiert und bei dem von dem Ursprungstext oft nicht mehr viel übrig geblieben ist. Illustrierte Märchenbücher, veränderte Filmfassungen wie die der Walt-Disney-Company, CD-ROM-Präsentationen u. v. a. machen die Auswahl für Eltern und für Erzieher/innen schwierig.

Zu unterscheiden ist zunächst zwischen Produktionen, die sich direkt auf Märchenvorlagen beziehen – hierzu gehören Märchenverfilmungen, auditive Medien wie Kassetten und CDs mit erzählten oder vorgelesenen Märchen, Video- und Computerspiele, in denen ein Märchen bearbeitet wird etc. – und solchen Angeboten, die Märchenelemente ohne Verweis verwenden; Beispiele dafür sind Fernsehserien wie „Power Rangers" oder „Mystic Knights", in denen häufig Märchenelemente benutzt werden, ohne dass das verwandte Märchen erkannt werden kann.

Entwicklungsspezifische Themen sollten enthalten sein

Für die Arbeit im Kindergarten scheint es wichtig, dass solche Märchen ausgesucht werden, in denen die entwicklungsspezifischen Probleme von Kindern vorkommen, d. h. dass sich die Kinder mit ihren Fragen und Gefühlen wiederfinden können. Hier sind es vor allem die bekannten Grimm'schen Märchen wie „Aschenputtel", „Dornröschen", „Schneeweißchen und Rosenrot", „Der Eisenhans", „Schneewittchen", „Hänsel und Gretel", „Rotkäppchen", die Kindern Möglichkeiten anbieten, unbewusst Probleme ihrer individuellen psychischen Entwicklung zu bearbeiten, aber auch Vertrauen in die Welt zu gewinnen, Gutes von Bösem unterscheiden zu lernen und mit eigenen Ängsten und Aggressionen fertig zu werden.

Folgende Fragestellungen können den Erziehern/innen bei der Auswahl von Märchen und Märchenfassungen Orientierungshilfe geben.

Werden die uralten Weisheiten des Märchens an die nachwachsende Generation weitererzählt?

Ob Buch, Comic, Film oder TV-Serie: Zu prüfen ist, ob die ursprüngliche Märchenbotschaft erhalten geblieben ist. Die Walt-Disney-Version von Dornröschen macht deutlich, dass ein Handlungsablauf, der sich in vielen Elementen an einer Märchenversion orientiert, die eigentliche Botschaft des Märchens verfälschen kann. Bei Walt Disney wurde aus dem Entwicklungsmärchen eine gelungene Unterhaltungsshow. Ein anderes Beispiel für einen unangemessenen Gebrauch von Märchen sind Janoschs Umdichtungen. (Janosch 1991) Er macht aus den Märchen mit viel Sendungsbewusstsein emanzipatorische Texte und Bilder – allerdings bleibt von den jeweiligen Märchenbotschaften nichts übrig. Die Märchen und ihr Entwicklungspotenzial gehen damit verloren.

Bleibt die Struktur des Märchens erhalten?

Märchen haben eine eigene Struktur, deren Elemente zwar nicht vollständig in jedem Märchen zu finden sind, aber ein Märchen verliert seinen Charakter, wenn es in eine andere Form gepresst wird. Wichtig sind in vielen Märchen die Eindimensionalität und die Dreierstruktur. Bei einem Computerspiel wie „Schneewittchen und die sieben Hänsel" (Pingel 1996), das aus Kostengründen, aus Zeitgründen oder um des Spaßes willen auf die dreimalige Wiederholung bestimmter Handlungsfolgen, auf das Wunderbare und die Eindimensionalität verzichtet und zudem eine beliebige Konstruktion von vorgegebenen Handlungselementen zulässt, bleibt vom Ursprungsmärchen nichts übrig. – Durch einen Film wie die DDR-Verfilmung von „Der Froschkönig" (Regie: Walter Beck, DEFA 1988), der das eigentliche Märchen weiterführt, und zwar strukturgleich zur Grimm'schen Vorlage, kann gezeigt werden, dass auch moderne Medien wie der Film ein Märchen mit seiner Botschaft in neuer, erweiterter Form präsentieren können.

Werden die Symbole dem Märchen angemessen und für Kinder verständlich eingesetzt?

Symbole gehören zu den wichtigsten sprachlichen Mitteln der Märchenliteratur. Durch sie werden Weisheiten von einer Generation zur anderen tradiert und somit erhalten, auch wenn sich die historischen Kontexte verändert haben. Solche Symbole sind z. B. der Bär als Verkörperung des Männlichen in „Schneeweißchen und Rosenrot“, die Samenkörner (Linsen und Erbsen), die „Aschenputtel“ auslesen muss, ehe sie zum Ball darf als Zeichen, dass eine verborgene Entwicklung stattfinden muss, oder die hässliche Tierhaut, die die „Gänsemagd“ um Mitternacht am Brunnen fallen lässt und so demonstriert, dass ideelle Güter höher stehen als materielle. Werden diese Symbole weggelassen oder verändert, kann die eigentliche Märchenintention verloren gehen.

Im Kindergarten sollten Märchen neben anderen literarischen Gattungen einen festen Platz haben. Wie die Auseinandersetzung mit Märchenstoffen und Märchenfassungen verläuft, hängt vom kognitiven, emotionalen und sozialen Entwicklungsstand der Kinder ebenso ab wie von den situativen Gegebenheiten. Folgende Umgehensweisen bieten sich an.

Erzählen und Zuhören

Da Märchen ursprünglich mündlich tradiert wurden, sind das Erzählen und Zuhören auch heute noch zentrale kulturelle Erfahrungen, die sich am Märchen gewinnen lassen. Die Erzählsituation kann nicht nur Märchen zugänglich machen, sondern auch das Hörverständnis und die Fantasie positiv beeinflussen. Für die Erzieher/innen bleibt beim Erzählen die Möglichkeit, auf kindliche Bedürfnisse und Ängste situationsangemessen zu reagieren. – Als Alternative bietet sich das Vorlesen an, das aber immer nur ein Ersatz für den persönlichen Bezug ist, den das Erzählen herstellt. In jedem Fall sollte der/die Erzieher/in sowohl das Erzählen als auch das Vorlesen des Märchens durch Modellieren der Sprache, durch Pausen, durch Heben und Senken der Stimme, durch Regulierung der Lautstärke, durch Gesten und durch Blickkontakt spannend und einfühlsam gestalten.

Geburtstagsmärchen

Jedes Kind, das Geburtstag hat, darf sich ein Märchen wünschen, das die Erzieherin dann erzählt/vorliest. Für die Erzieherin ergibt sich dabei ganz nebenbei die Möglichkeit, u. U. Einblicke in die Entwicklung und/oder derzeitigen Probleme des Kindes zu bekommen.

Märchen spielen und gestalten

Alle kindlichen Verarbeitungsformen sollten in der Auseinandersetzung mit Märchen ihren Platz haben und kreative, fantasievolle und individuelle Ausgestaltungen ermöglichen. Hier spielt das Einhalten der Vorlage eine untergeordnete Rolle gegenüber der Entfaltungsmöglichkeit im Spiel oder beim Malen. Das Rollenspiel (z. B. beliebter Märchenfiguren) oder die malerische Umsetzung bestimmter Märchenszenen können helfen, kindliche Fantasien und Projektionen sichtbar zu machen; auch hierbei werden den Erziehern/innen so Einblicke in möglicherweise wichtige Entwicklungsprozesse einzelner Kinder gewährt. Das Märchen wäre in diesen Arbeitszusammenhängen dann eher Anlass und Auslöser, um eigene Empfindungen des Kindes sichtbar zu machen.

Mediale Märchenfassungen untersuchen

Wenn andere als mündliche oder gedruckte/geschriebene Versionen der Märchen ins Blickfeld geraten (z. B. weil aktuell eine Fernsehserie wie „Simsalagrimm" läuft), dann sollten die medialen Präsentationen so ausgewählt sein, dass die ursprüngliche Form erhalten bleibt und gleichzeitig die Kinder die Möglichkeit haben, sich die Figuren, Handlungsorte etc. fantasievoll vorzustellen. Dass hier auditive Formen zu bevorzugen sind, die nur durch die Stimme des Sprechers/der Sprecherin und durch Hintergrundgeräusche vorinterpretiert sind, ist einsichtig.

Resümee

Märchen als eine der ältesten literarischen Überlieferungen enthalten uraltes Wissen, das uns heute als Rest einer mythischen Weltinterpretation erscheint. Sie sind nur bedingt rational-analytisch erschließbar und präsentieren sich Kindern und Erwachsenen als Angebot, unbewusst Entwicklungen zu wagen, Gutes von Bösem unterscheiden zu lernen, das Gleichgewicht des Männlichen und Weiblichen herzustellen, existentielle Fragen zu stellen u. v. a. Durch ihre einfache und gleichzeitig symbolisch verdichtete Form bereiten sie Kinder gleichzeitig auf die Teilnahme am literarischen Leben vor. Märchen gehören deshalb zum festen Kanon der Vorschulerziehung; ihre methodische Aufbereitung sollte so erfolgen, dass sie in ihrer Form weitgehend erhalten bleiben und damit die Botschaft von den Kindern unbewusst rezipiert werden kann.

Literatur

Primärliteratur

Grimm, Jakob und Wilhelm (1964): Kinder- und Hausmärchen. Wilhelm Goldmann Verlag: München

Heidelbach, Nikolaus (2002): Die dreizehnte Fee. Beltz: Weinheim und Basel

Walt Disney (1993): Dornröschen. Schneider: München

Sekundärliteratur

Bettelheim, Bruno (1977): Kinder brauchen Märchen. Deutsche Verlagsanstalt: Stuttgart

Hetmann, Frederik (1999): Märchen und Märchendeutung. Erleben und verstehen. Königsfurt Verlag: Klein Königsförde

Jacoby, Mario (1994): Märcheninterpretation aus der Sicht C. G. Jungs. Allgemeine Überlegungen zu einer tiefenpsychologischen Hermeneutik. In: Jacoby, Kast und Riedel (Hrsg.): Das Böse im Märchen. Herder: Freiburg, S. 12–23

Kaminski, Winfred (1997): Vom Zauber der Märchen. Ein pädagogischer Leitfaden zu den Sammlungen der Brüder Grimm. Matthias-Grünewald-Verlag: Mainz

Leach, Edmund (1971): Claude Lévy-Strauss: Deutscher Taschenbuch Verlag: München

Lüthi, Max (1962): Es war einmal. Vom Wesen des Volksmärchens. Sammlung Metzeler: Stuttgart

Mazenauer, Beat und Severin Perrig (1995): Wie Dornröschen seine Unschuld gewann. Kiepenheuer

Petzoldt, Leander (2000): Märchen, Mythen und Sagen, in: Günther Lange (Hrsg.): Taschenbuch der Kinder- und Jugendliteratur, Bd. I, S. 246–266, Schneider Verlag: Hohengehren

Solms, Wilhelm (1999): Die Moral von Grimms Märchen. Wissenschaftliche Buchgesellschaft: Darmstadt

Von Franz, Marie-Louise (1999): Zur Methode der Jungschen Märchendeutung. In: Hetmann, Frederik: Märchen und Märchendeutung. Königsfurt Verlag: Klein Königsförde, S. 69–76

Teil III:

Kinderliteratur im Medienverbund

1 Literaturverfilmungen

Sabine Wallach

Charakteristisch für den gegenwärtigen kindlichen Alltag ist die zunehmende, sich vor allem technisch beschleunigende Differenzierung des Medienangebots. Schon fast traditionelle Formen der visuellen Kultur wie Kinofilm, Fernsehen oder Videospiel werden erweitert durch so genannte Neue Medien, wie interaktive Computerspiele, DVD oder das Internet. Visuelle Medien in ihrer komplexen technischen und ästhetischen Vielfalt und Vernetztheit sind wesentlicher Teil der Weltwahrnehmung und -aneignung. Sie werden von Kindern häufig autonom, selektiv und versiert genutzt. Unstrittig ist, dass Medien, gerade auch Film- und Fernsehangebote, eine wichtige Funktion für die kindliche Identitätsbildung, für soziale Interaktion, Kommunikation und Rollenverständnis, sowie für individuelle Symbolbildung und Wissensaneignung haben (vgl. von Gottberg 1997, S. 63).

Visuelle Medien sind Teil der Weltaneignung des Kindes

Für den pädagogischen Umgang mit Medien im Kindergarten ist es wichtig, Kinder dort „abzuholen", wo sie stehen, denn der Umgang mit Medienhelden und Medieninhalten, aber auch das sichtbare Nutzungsverhalten sind häufig Indikatoren dafür, wie Kinder sich fühlen, was sie in ihrer aktuellen Lebenssituation beschäftigt. Medienerlebnisse zum Anlass für die aktiv-spielerische bzw. handelnde Auseinandersetzung zu machen und Kinder so bei der Aneignung von Wirklichkeit zu begleiten und zu unterstützen, kann eine der wesentlichen Aufgaben von Medienerziehung in Kindertageseinrichtungen sein. Gleichzeitig kann der Kindergarten zu einem Ort *ästhetischen Lernens* werden, indem eine angeleitete Auseinandersetzung mit visuellen Medien stattfindet, das Erlernen des „Lesens" dynamischer Bilder, der Erwerb von Rahmungskompetenz, also das Unterscheiden von Wirklichkeitsebenen, sowie die Reflexion der Identifikationsangebote und Symbolisierungen. All dies gehört zur Aneignung des „ästhetischen Raums" (Baacke 1998, S. 3).

Kinder bei der Aneignung von Wirklichkeit begleiten

Ebenso wie Kinder, haben auch Erzieher/innen eigene, zeit- und kulturbedingte Medienbiografien, die sich einerseits von denen heutiger Heranwachsender unterscheiden, weil sich die kulturellen Angebote und Formate verändert haben. Andererseits dürften aber auch vergleichbare Bedeutungszuweisungen im Rahmen der Sozialisation erfolgt sein (vgl. Kap. I.1). Die Auseinandersetzung mit Medien, gerade auch dem Kinderfilm, der als Literaturverfilmung schon immer wesentlicher Teil kindlicher Mediensozialisation war, kann im Kindergarten einen besonderen, generationsübergreifenden, wenn nicht sogar vermittelnden Stellenwert einnehmen und zum gemeinsamen, gegenseitigen Lernen beitragen.

1.1 Einige geschichtliche Aspekte

Die Geschichte des Kinderfilms ist vor allem eine Geschichte der Literaturverfilmung. Kinderliterarische Texte, ob Erzählung, Bildergeschichten oder auch Märchen haben von Beginn an als Quelle für filmische Übersetzungen (die sich zunächst vorwiegend an ein erwachsenes Publikum richteten) gedient. Das lag zum einen sicher an einem Mangel an qualitativ hochwertigen Drehbüchern, zum anderen aber auch an der Popularität einer Vorlage, die rückwirken sollte auf eine breitere Rezeption des Films. Gerade für den Kinderfilmbereich ist diese Wechselwirkung bzw. der gegenseitige Imagetransfer bis heute charakteristisch. Die klassischen wie aktuellen Verfilmungen, z. B. Erich Kästners „Doppeltes Lottchen", Paul Maars „Sams" oder Sven Nordqvists „Pettersson und Findus", tragen dazu bei, dass Bücher, Autoren und Stoffe populär bleiben und sich wiederum als Buch verkaufen. Die Tendenz, die Spirale des Erfolges weiter zu drehen, dem erfolgreichen Roman über Remakes mehrfach erfolgreiche Filme folgen zu lassen, ist ungebrochen.

Der Medienmarkt setzt auf bewährte kinderliterarische Vorlagen

Trotz rasanter technischer Entwicklungen und einer fast unüberschaubaren Fülle von Produktionen und Produkten multimedialer Verwertung fällt die gleichzeitige Stagnation und Wiederholung bei der Aufbereitung von Themen, Motiven und Figuren auf. Schaut man sich Verkaufslisten bzw. Ausleihkataloge im Bereich Kinderfilm/Video, DVD oder Tonkassetten und CD an, zeigt sich, dass Produzenten und Rezipienten hier ganz auf Kontinuität setzen. Seit Jahrzehnten wird auf bewährte, klassische kinderliterarische Vorlagen und Bilderbücher, auf bewährte Erzählmotive und Figuren als Grundlage medialen Erzählens für jüngere Kinder zurückgegriffen; Astrid Lindgrens „Pippi Langstrumpf" aus den 60er Jahren, Waldemar Bonsels „Die Biene Maja" aus den 70er Jahren, Janoschs „Tiger und Bär" aus den 80er Jahren oder Hans de Beers „Der kleine Eisbär" aus den 90er Jahren sind nach wie vor im Kinderkino und Kinderzimmer präsent. Inhalte und

Motive im kinderkulturellen Bereich lassen sich offenbar nicht unendlich vermehren.

Da der sich technisch verzweigende Markt aber nach immer Neuem verlangt, kann der Stoffmangel nur durch den Verbund mehrerer Medien befriedigt werden. D. h. Themen und Figuren, die erfolgreich waren, werden z. B. in Trickfilmserien, Fernsehclubsendungen, Hörbüchern oder Computerspielen vermarktet. „Merchandising", also der Verkauf von Nebenrechten im Medienverbund, die zur Produktion von Konsumartikeln, wie Spielzeug, Postern oder Kleidung berechtigen, ergänzt die umfassenden Verkaufsstrategien der Kinderkulturindustrie.

„Merchandising": die Vermarktung populärer Themen und Figuren im Medienverbund

Das Festhalten an Vertrautem liegt aber auch an der ständig wiederholten Forderung nach entwicklungsfördernder Wirkung oder nach „kindgemäßer" Struktur von medialen Produktionen. Dies wird von Seiten vieler Erwachsener immer noch mit Einfachheit und Beschwichtigung statt mit Komplexität und Wahrheit gleichgesetzt (vgl. Thiele 2003, S. 189). Dieser bewahrpädagogische Ansatz behindert nachhaltig die Diskussion um eine bildsprachliche wie thematische Öffnung und Aktualisierung medialer Inhalte auch für Kindergartenkinder.

Erfahrungen in der Kinderkinoarbeit zeigen, dass Filme realistischen Inhalts, die in aktueller Bildsprache erzählen, vor allem bei Eltern, die ja ihre Kinder ins Kinderkino begleiten, kaum auf Resonanz stoßen. Eltern begeistern sich vielmehr für Filme, in denen Kindheit vor allem als medienfreie Wirklichkeit dargestellt wird, als ländlichheitere Idylle, die weitgehend frei ist von Störungen, von gravierenden Konflikten der Alltagswirklichkeit. Der Wunsch, unbeschwerte „Ferien auf Saltkrokan" zu verleben oder mit Janosch eine Reise nach Panama zu machen, spiegelt vor allem Sehnsüchte von Erwachsenen nach einer *medial* vermittelten Fiktion von einer heilen Welt (vgl. Erlinger 1997, S. 118). Überdies erklärt die Idealisierung von Medienerfahrungen der eigenen Kindheit sowie die häufig zu hörende Sorge vor einer fantasieeinengenden oder konzentrationsschwächenden Wirkung visueller Medien als „Wirklichkeit aus zweiter Hand", warum sich Pädagogen/Pädagoginnen vielfach noch immer distanziert gegenüber neuen medialen Tendenzen, Inhalten wie formalen Entwicklungen verhalten. Das blockiert zum einen letztlich die Aktualität und Innovation des Genres. Zum anderen bringt es Kinder häufig in einen Loyalitätskonflikt zwischen ihren eigenen Bedürfnissen (auch der großen Faszination, die bewegte Bilder auslösen), dem Medienalltag in der Familie sowie den Medien ausgrenzenden Verhaltensnormen in Kindergarten und Grundschule (vgl. Maier 1997, S. 13).

Auch Erzieher/innen sollten ihre Medienerfahrungen aufarbeiten

Aus diesen Gründen ist es gerade in der pädagogischen Arbeit wichtig, dass sich Erzieher/Erzieherinnen ihrer eigenen Vorstellungen, Erwartungen und Befürchtungen in Bezug auf Film und Fernsehen bewusst sind und sich offen auch mit neuen Tendenzen in der Kinderfilmlandschaft auseinander setzen.

1.2 Wie Kinderliteratur in das Medium Film übertragen wird

Kinderfilme sind neben der Bilderbuch- bzw. Kinderbuchkultur Teil früher kindlicher Medienerfahrungen. Gemeint sind hier Real- oder Animationsfilme (vom Kurzfilm von ca. 5–20 Min. Länge bis zu Langfilmen um 90 Min. Länge), die zwar in erster Linie für das Kino produziert, aber auch über das Fernsehen verbreitet bzw. über Video und DVD vermarktet werden. Der Kinderfilm ist kein Genre, bezeichnet also keine Stoff- oder Motivkomplexe, sondern definiert sich in erster Linie durch seine Adressierung und Erzählperspektive. Er ist ein für Kinder gemachtes, unterhaltendes und/oder kindliche Wirklichkeit reflektierendes, bewegtes visuelles Medium, das auf kindliche Wahrnehmung bzw. kindliches Auffassungsvermögen besondere Rücksicht nimmt. Literaturverfilmungen, Fantasyfilme, problemorientierte Filme, Abenteuerfilme, Komödien, Krimis u. v. m. können demnach Kinderfilme sein. Die Literaturverfilmung bezieht sich auf Themen, Motive und Figuren aus kinderliterarischen Werken wie Bilderbuch, Kindererzählung und Roman (vgl. Sahr 2000, S. 608).

Bei der Verfilmung von Literatur findet ein doppelter Medienwechsel statt

Bei der Verfilmung von Literatur findet ein doppelter Medienwechsel statt, zum einen technisch vom Buch zum Film, zum anderen formal durch die Übersetzung in eine andere Kunstform, vom spezifisch literarischen zum filmischen Erzählen (vgl. Paech 1998, S. 450). Für diesen Transfer, die Verfilmung von fiktionalen Texten für Kino und Fernsehen, wird meist der Begriff der Adaption, also Anpassung, benutzt, deren unterschiedliche Typologien im Folgenden vorgestellt werden.

1.2.1 Konzepte filmischer Adaptionen

Adaption als Verarbeitung von literarischem Rohstoff

Filmadaption: das Buch als Vorlage für einen Film

Wird die literarische Vorlage lediglich als Stofflieferant genutzt, entstehen Produktionen, die „nach Motiven" inszeniert wurden (vgl. Gast 1993, S. 47). Figurenkonstellationen und Dramaturgie des Buches werden zwar als grobe Handlungsimpulse genutzt, aber zu einer weitgehend autonomen Geschichte verarbeitet. So ist Sandors Jesses Film „Der Aufstand der Tiere oder Die Neuen Bremer Stadtmusikanten" (1995) in Anlehnung an das gleichnamige Bilderbuch von Jörg Müller und Jörg Steiner ein Beispiel für einen freien Umgang mit Märchenmotiven der Brüder Grimm. Das Bilderbuch und der Kombinationsfilm aus Real- und Trickfilmelementen erzählen die auf unsere Zeit und Medienwelt übertragene Geschichte der vier Freunde Eule, Panda, Krokodil und Pinguin, die gegen ihre Rolle als Werbefiguren rebellieren und sich, inspiriert von Grimms Märchen, auf die Reise nach Disneyland machen, um dort Stadtmusikanten zu werden. Mit der Umdichtung des Märchens zu einem sich selbst reflektierenden, mediale Wirklichkeitsebenen und mediale Erfahrungen spiegelnden Produkt, setzen sich Buch und Film nicht nur mit dem Thema Schein und Sein auseinander, sondern auch mit Erwartungen, Träumen und Utopien, die an Märchen und Medien geknüpft werden.

Abb. 38 Krokodil, Eule, Panda und Pinguin im Fernsehstudio. Standbild aus dem Kombinationsfilm „Aufstand der Tiere oder die Neuen Bremer Stadtmusikanten" (1995), MATTHIAS-FILM gem. GmbH, Stuttgart

Adaption als Illustration

Die *Adaption als Illustration* ist gerade im Kinderfilmbereich immer noch sehr häufig vertreten und bezieht sich auf Filme, die sich lediglich auf die Bebilderung der literarischen Vorlage beschränken und dabei die Eigengesetzlichkeiten von Film und Literatur vernachlässigen. Sichtbar wird dies z. B. am Märchenfilm der 50er Jahre, der auf eine statische, additive Filmsprache und zeitbedingte klischeehafte Dramaturgie setzte. Aber auch neuere Verfilmungen, gerade auch nach Bilderbüchern, nutzen die Vorlage als Stofflieferant, ohne die Eigenschaften des Films als selbstständiges Ausdrucksmittel zu berücksichtigen. Die beliebten Janosch-Filme, wie z. B. „Oh, wie schön ist Panama" (1985), belassen es weitgehend bei der Übertragung der vorgegebenen Buchillustrationen in bewegte Bilder und potenzieren die inhaltliche wie ästhetische Rückwärtsgewandtheit durch langsames, fast beschauliches Erzählen, sodass sich die Frage nach der Legitimation von Verfilmung stellt. Dieser eher illustrative Umgang mit filmischen Mitteln prägt den Ruf des Kinderfilms als künstlerisch-ästhetisch anspruchsloses, nicht ernstzunehmendes Medium bis heute.

Buchillustrationen werden in bewegte Filmbilder übertragen

Adaption als Transformation

Eine weitere Kategorie ist die Adaption als interpretierende Transformation, bei der die spezifische Wirkungsweise der filmischen Mittel besonders berücksichtigt wird (vgl. Gast 1993: S. 48). Transformation bedeutet die Übersetzung von einem Zeichensystem in ein anderes, sodass ein analoges Werk entsteht. Unter Analogie wird nicht die „wörtliche" Übersetzung in eine bildliche Sprache verstanden, sondern der bewusste Einsatz filmischer und visueller Gestaltungsmittel (z. B. Kulissen, Bewegung, Kameraeinstellung, Perspektive, Ton, Farbe). Es geht also darum, die wesentlichen Aspekte eines „Textes" mit den Mitteln des Films herauszustellen. Damit wird der Text auch gleichzeitig interpretiert. Die inhaltliche und formale Ausgestaltung des Transformationskonzepts, d. h. die „Brille", durch die ein literarischer Text gesehen wird, kann unterschiedliche Aspekte fokussieren, z. B. den Schwerpunkt auf historische, politische, gesellschaftliche oder psychologische Einstellungen legen. Ein Beispiel für eine psychologisierende Interpretation einer literarischen Vorlage ist Karin Brandauers Märchenverfilmung „Aschenputtel" (1989) (vgl. Kapitel II.5). Zwar hält sich Brandauer eng an den Handlungsrahmen der Vorlage, konzentriert sich bei der Umsetzung

Filmische Gestaltungsmittel interpretieren einen Text

aber vor allem auf die innere Befindlichkeit der Hauptfigur. Die psychologische Motivation ihres Verhaltens, die Gefühlswelt Aschenputtels werden dabei durch verschiedene Gestaltungsmittel symbolisiert. Verfremdende Farben, Töne, extreme Perspektiven, die Gestaltung von Kulissen und Requisiten werden genutzt, um Empfindungen, Machtverhältnisse oder die Sehnsucht nach Regression zu verdeutlichen. Die filmischen Mittel werden wie eine Sprache gebraucht, um tieferliegende, unsichtbare Schichten des schriftlichen Textes zu verbildlichen. Märchentext und Märchenfilm sind hier eigenständige Werke, die unterschiedliche Botschaften und Deutungen zulassen.

Die filmischen Mittel werden wie eine Sprache gebraucht

1.2.2 Gestaltungsformen des Films

Neben Fragen der medienspezifischen Transformationskonzepte, die das Verhältnis von Buch und Film prägen, spielen besonders auch formale bzw. gestalterische Aspekte, die im Folgenden kurz erläutert werden, eine wesentliche Rolle für die Beurteilung des Kinderfilms.

Der Animationsfilm

Der Animationsfilm (Anima = lateinisch: Seele), oft auch als Trickfilm bezeichnet, ist die generelle Bezeichnung für Filme, die mit verschiedenen unbelebten und z. T. auch unbeweglichen Ausgangsmaterialien hergestellt worden sind (vgl. Rother 1997, S. 20). Gemeint ist hier die filmische Arbeit mit:

- Puppen (Beispiel: Ferdinand Diehl nach den Brüdern Grimm: „Die Bremer Stadtmusikanten“, D 1970, 17 Min.)
- Knetfiguren (Beispiel: Otmar Gutmann: „Pingu baut einen Iglu“, D 1991, 5 Min.)
- Zeichnungen/Malerei/Legetrick (Beispiel: Otfried Preußler: „Das kleine Gespenst“, D 1992, 86 Min. oder Jürgen Egenolf nach Janosch: „Komm, wir finden einen Schatz“, D 1981, 18 Min.),
- Scherenschnitten (Beispiel: Lotte Reiniger: „Aschenputtel“, GB 1954, 10 Min.).

Bewegungsphasen werden per Einzelbildschaltung mit einer Filmkamera aufgenommen. Dabei werden die Objekte für jede Aufnahme leicht verändert bzw. in eine neue Position gebracht, die ein Bewegungsstadium darstellt. Das schnelle Abspielen der Einzelbilder (24 Bilder pro Sekunde) lässt die Phasenbilder dann bewegt erscheinen.

Bei der Computeranimation werden die Bewegungsphasen rechnerisch ermittelt. Besonders Bilderbücher oder erzählende Literatur, deren Inhalte sich auf Fantasieräume, Märchenhaftes, Traumhaftes beziehen, werden als Vorlage für Animationsfilme genutzt. Die Ästhetik der bildnerischen Vorgaben der Originalwerke bleibt meist – aus Gründen der Wiedererkennbarkeit – erhalten.

Der Realfilm

Realfilme sind Spielfilme, die inszenierte, für den Film gestaltete Wirklichkeit abbilden und in denen Schauspieler agieren (Beispiel: Johanna Hald nach Astrid Lindgren: „Lotta zieht um", Schweden 1993, 80 Min.). Vorlagen für Realfilme sind meist literarische Texte, die sich auf die Alltagrealität von Kindern beziehen, aber auch Fantasyfilme und Märchenfilme.

Mischformen

Gerade im Kinderfilmbereich kommen Mischformen von Real- und Animationsfilm, so genannte *Kombinationsfilme*, häufig vor. Darunter versteht man Filme, bei denen Schauspieler gemeinsam mit gezeichneten oder gemalten Figuren sprechen und agieren. (Beispiel: Sandor Jesse: „Der Aufstand der Tiere oder Die neuen Bremer Stadtmusikanten", D 1995, 25 Min.)

1.3 Bücher und Filme im Vergleich – zwei Fallstudien

Für den Einsatz im Kindergarten müssen Buch und Film auf die Wahrnehmungs- und Verarbeitungsfähigkeiten von Kindern abgestimmt sein. Da die Reaktionen auf die medialen Erlebnisse stark differieren können, ist eine Sichtung bzw. eine inhaltliche und formale Analyse beider Medien auch für die Planung der nachbereitenden Aktivitäten notwendig. Nur so kann der Einsatz von Buch und/oder Film auf den kindlichen Entwicklungsstand, auf Tagesform und Gruppensituation bezogen (vgl. Näger 1992, S. 75) werden und nur so können Kinder bewusst mit medialen Inhalten und ihren ästhetischen Formen vertraut gemacht werden.

Kennzeichen des Films ist, dass er sowohl den Sehsinn als auch den Hörsinn anspricht. Filme enthalten u. a. Bild, Bewegung, Sprache, Musik, Geräusche aus dem OFF (deren Quelle außerhalb des Bildes liegt), also eine Vielzahl von ästhetischen Entscheidungen und konkreten Informationen, die nach vorgegebenem Tempo wahrgenommen werden. All dies belässt der literarische Text im Gegensatz dazu im Abstrakten. Die Visualisierung eines wortsprachlichen Begriffs für den Realfilm bzw. Spielfilm zwingt zu einer konkreten bildlichen Aussage, sodass viele Aspekte eines Gegenstandes (z. B. Kulissen, Requisiten, Kleidung, Orte, Aussehen, Mimik und Gestik der Figuren) hinzuerfunden werden müssen. Da dem Text oft nicht zu entnehmen ist, wie sich der Autor einen Handlungsort, einen Gegenstand, eine Figur genau vorstellt, ist die filmische Umsetzung eines geschriebenen Wortes immer auch zeitabhängige Interpretation durch die Filmemacher. Wesentlich für die verstehende Wahrnehmung eines Films ist nicht nur die Entschlüsselung der Bildinhalte, sondern auch der filmischen Gestaltungsmittel, wie Kameraperspektive und Bewegung oder Einstellungslänge und Größe. Auch Besonderheiten der filmischen Montage, z. B. Rückblenden, lineares, d. h. durchgängiges oder fragmentiertes, „auslassendes" Erzählen, können wichtige filmische Mittel sein.

Was der Text offen lässt, setzt der Film in konkrete Bilder um

Literatur und Film sind, das zeigt der kurze Vergleich, eigenständige Zeichensysteme, die sich inhaltlich und dramaturgisch aufeinander beziehen und die, aufgrund ihrer unterschiedlichen ästhetischen Struktur und Wirkung, keiner Hierarchie unterliegen.

Literatur und Film sind eigenständige Zeichensysteme

Im Folgenden sollen ein erzählendes Kinderbuch, das sich auch an jüngere Kinder wendet, sowie ein erfolgreiches Bilderbuch mit ihren filmischen Adaptionen verglichen werden. Beispielhaft werden sie auf ihre thematischen Schwerpunktsetzungen, auf ihren inhaltlichen Bezug zur kindlichen Lebenswirklichkeit und ihre medienspezifische Ästhetik hin untersucht; Vorschläge zur pädagogischen Auf- und Nachbereitung im Kindergarten runden die Einzelbesprechungen ab. Die aufgezeigten Analysewege dienen jedoch lediglich als Orientierungshilfe für Erzieher/Erzieherinnen.

Die hier vorgestellten Beispiele erzählen aus kindlicher Perspektive vom inneren und äußeren Erleben, von Problemen, Gefühlen, aber auch Wünschen und beziehen Konfliktlösungen in ihr narratives Konzept ein. Sie transportieren so handlungsleitende Themen, die Gesprächs- und Spielanlass oder Auslöser für ästhetische Praxis sein können.

1.3.1 Spielfilme nach Kinderbüchern – „Kannst du pfeifen, Johanna?"

Besonders der Spielfilm kann gemäß dem situationsorientierten Ansatz im Kindergarten direkt an konkrete Erfahrungen der Kinder anknüpfen, Gegenentwürfe und Möglichkeiten der Beurteilung von Erlebtem, aber auch Konfliktlösungsstrategien anbieten. (Vgl. Aufenanger 1992, S. 11) Daher werden auch in erster Linie Kinderbücher, die sich auf Alltagsrealität und Alltagserfahrungen beziehen, in Spiel- bzw. Realfilme übertragen.

Inhalt

„Kannst Du pfeifen, Johanna?“ erzählt von Berra und Uffe, zwei sieben Jahre alte Jungen, die beschließen, für Berra einen Opa „zu adoptieren“, mit dem man viele schöne Dinge erleben kann und der vielleicht auch das Taschengeld etwas aufbessert. In einem Altenheim treffen sie auf den leicht verwirrten Nils, der sich anfänglich gegen seine neue Rolle sträubt, nach und nach aber die Vorzüge genießt, einen „Enkel“ zu haben, denn er ist nun nicht mehr allein. Aus der anfänglichen Zweckfreundschaft entwickelt sich ein inniges Verhältnis, das geprägt ist von zunehmendem Verständnis und Zuneigung. Kurz nachdem Opa Berra das Pfeifen beigebracht hat, stirbt der alte Mann.

Abb. 39 Berra und sein „Opa“. Standbild aus dem Film „Kannst du pfeifen, Johanna?“ (1995) MATTHIAS-FILM gem. GmbhH, Stuttgart

Der Bezug zum Kind

Das Thema des problemorientierten Buchs bzw. des 55minütigen Films, das Bedürfnis nach Zuwendung, Orientierung und Geborgenheit, ist eng mit der Alltagswirklichkeit von Kindern verknüpft. Freundschaft wird hier als eine unkonventionelle, generationsübergreifende Beziehung beschrieben, anhand derer die unterschiedlichen Wahrnehmungs- und Gefühlswelten von alten Menschen und Kindern entwickelt werden. Beide Generationen können, wenn sie sich respektieren und ernst nehmen, voneinander profitieren. Soziales Lernen, Modelle für Verhaltensweisen in Beziehungen und grundlegende Werte und Normen, die für ein respektvolles Miteinander notwendig sind, werden hier vermittelt. Hinzu kommt ein im Kinderbuch und -film eher tabuisierter Bereich: die Darstellung von Tod und Verlust. In dieser Geschichte werden Kinder sehr behutsam an das Thema herangeführt, denn der Tod wird hier nicht als einschneidende Katastrophe dargestellt, sondern ohne Sentimentalität als Teil eines natürlichen Lebensprozesses.

Ein in Kinderbuch und -film tabuisierter Bereich: Tod und Verlust

Wie Buch und Film erzählen

Buch und Film erzählen episodenhaft und sind sich in der grundlegenden narrativen Struktur sehr ähnlich. Das Buch vermittelt die gegenseitige Annäherung von Jung und Alt vor allem über die sehr sachlichen Dialoge; die Beschreibung der Aktivitäten reduziert sich auf wenige Sätze. Erzählt wird aus der Perspektive Uffes, also aus der Außensicht, was zu einer distanzierten, manchmal ironischen Stimmung beiträgt. So muss zwischen den Zeilen „gelesen" werden, um die emotionalen Leerstellen mit eigenen Erfahrungen zu füllen. Das Buch verweist auf keine konkrete geschichtliche Zeit oder einen bestimmten Ort, sondern betont die Bedeutung gegenseitiger Akzeptanz als grundlegenden Teil menschlicher Beziehung.

Der Film verlagert die Geschichte in die 50er Jahre und erweitert die Handlung um einige Szenen, wodurch die langsame Annäherung, der Entwicklungsprozess, aber auch das Voneinanderlernen der Generationen betont wird. So zeigen Berra und Uffe dem Opa, wie ein Fernseher funktioniert. Der Opa dagegen baut mit den Jungen einen Drachen und versucht Berra das Pfeifen beizubringen. (Der Schlager: „Kannst du pfeifen, Johanna?" ist Auslöser für Berras Wunsch zu pfeifen.)

Die filmischen Mittel treiben nicht nur die Handlung voran, sie sind auch psychologische Ausdrucksmittel, die die Identifikation mit den Figuren erleichtern und die helfen, die Aussage des Films zu entschlüsseln. Durch Großaufnahmen der Gesichter wird Nähe hergestellt; sind die Kinder ausgelassen und übermütig, hüpft die Kamera mit ihnen und bezieht die Zuschauer in das Geschehen ein. Je stärker sich Berra und Opa emotional annähern, desto häufiger werden sie gemeinsam im Bild gezeigt. Neben der Musik, die durch ein trauriges und ein heiteres Motiv den filmischen Raum und die Figuren charakterisiert, unterstützt auch die poetische, farbliche Grundstimmung des Films die atmosphärische Wirkung der Bilder. Die anfänglich düstere, grau-blaue Farbigkeit im Altenheim weicht zunehmend einer heiteren, sonnigen Stimmung, die mit den sich intensivierenden Gefühlen füreinander korrespondiert. Gefühle werden somit vor allem über die bildliche und musikalische Ebene vermittelt.

Musik und farbliche Grundstimmung erzeugen Atmosphäre

Was Buch und Film vermitteln

Da das Buch lediglich den groben Handlungsrahmen vorgibt, müssen die Kinder, denen vorgelesen wird, das äußere Erscheinungsbild der Figuren, ihr Aussehen, ihr Umfeld, in dem sie leben, aber auch Gefühle und Gedanken aus eigener Erfahrung hinzufügen. Das Buch lässt viel Raum für Vorstellungen und innere Bilder, erfordert also ein aktives Zuhören.

Die Entschlüsselung der bildsprachlichen Ebene des Films, die die emotionale Seite der Hauptfiguren symbolisiert, erfordert ebenfalls eine aktive Wahrnehmung, ein bewusstes Sehen. Denn auch im Film werden die Gefühle nur indirekt, über Bilder, Musik, Farben anschaulich. Die Ausgestaltung der visuellen und damit der emotionalen Ebene kann auch hier nur gelingen, wenn der Zuschauer eigene, auch mediale Vorerfahrungen einbringt und ergänzt. Der reduzierte Gesichtsausdruck der Figuren wird dabei zum Spiegel für die projizierten Gefühle der Zuschauer.

Trotz aller Ähnlichkeit in der narrativen Struktur erzählen Buch und Film keine identische Geschichte. Das Buch schafft eher einen offenen Handlungsraum, in dem die Kinder typisiert erscheinen, aber als autonome Wesen leben und sich ihre Umwelt fast sachlich heiter aneignen. Das wird insbesondere durch das Pfeifen symbolisiert, das Berra schließlich von Opa lernt.

Das Buch als Handlungsraum – der Film als Gefühlsraum

Der Film dagegen beschreibt die Welt stärker als Gefühlsraum, in dem es nicht nur darum geht, voneinander zu lernen, sondern auch darum, durch das gemeinsame Tun Wärme und Zuwendung zu erfahren und auszutauschen. Über den Realismus der Bilder transportiert der Film mehr psychologische „Tiefe", fordert stärker als das Buch zur Identifikation auf und beschreibt dabei, wie elementar vertrauensvolle Beziehungen als Grundlage für die Entwicklung und Ich-Stärkung von Kindern sind.

Eine Möglichkeit der sprachlichen Verarbeitung: Der kommunikativ-thematische Ansatz

Die kommunikativ angelegte Form der Nachbereitung eignet sich besonders für problemorientierte Filme, die mit ernsten Aspekten kindlicher Lebenswirklichkeit verknüpft sind und komplexe Sachverhalte, belastende Emotionen wie Einsamkeit, Verlustängste oder tabuisierte Themen (z. B. Tod, Gewalt in der Familie, Armut) transportieren.

Eine offene Gesprächssituation nach dem Film schaffen

In einer kommunikativ-thematischen Nachbereitung sollte zunächst eine offene Gesprächssituation geschaffen werden: dabei könnte es um die Klärung von Fragen, Meinungs- und Informationsaustausch, Wissensvermittlung, vor allem aber um Gefühle, Erfahrungen und Erlebnisse der Kinder gehen. Die Reihenfolge des Einsatzes von Buch und Film, die didaktisch-methodische Aufbereitung ist abhängig von der Zielsetzung der pädagogischen Arbeit. „Kannst du pfeifen, Johanna?" kann als Buch eine erste allgemeine Annäherung an eigene Erfahrungen mit Verlust, Tod, aber auch mit Freundschaft zu alten Menschen in Gang setzen, da es durch seine unsentimentale Erzählweise offene Erlebnisräume schafft, die mit Imaginationen gefüllt werden können. Der Film in seiner bildnerischen Differenziertheit, seiner zeitlichen wie gegenständlichen Konkretheit kann in der weiterführenden Auseinandersetzung dazu animieren, vertiefende Fragen zu stellen. Der direkte Vergleich von wortsprachlichem und bildsprachlichem Erzählen kann Kinder herausfordern, eigene Meinungen und Argumente auszutauschen und Überlegungen zur Intermedialität anzustellen.

Zur Wirkung von Filmbildern

Der Transformationsprozess einer literarischen Vorlage in ein filmisches Produkt macht deutlich, dass Buch und Film subjektive Äußerungen von Autor und Filmemacher sind, die eigengesetzlich funktionieren und die auf unterschiedlichen Ebenen rezipiert werden. Der „Realitätseindruck" bringt dem Spielfilm immer wieder den Vorwurf der Fantasieeinengung ein, denn im Allgemeinen wird das wortsprachliche Zeichen, das innere Vorstellungsbilder provoziert, in seiner Wertigkeit noch immer über das filmische Bild gestellt. Das Filmbild schränke – so der Tenor – die Fantasietätigkeit ein, da der Transfer von schriftlichen oder verbalen Zeichen in ein Vorstellungsbild nicht mehr geleistet werden müsse. Vorstellung und Fantasie werden hier gleichgesetzt. Filme können aber sehr wohl „Bausteine für Fantasie" (Schmitt 1993, S. 71) sein. Denn als Fantasieleistung wird das selbstständige Weiterentwickeln und Ausschmücken einer Situation verstanden und genau dazu können Buch *und* Film Anstoß geben.

Filme können „Bausteine der Fantasie" sein

Gesprochene oder geschriebene Sprache lässt viele Freiräume und Leerstellen zu, die durch innere Vorstellungen der Leser/innen oder Zuhörer/innen mit eigenen Erfahrungen oder Träumen kreativ ausgestaltet werden können. Begriffe werden in innere Bilder überführt; Orte, Szenen oder Figuren individuell interpretiert, sodass eine ganz eigene, gedankliche „Realität" entsteht.

Die Rezeption von Bildern bedeutet, visuelle Zeichen in Begrifflichkeit zu übersetzen, ihre Symbolisierungen zu deuten, um sie z. B. in gesprochene Sprache überführen zu können. Filmbilder in ihrer komplexen, mehrere Sinne ansprechenden Struktur vergegenständlichen zwar einen Sachverhalt, liefern aber gleichzeitig ungleich mehr Informationen vor allem bei der Charakterisierung von Personen, Rollenvorstellungen, Normen und Werten oder Stimmung einer Handlung, als die literarischen Vorlage (vgl. Aufenanger 1992, S. 24). Auch bildlich-auditive Zeichen müssen mit eigenen Erfahrungen in Beziehung gesetzt werden, um verstanden zu werden.

1.3.2 Animationsfilme nach Bilderbüchern: „Die Königin der Farben"

Vor allem Bilderbücher sind ein beliebter Stofflieferant für Filme, die sich an ein jüngeres Publikum wenden. Sie werden meist in kurze Animationsfilme übersetzt, die in der Regel episodenhaft aufgebaut sind und leicht unterbrochen werden können. Bilderbücher erzählen in einzelnen, „stehenden" Bildern meist mit schriftsprachlichem Text, der vorgelesen wird. Sie erzählen fragmentarisch, wobei die Leerstellen zwischen den Seiten von den Kindern mit „inneren Bildern" ergänzt werden. Aus dem auch zeitlich weitgehend selbstbestimmten Zusammenspiel von Bild, Text und Imagination ergibt sich eine zusammenhängende Geschichte. Der Film dagegen gibt die bildliche Erzählstruktur und das Tempo der Rezeption vor.

Filme geben im Gegensatz zum Buch das Tempo der Rezeption vor

In der Regel werden nur Bilderbücher verfilmt, die sich als Verkaufserfolg erwiesen haben. Die Popularität des Buches wirkt so zurück auf das filmische Produkt und hilft bei dessen Vermarktung. Aus Gründen der Wiedererkennbarkeit wird deshalb der zeichnerische Stil der Illustrationen erhalten. Gleichzeitig werden dem Bilderbuch über die filmische Adaption viele interpretierende Details, vor allem Bewegung, Bildausschnitt, Erzähltempo, Stimmen, Musik, aber auch – um die meist kurze Handlung „zu strecken" – ganze Episoden hinzugefügt. Auch beim Bilderbuch und dessen Verfilmung handelt es sich nicht um identische „Texte", sondern sie ermöglichen aufgrund ihrer jeweiligen medienspezifischen Ästhetik eigene Wahrnehmungserfahrungen.

Durch das Zusammenspiel inhaltlicher, dramaturgischer und auch filmästhetischer Elemente des Trickfilms entsteht, obwohl es sich um gezeichnete oder gemalte Szenerien handelt, ein „filmischer" Wirklichkeitseindruck. Trotzdem ist meist auch kleineren Kindern klar, dass Trickfilme keine Wirklichkeit abbilden. Animationsfilme eignen sich aufgrund ihrer besonderen Ästhetik und ihres erkennbaren fiktionalen Charakters besonders gut für die alterspezifische Umsetzung von Stoffen für Kinder im Kindergartenalter. Die an Märchen orientierte Vereinfachung von Charakteren und Ereignissen, ein überschaubares Weltbild, die oft formelhafte Erzählstruktur der Filme, die aus bekannten Handlungsmustern bestehen und so trotz aller Spannung das Wissen vermitteln, die medialen Erlebnisse kontrollieren zu können (vgl. Aufenanger 199, S. 29) – all das trägt zur Faszination der Trickfilme bei. Der erkennbar fiktionale Charakter von Bilderbuch und Animationsfilm schafft einerseits Distanz zum Geschehen, andererseits sprechen beide Medien stark sinnliche Dimensionen an und fordern so zur Identifikation auf. Die pädagogische Arbeit im Kindergarten kann durch den direkten Vergleich von Buch und Film dazu beitragen, Kindern in diesem Spannungsfeld Orientierung zu geben, visuelle Darstellungs- und Erzählmöglichkeiten (vgl. Hollstein 199, S. 183) kennen zu lernen und sie in eigenen praktischen Tätigkeiten zu be- und verarbeiten.

Faszination der Trickfilme

Zum Inhalt

Die Illustratorin Jutta Bauer erzählt die Geschichte der Königin Malwida, die mit ihren Untertanen, dem „sanften" Blau, dem „wilden" Rot und dem „zickigen und gemeinen" Gelb, spielt. Eines Tages führt ein Streit dazu, dass sich die Farben vermischen und sich ein trübes Grau

Abb. 40 Aus: Die Königin der Farben. Bilderbuch. Illustration/Text: Jutta Bauer, Beltz & Gelberg 1998

über die Szenerie legt, auch über die nun traurige Königin Malwida. Erst mit Malwidas Tränen kehren auch die Farben und die heitere Stimmung zurück.

Der Bezug zum Kind

Diese märchenhafte Geschichte ist auf mehreren Ebenen eng mit kindlichen Lebenserfahrungen verknüpft, die auch in der Kindergartenarbeit immer wieder Thema sind. Einmal erzählt „Die Königin der Farben“ eine Geschichte über Gefühle, über wechselnde, widerstreitende Stimmungen, die es zu beherrschen gilt. Sind diese Gefühle nicht mehr zu bändigen, überlagern sie sich, lösen unkontrollierte Wut aus und wirken schließlich lähmend, sodass alles unklar, düster und grau erscheint. Erst das Akzeptieren der Emotionen als Teil der Persönlichkeit, das Annehmen und Ausleben der verschiedenen Anteile, der wilden wie der sanften, bedeutet Lebendigkeit, Freiheit und Freude. Zum anderen ist es ein Buch über den symbolischen Gehalt, die Sinnlichkeit sowie den Gefühlswert von Farben und Farbstrichen. Die Geste des Malens und Zeichnens als Ausdrucksmittel spielt im kindlichen Erleben eine große Rolle; Kinder eignen sich die Welt auch über Linie und Farbe an. Das Buch von Jutta Bauer bietet die Möglichkeit, neue, überraschende Farb- und Formeigenschaften kennen zu lernen und sie als Gestaltungsmittel selbst auszuprobieren.

Wie Buch und Film erzählen

„Die Königin der Farben" wurde zuerst als fünfminütiger Animationsfilm, dann als Bilderbuch produziert. Buch und Film sind in Handlungsstruktur, Text, Bildfolge und Bildgestaltung identisch. Kennzeichnend ist die starke Abstraktion von Gegenständen und Figuren. Mit wenigen markanten schwarzen Strichen auf weißem Grund, einer grafischen, skizzenhaften Formensprache werden flächige, offene Erzählräume entwickelt, die zu individuellen Projektionsflächen für die Betrachter werden. In diese reduzierte Bildsprache fügt Jutta Bauer expressive Farbflecken und Farbbündelungen ein, die in der Anordnung bzw. Unordnung zum Ausdruck von Gefühlen werden: zarte, weiche Striche in Blau werden z. B. abgelöst durch ein wildes, aggressives Durcheinander roter Linien.

Thema des Bilderbuches sind Gefühle, die in Form, Farbe und Bewegung übersetzt werden. Die Stärke der Illustrationen ist das „Einfrieren" dieser Bewegung, das Anhalten der Handlung, sodass das Buch in seiner vielschichtigen, sinnlichen, auch haptischen Qualität erfasst werden kann. Das bildnerische Erzählen entdynamisiert, entdramatisiert darüber hinaus die extremen Gefühlslagen der Königin. Die Leerstellen zwischen den Illustrationen können so mit eigenen Vorstellungen, Erzählungen und Erfahrungen gefüllt werden. Folgerichtig bietet der Schluss des Buches zwei farbfreie Seiten an, die von den Kindern mit ihren eigenen Gefühlsfarben und Formen ausgemalt werden können.

Der Film überträgt den Gefühlswert der Farben in Bewegung

Der Film übersetzt den Gefühlswert der Farben (auch der sprachlichen Begrifflichkeit) in direkte fließende Bewegung. Man sieht, wie sich die wilden, sanften und „zickigen" Farblinien zu Formen verändern. Diese expressiven Gesten knüpfen direkt an kindliche Erfahrungen an, denn Kinder kennen das entnervte, wütende Kritzeln oder das kontemplative Malen aus eigenem Erleben. Der dynamische Umgang mit Farben und Formen bündelt und potenziert sich im Film zu einem starken sinnlichen Erlebnis von hohem Aufforderungscharakter.

Die ästhetischen Ebenen des Buches werden im Film erweitert durch musikalische Untermalung und die ausdrucksvolle Erzähler-

Töne und Musik tragen wesentlich zur Charakterisierung der Figuren bei

stimme aus dem OFF. Töne und Musik tragen wesentlich zur Charakterisierung der Stimmung von Figur und filmischem Raum bei.

Musikinstrumente wie Flöte, Trommel, Saiteninstrumente, harmonische wie dissonante Melodien und Toncollagen werden ebenso wie die Farben bestimmten Gefühlen zugeordnet, sodass der Film ein mehrschichtiges Gefüge von visuellen, sprachlichen und auditiven Zeichen wird.

Was Buch und Film vermitteln

In „Die Königin der Farben" thematisieren sich Buch und Film selbst, indem sie Erfahrungen zulassen, die nicht nur Gefühle, Farbwirkung bzw. Ausdruckskraft der zeichnerischen oder malerischen Geste und die Qualität von Musik und Tönen berühren. Beide Medien transportieren durch ihr analoges Erzählen, wie Bilderbücher bzw. Animationsfilme z. B. über Stillstand und Bewegung, über haptisch-visuelle bzw. visuell-auditive Qualitäten funktionieren.

Buch und Film als Auslöser für praktisch-ästhetische Arbeit

„Die Königin der Farben" kann als Buch und Film gleichermaßen dazu animieren, eine Vielzahl von kunst- oder musikpraktischen Formen der Auseinandersetzung zu erproben. Assoziative, bildnerische Verfahren wie Malen und Zeichnen (auch großflächiges Malen mit Füßen oder Körper) können dabei ebenso initiiert werden wie aktivierende Rollenspiele (z. B. spielen in Farbkostümen) oder musikalische Improvisationen, die zu Klang-Farben werden; Musikinstrumente können auch Gegenstände sein. Kinder bearbeiten ihre Erfahrungen meist über den körperlichen und/oder gestalterischen Ausdruck, d. h. Erlebtes wird nach außen getragen, bekommt individuelle Gestalt (vgl. Neuß 1997, S. 36). Die spielerisch-handelnde ästhetische Erfahrung soll dazu anregen, sich selbst zu fühlen, zu erforschen, sich zu entdecken, zu begreifen. Der „sprachfreie" ästhetische Ansatz ermöglicht die Distanzierung und Verarbeitung von Gefühlen.

Filmerfahrungen über körperliche Ausdrucksformen verarbeiten

Die Interaktion zwischen Medium und Kind als spielerisches und/oder ästhetisches Handeln wird dann intensiv und nachhaltig, wenn Affekte einbezogen werden, die an Bekanntes anknüpfen und zu Neuem führen. Vertraute Handlungsmuster werden im Laufe des Spielens schnell verlassen und intuitiv mit neuen Vorstellungen, Gedanken und Handlungsmöglichkeiten verknüpft. Erkenntnisse, die an körperliches oder sinnliches Erleben gekoppelt werden, also ganzheitliche Erfahrungen ermöglichen, haben nachhaltigere Wirkung als verbalisierte Formen der Nachbereitung.

1.4 Praktische Hinweise zum Einsatz von Filmen im Kindergarten

Da das Kinoerlebnis als Gemeinschaftserlebnis außerhalb der vertrauten Umgebung des Kindergartens von hohem Reiz ist, sollten Filme zunächst im Kino gesehen werden, dem Ort, für den sie produziert werden. Das Kino als kultureller Ort, als Ort der Unterhaltung und ästhetischer Erfahrung kann Kindern so nahegebracht werden. In vielen Städten gibt es inzwischen Kinderkinos, die von gewerblichen oder nichtgewerblichen Spielstellen eingerichtet wurden, die vor allem Literaturverfilmungen nach Bilderbüchern, aber auch nach erzählenden Texten immer wieder auf die Spielpläne setzen.

Die Filme können aber auch als Video oder DVD (z. B. in Bildstellen/Medienzentralen) entliehen oder käuflich erworben und in den Kindergärten gezeigt werden. Die vorherige Sichtung eines Films durch Erzieher/innen ist wichtig, um den Film selbst kennen zu lernen und ihn im Blick auf die Kindergruppe einzuschätzen. Städtische oder auch kirchliche Medienzentralen und Bildstellen helfen und beraten bei der Beschaffung von Kinderfilmen bzw. der technischen Ausstattung zur Vorführung der Filme. Besonders das Kinder- und Jugendfilmzentrum in Remscheid hat es sich zur Aufgabe gemacht, die Kinderfilmarbeit zu fördern und zu unterstützen. Empfehlungslisten über neu produzierte Filme werden regelmäßig herausgegeben.

Medienzentralen und Bildstellen beraten bei der Beschaffung von Kinderfilmen

1.4.1 Kriterien für die Filmauswahl

Für Auswahl und Einsatz von Filmen im Kindergarten ist es notwendig, die Wahrnehmungs- und Verarbeitungsfähigkeit von Kinder ansatzweise zu kennen. Aufgrund der schon früh einsetzenden Mediensozialisation sind auch kleinere Kinder heute eher in der Lage, zwischen Realität und Fiktion zu unterscheiden. Durch regelmäßige Medienerfahrung lernen sie die aktuellen filmspezifischen Darstellungsformen und Gestaltungselemente zu entschlüsseln. Dabei ist zwischen Filmverstehen (als kognitivem Prozess) und Filmerleben (als emotionalem

Altersbedingte Formen des Filmverstehens

Prozess) zu unterscheiden. Beide Ebenen ergänzen sich. Kinder im Alter von vier bis sechs Jahren neigen dazu, Film als eine Ansammlung von Einzelheiten und einzelnen Szenen zu begreifen, sodass komplexe Phasen der Filmhandlung nicht miteinander verbunden werden. Da sie sich zeitlich nur begrenzt konzentrieren können, ist es wichtig, dass Filme nicht zu lang sind (höchstens 60 Min.) und dass sie linear, d. h. ohne Rückblenden oder Verschachtelungen erzählen. Die Handlung sollte nur einen Haupterzählstrang aufweisen, da Kinder häufig noch nicht Wichtiges von Unwichtigem unterscheiden können. Leichter verstehbar wird eine Filmhandlung, wenn sie mit der kindlichen Lebens- und Gefühlswelt verknüpft ist. Der Film sollte für Kinder die Möglichkeit bieten, sich mit Figuren, Situationen zu identifizieren, sich emotional zu engagieren. Stereotype Darstellungen und Rollenklischees sollten vermieden werden; vielmehr sollten die Figuren eine Entwicklung durchmachen, die Kindern die Möglichkeit gibt, aus „sicherer Distanz" heraus Erfahrungen zu sammeln und über das visuelle Erleben gedanklich „Probezuhandeln". (Vgl. Hohmann 2002, S. 43 f)

Wichtig für die Auswahl der Filme ist auch, dass sie inhaltlich und ästhetisch die gesamte Bandbreite aktueller, altersgerechter Erzählformen spiegeln, um Kindern ergänzende Erfahrungen zu traditionellen Bildkonzepten zu ermöglichen.

1.4.2 Fragen zur Vorbereitung des Einsatzes von Buch und Film

Der folgende Fragenkatalog soll Erzieher/innen bei der formalen wie inhaltlichen Gegenstandsanalyse bzw. bei der Vorbereitung von Filmnachbereitungsaktionen helfen.

Welche Gestaltungsmittel werden im Film eingesetzt?

- Handelt es sich um einen Animationsfilm oder Realfilm? In welcher Technik ist der Animationsfilm gestaltet?
- Wie aktuell ist der Bildstil?
- Greift er eher traditionelle oder moderne Formen bildnerischen Erzählens, wie Abstraktion oder Fragmentierung auf?
- Sind Einflüsse anderer Medien (Kunst, Film, Bilderbücher) erkennbar?
- Was erzählt die Tonebene, was erzählt die Bildebene? Unterstützen sie sich in ihrer Wirkung oder sind die kontrapunktisch, d. h. sie werden gegeneinander eingesetzt, was irritierend bzw. heiter wirkt.
- Gibt es eine Erzählerstimme aus dem OFF? Wie erzählt sie?

Welche Gestaltungsmittel werden im Buch eingesetzt?
(vgl. dazu Kapitel II.1 in diesem Buch)

Wie sind die Handlungsräume in Buch und Film definiert?
- Wird die Lebenswirklichkeit von Kindern realistisch oder idealisiert dargestellt?
- Welche negativen Realitätsanteile werden ausgespart?
- Handelt es sich um Fantasieräume oder um symbolische Räume, und wofür stehen sie?

Sind Buch und Film auf kindliche Wahrnehmungs- und Verarbeitungsmöglichkeiten abgestimmt?
- Wie lang ist der Film/das Buch?
- Wie komplex ist der Bildraum gestaltet?
- Gibt es neben der Haupthandlung noch Nebenhandlungen?
- Wird die Handlung linear dargestellt oder wird mit Rückblenden, Fantasieebenen, Vorstellungsbildern gearbeitet?
- Wie sind Erzählhaltung und Perspektive des Erzählens angelegt?

Werden gesellschaftliche Probleme aufgezeigt?
- Welche grundlegenden Werte und Normen werden transportiert?
- Welche Auffassung von Kindheit wird vermittelt?
- Werden differenzierte Geschlechterrollen gezeigt oder eher Klischees, Typisierungen?

Wird an kindliche Erfahrungen angeknüpft?
- Welche Themen werden in Buch und Film transportiert?
- Wo zeigen sich Anknüpfungspunkte an äußere Probleme, Konflikte bzw. die Lebenssituation von Kindern?
- Welche Bedürfnisse und Interessen der Kinder (der Gruppe) werden berührt?
- Welche Identifikationsangebote werden gemacht?
- Welche Entwicklung durchlaufen die Figuren? Werden die Identifikationsfiguren eher passiv oder aktiv dargestellt?
- Werden Konfliktlösungsmöglichkeiten angeboten?

Welche Gefühle werden beim Betrachter durch Buch und Film angesprochen?
- Mit welchen Reaktionen muss gerechnet werden?
- Welche Wünsche oder negativen Affekte kann der Film freisetzen?

Wie ergänzen sich Buch und Film?

- Was/wie erzählt der Film? Was/wie erzählt das Buch? Gibt es Überschneidungen, Unterschiede?
- Wie und in welcher Reihenfolge setze ich Buch und Film ein?

Welche Impulse geben Buch und Film für die Form der Nachbereitung?

- Wie lässt sich der Film/das Buch ästhetisch charakterisieren? Wird eher ruhig oder dynamisch erzählt?
- Werden viele Dialoge eingesetzt oder wird eher über Bilder erzählt?
- Gibt es möglicherweise viele Verständnisfragen nach dem Medieneinsatz?
- Welche Bedeutung könnte die Ästhetik der Bilder im Gespräch erhalten?
- Welche inhaltlichen Schwerpunkte setze ich in der Nachbereitung?
- Welche Erkenntnisse, Erfahrungen, Qualifikationen können über die Arbeit mit Buch und Film vermittelt werden?
- Welchen zeitlichen Rahmen benötige ich für den Einsatz von Buch und Film?

Ausblick

Kinderfilme als Literaturverfilmungen sind Teil unserer visuellen Kultur und Tradition, Teil von Kino- bzw. Fernseherfahrungen, sowie Teil bildnerischer und ästhetischer Sozialisationsprozesse von Kindern. Die Annahme, dass Film und Fernsehen das Lesen bzw. das Betrachten z. B. von Bilderbüchern einschränke, hat sich nicht bestätigt. Im Gegenteil: die Rezeption von Filmen nach kinderliterarischen Vorlagen kann sich durchaus als „lesefördernd" erweisen (Sahr 2000, S. 611), denn in der Regel werden Medien nicht alternativ genutzt, sondern ergänzen einander, können das Interesse an dem jeweils anderen Medium fördern. Gerade in familiären Kontexten, in denen Film- und Fernseherfahrungen dominieren und Lesen sowie Vorlesen kaum einen Stellenwert haben, kann über den Film das Interesse an Literatur geweckt werden.

Filme können lesefördernd wirken

Literatur und Film können bereits im Kindergarten wichtige Funktion für ästhetisches Erleben und Lernen haben, können vielfältige Lebenssituationen und Probleme spiegeln, „Anregungen, Sichtweisen und Orientierungen bieten" (Näger 1992, S. 71) sowie Ausgangspunkt für kreativ sinnliches Handeln sein. Durch Identifikationsprozesse kommt es zur Auseinandersetzung der eigenen Person mit Medienfiguren, sodass Kinder ihr Selbstkonzept schärfen, sich selbst besser kennen lernen und positionieren können.

Film und Buch eröffnen symbolische Welten zur Bewältigung von Lebenssituationen

Film und Buch eröffnen sich ergänzende symbolische Welten, die helfen, gegenwärtige und zukünftige Lebenssituationen zu bewältigen. Kinder können an ihnen Grundlagen literarischen und medialen Erzählens kennen und verstehen lernen. Die vergleichende Auseinandersetzung mit Literatur und Film kann Anlass sein, sowohl *lebensweltbezogene* als auch *medienbezogene* Fragen zu behandeln.

Das Anschauen eines Bilderbuches ist ein vielschichtiges sinnliches Erlebnis, das Kindern die Möglichkeit gibt, selbstbestimmt eigene ästhetische Erfahrungen zu sammeln, zu genießen, zurückzublättern, nachzufragen, zu suchen und zu entdecken. Das Gesehene kann zeitlich und inhaltlich neu strukturiert, mit eigenen Vorstellungen und Fantasien verwoben werden (vgl. Kapitel I.3).

Das Anschauen eines Filmes ist meist Gruppenerlebnis und deshalb von hoher sozialer Qualität, da es dem kindlichen Bedürfnis nach Spaß und Spannung, nach gemeinsamem Erleben und Kommunikation entgegenkommt. Filmsehen ist ein medienbedingt zeitlich vorstrukturierter Prozess, der ebenfalls komplexe ästhetische Erfahrungen ermöglicht und „Schule der Sinne“ sein kann. Aufgrund des Realitätseindrucks sind Filme von starker emotionaler Erlebnisqualität (vgl. Schäfer 1997, S. 7), da sie bei Kindern eine hohe Bereitschaft auslösen, in das Geschehen einzutauchen, sich vom Strom der Bilder gefangen nehmen und faszinieren zu lassen, sich mit den handelnden Figuren zu identifizieren, sodass mediale Erfahrungen zu einem Teil von Weltwahrnehmung werden.

Erzieher/innen können Kinder mit literarisch-visuellen Angeboten begleiten und sie dabei unterstützen, sich in einer komplexer werdenden Welt sinnlicher Zeichen und Symbole zu orientieren. Besonders die vielfältigen Möglichkeiten der Verknüpfung von Buch und Film mit spielerischen, aktivierenden Verarbeitungsangeboten eröffnen soziale, sinnliche sowie kulturelle Erlebnishorizonte, deren nachhaltige Wirkung für die kindliche Entwicklung nicht hoch genug eingeschätzt werden kann.

Literatur/Medien

Primärmedien/Filme

Aschenputtel. Realfilm nach dem Märchen der Brüder Grimm. Regie: Karin Brandauer, D/ČSSR 1989, 90 Min., Altersempfehlung: ab 6 Jahre

Der Aufstand der Tiere oder Die neuen Bremer Stadtmusikanten. Kombinationsfilm. Regie: Sandor Jesse, D 1995, 25 Min., Altersempfehlung: ab 6 Jahre

Kannst du pfeifen, Johanna? Realfilm. Regie: Rumle Hammerich, Schweden 1995, 57 Min., Alterempfehlung: ab 6 Jahre

Die Königin der Farben. Animationsfilm. Buch/Regie: Jutta Bauer/Karin Magnitz, D 1996, 5 Min., Altersempfehlung: ab 4 Jahren

Primärmedien/Kinderliteratur

Bauer, Jutta (1998): Die Königin der Farben. Bilderbuch, Beltz & Gelberg

Müller, Jörg/Steiner, Jörg: (1989) Der Aufstand der Tiere oder Die neuen Bremer Stadtmusikanten. Bilderbuch. Sauerländer

Stark, Ulf/Höglund, Anna (1993): Kannst du pfeifen, Johanna? Kinderbuch. Carlsen

Sekundärliteratur

Albersmeier, Franz-Josef (1998): Texte zur Theorie des Films. Reclam: Stuttgart

Aufenanger, Stefan (1991): Neue Medien – Neue Pädagogik? Ein Lese- und Arbeitsbuch zur Medienerziehung in Kindergarten und Grundschule. Bundesverband für politisceh Bildung: Bonn

Baacke, Dieter (1998): Die gestalterischen Kompetenzen der Kids und Jugendlichen. In: Schäfer, Horst (Hrsg.): Lexikon des Kinder- und Jugendfilms. Corian Verlag, Meitingen, Band 3, Teil 6

Erlinger, Hans Dieter (1997): Kinder und der Medienmarkt der 90er Jahre. Westdeutscher Verlag: Opladen

Gast, Wolfgang (1993): Grundbuch Film und Literatur. Einführung in Begriffe und Methoden der Filmanalyse. Verlag Moritz Diesterweg: Frankfurt

von Gottberg, Joachim; Mikos, Lothar (1997): Kinder an die Fernbedienung. Konzepte und Kontroversen zum Kinderfilm und Kinderfernsehen. Vistas Verlag: Berlin

Heidtmann, Horst (1992): Kindermedien. Metzler Verlag: Stuttgart

Hohmann, Tanja (2002): Medienkompetenz und Kinderkino. Sonderdruck der Kinder- und Jugendfilmkorrespondenz: Remscheid

Hollstein, Gudrun (1999): Werkstatt Bilderbuch. Allgemeine Grundlagen, Vorschläge und Materialien für den Unterricht in der Grundschule. Knecht: Landau

Kreuzer, Helmut (1981): Medienwissenschaftliche Überlegungen zur Umsetzung fiktionaler Literatur. Motive und Arten der filmischen Adaption. In: Schaefer, E. (Hrsg.): Medien und Deutschunterricht. Tübingen

Kübler, Hans-Dieter (2002): Medien für Kinder. Vor der Literatur zum Internet-Portal. Ein Überblick. Westdeutscher Verlag: Wiesbaden

Maier, Rebecca; Mikat, Claudia; Zeitter, Ernst (1997): Medienerziehung in Kindergarten und Grundschule. 490 Anregungen für die praktische Arbeit. KoPäd Verlag: München

Näger, Sylvia (1992): Kreative Medienerziehung im Kindergarten. Ideen – Vorschläge – Beispiele. Herder Verlag: Freiburg

Neuß, Norbert (1997): Be- und Verarbeitung von Medienerlebnissen. In: Neuß, Norbert; Pohl, Mirko; Zipf, Jürgen (Hrsg.): Erlebnisland Fernsehen. Medienerlebnisse im Kindergarten aufgreifen, gestalten, reflektieren. KoPäd Verlag: München, S. 34–47

Paech, Joachim (1997): Literatur und Film. Metzler Verlag: Stuttgart

Paech, Joachim (1998): Intermedialität. In: Albersmeier, Franz-Josef: Texte zur Theorie des Films. Reclam: Stuttgart, S. 447–475

Rother, Rainer (Hrsg.) (1997): Sachlexikon Film. Rowohlt Verlag: Hamburg

Sahr, Michael (2000): Kinderfilm. In: Lange, Günter (Hrsg.): Taschenbuch der Kinder- und Jugendliteratur. Schneider-Verlag: Hohengehren, S. 608–619

Schäfer, Horst (1998): Identifikation und Akzeptanz. Eignungskriterien für die medienpädagogische Arbeit mit Kindern. In: Lexikon des Kinder- und Jugendfilms: Corian Verlag, Meitingen

Schmitt, Christoph (1993): Adaption klassischer Märchen im Kinder- und Familienfernsehen. Verlag Haag und Herchen: Frankfurt

Thiele, Jens (2003): Das Bilderbuch. Ästhetik, Theorie, Analyse, Didaktik, Rezeption. Isensee Verlag: Oldenburg

2 Hörkassetten als auditive Medien der Kinderliteratur

Renate Hinz

Bereits Kinder im Kindergartenalter nehmen heute aktiv an einer umfassenden Medienkultur teil, die in hohem Maße auf die kindlichen Bedürfnisse und Interessen ausgerichtet ist. Mit der kindorientierten Produktion von Ton-, Bild- und Printmedien entstehen veränderte Medienbiografien (vgl. Kapitel I.1), die insbesondere durch die immer eigenständigere Mediennutzung sowie den Zugang zu vielfältigen Identifikationsangeboten geprägt sind. In einem breit angelegten Medienverbund entstehen eigene Welten mit kindlichen „Helden", aus denen die Erwachsenen weitestgehend ausgegrenzt werden. Eine herausragende Bedeutung haben hierbei auditive Medien in Form von Lied- und Hörspielkassetten.

Das Angebot an Kindertonträgern ist reichhaltig und in der Qualität sehr vielschichtig; Empfehlungs- und Auswahllisten liegen jedoch nicht vor. Im Wesentlichen wird der Markt von wenigen Firmen mit Fortsetzungsserien beherrscht, die meist multimedial ausgerichtet sind und in einer hohen Auflagenzahl als Billigangebote die anspruchsvolleren Produkte in den Hintergrund drängen (vgl. Germann 1993, S. 13). Gleichwohl sind Hörkassetten bei Kindern ausgesprochen beliebt. Eine im Rahmen der Studie „Kinder und Medien" durchgeführte Umfrage kommt zu dem Ergebnis, dass 46 % der Sechs- bis Dreizehnjährigen täglich Tonträger nutzen, wobei sie im Durchschnitt 19 Minuten pro Tag Kassetten anhören; Grüninger und Lindemann geben für das Jahr 2000 eine „durchschnittliche tägliche Hörkassettennutzung mit 27 Minuten für Dreijährige und 35 Minuten für Vierjährige an". (Vorderer u. a. 2001, S. 464) Eine differenziertere Auflistung stellt Hurrelmann vor. Nach eigenen Untersuchungen geht sie davon aus, dass die Nutzungsdauer von Tonträgern in der Gruppe der Null- bis Dreijährigen 11 Minuten, bei den Vier- bis Sechsjährigen 34 Minuten, unter den Sieben- bis Neunjährigen 44 Minuten und bezogen auf die Zehn- bis Zwölfjährigen 56 Minuten beträgt, wobei der Anteil von Musikkassetten mit zunehmendem Alter wächst (vgl. Hurrelmann in Pöttinger 1997, S. 23–25).

2.1 Zur Bedeutung von Hörkassetten im Medienalltag der Kinder

Angesichts der großen Bedeutung von Hörspielkassetten ist es umso erstaunlicher, dass Untersuchungen über das Hörverhalten von Kindern nur sehr begrenzt vorliegen. Im Jahr 1992 starteten Treumann und Volkmer ein Forschungsprojekt, in dem 1080 Kinder im Alter von 6–11 Jahren in eine quantitative Untersuchung einbezogen wurden. Auf der Grundlage von Interviews mit Eltern, Kindern und Lehrern sollten „Nutzungsprofile von Audiokassetten" erstellt werden. Zur selben Zeit führten Hansen und Manzke eine bundesweite, allerdings nicht repräsentative Befragung von 441 Kindern im Alter von 3–10 Jahren durch, die die kindlichen Hörgewohnheiten zum Forschungsgegenstand hatte (vgl. Finkbeiner 1997, S. 67). In ihrer Auswertung haben beide Untersuchungen folgende Hör-Funktionen herausgestellt:

„Eröffnen eines relativen Freiraums"

Die leichte Handhabbarkeit des Kassettenrekorders erschließt bereits sehr jungen Kindern einen Nutzungsfreiraum, der einerseits selbständigkeitsfördernde Kompetenzen vermittelt, andererseits aber im oft auswendig gelernten Mitsprechen von Dialogteilen eine künstliche Kommunikation suggeriert. „1991 hatten die Drei- und Vierjährigen ihren Rekorder im Durchschnitt bereits mit 2;1 Jahren erhalten." (Finkbeiner 1997, S. 67)

„Ein Medium des psychischen Spannungsabbaus bzw. -aufbaus"

Kassetten vermitteln den Kindern ein Sicherheits- und Geborgenheitsgefühl

Das wiederholende Hören bekannter Kassetten vermittelt den Kindern ein Sicherheits- und Geborgenheitsgefühl. „40 % der von Treumann et al. befragten Grundschulkinder nutzen Kassetten als Einschlafhilfe. Kassetten werden gehört, wenn Kinder sich einsam fühlen (8 %), wenn sie traurig (3 %), wütend (3 %) oder auch guter Laune sind (2 %). Zum Einschlafen, bei Einsamkeit und Traurigkeit werden besonders gerne die Lieblingskassetten gehört. In Situationen der Langeweile werden von 34 % aller Befragten Kassetten gehört; jedoch kaum die Lieblingskassetten." (Finkbeiner 1997, S. 68)

„Ein Medium der ‚akustischen Raumgestaltung'"

Kassetten werden auch gehört, um eine Kulisse von Hintergrundgeräuschen aufzubauen. „86 % der von Treumann et al. befragten Grundschulkinder gehen neben dem Kassettenhören noch einer anderen Tätigkeit nach. Am häufigsten werden Kassetten beim Spielen gehört (65 %); aber auch beim Malen, Lesen, Hausaufgaben machen oder Basteln. Von 8 % aller Befragten wird gleichzeitig noch ein weiteres elektronisches Medium genutzt (vor allem Video- und Computerspiele)." (Finkbeiner 1997, S. 69) Die Autoren werten dieses Verhalten als einen Versuch, dem Alleinsein zu begegnen.

Der Hörende zieht sich in sich selbst zurück und erlebt eine andere Welt

„Rückzugsmedium oder Anlass für soziale Kontakte?"

Während Treumann u. a. in ihrer Untersuchung zu dem Ergebnis kommen, dass Kinder sich durchaus treffen, um gemeinsam Kassetten anzuhören und der Konsum auditiver Hörangebote somit ein kollektives Erleben erzeugen könne, bezeichnen Hansen u. a. Tonträger eher als Rückzugsmedien aus der realen Welt, da „36,2 % aller befragten Kinder mit Kopfhörer hören. Dies bedeute ein Ausblenden der Umgebung und einen Ausstieg aus der aktuellen Situation. Der Hörende zieht sich in sich selbst zurück und erlebt – scheinbar mitten im Geschehen steckend – eine andere, spannende und schöne Welt." (Finkbeiner 1997, S. 70)

„Hörspiele im Medienverbund"

Die Einbettung von Hörspielen in multimediale Präsentationen wird von den Kindern intensiv und gern aufgegriffen. Hansen und Manzke stellen fest, dass *jedes* „der befragten 4- bis 10-jährigen Kinder … zumindest ein zusätzliches, zur Kassette gehörendes Medienelement" (Finkbeiner 1997, S. 70) besitzt bzw. nutzt.

„Lieblingskassetten und -figuren"

Die Vorlieben für bestimmte Hörspielgenres lassen sich geschlechtsspezifisch differenzieren. „Während sich bei den Jungen die *Turtles*, *He-Man*, *Knight-Rider* und *TKKG* abheben, nennen die Mädchen am häufigsten *Bibi Blocksberg* und *Pippi Langstrumpf*. Die Ausnahme ist *Benjamin Blümchen*, der bei allen Kindern Spitzenreiter ist." (Finkbeiner 1997, S. 70) Die Beantwortung der Frage nach einer Lieblingskassette geht einher mit der Verankerung des Hörspiels im Medienverbund. Jene Kassetteninhalte, die auch für das Fernsehen verfilmt wurden oder auf die Hervorhebung einer Haupt- bzw. Lieblingsfigur zulaufen, erfreuen sich bei den Kindern auch in der Hörspielfassung einer großen Beliebtheit.

Kindertonträger sind „Repetitionsmedien"

Festzuhalten bleibt, dass von Kindern insbesondere jene Inhalte und Figuren nachgefragt werden, die auch in anderen Medien greifbar sind. „Repetitionsmedien", die durch die Wiederholung des thematischen Erlebens und seiner schematischen Strukturen sowie den hohen Bekanntheitsgrad der Handlungsträger bei den Kindern feste Imaginationen mit offensichtlich stabilisierenden Identifikationen hervorrufen. Die dabei entstehenden „gedachten" Bilder unterstützen das kindliche Bedürfnis, sich die symbolische Welt durch dramaturgische Parallelgestaltungen verfügbar zu machen. Dazu gehört auch die leichte Handhabbarkeit des Tonträgers und seines Abspielsystems, die schon kleinen Kindern eine große Selbständigkeit sowie räumliche und zeitliche Entscheidungsfreiheit in der Nutzung des auditiven Mediums verleiht (vgl. Hengst 1993, S. 31).

2.2 Kriterien zur Bewertung von Hörkassetten

Die Bewertung von Hörspielkassetten erweist sich als schwierig, da Kinder in dem skizzierten Rezeptionsverhalten andere *Beurteilungskriterien* anlegen als Eltern, Erzieher/innen oder Lehrer/innen. Für Kinder ist der benannte Vertrautheitsgrad von zentraler Bedeutung; aber auch die Einbindung lustiger Szenen oder lauter Geräusche findet Beachtung. „Ein Abbild auf dem MC-Cover, eine Erkennungsmusik o. ä. genügen, um (Hör-)Richtung zu geben" (Germann 1993, S. 12) und zwischen den Kindern eine gemeinsame Verständigungsbasis zu entfalten. Aus pädagogischer Sicht stellt jedoch der Lebensweltbezug der auditiven Angebote ein gleichfalls wesentliches Qualitätsmerkmal dar. Im Sinne des situationsorientierten Ansatzes im Kindergarten geht es darum, das Kind im Medium mit jenen realitätsnahen, der kindlichen Erlebniswelt entnommenen Inhalten zu konfrontieren, die in ihrem Problemgehalt den individuellen Erfahrungen entsprechen und das Kind im Prozess seiner Identitätsbildung unterstützen: „Lieder und Hörspiele sollen ‚realistisch' sein, die Themen des Alltags aufgreifen, auch Probleme und Ängste, und von dort

Auditive Angebote müssen einen lebensweltlichen Bezug haben

aus ihre Geschichte erzählen." (Eiland-Jung 1997, S. 84) Neben Märchen und Fantasiegeschichten finden daher auch zunehmend Aspekte des nicht immer „heilen" Kinderalltags – wie Freundschaft, Konflikte im Familienleben, Liebe und Trauer – Eingang in die Hörmedien. Darüber hinaus fallen dramaturgische Elemente wie die musikalische Gestaltung, die Echtheit der Sprecherstimmen oder das szenische Arrangement unter die Bewertungsmaßstäbe Erwachsener. Sie verweisen auf eine *mediengerechte Gestaltung von Kinderhörspielkassetten*, die technische und ästhetische Möglichkeiten miteinander verbindet; denn erst die sinnlich anspruchsvolle Produktion wird ein Hörerlebnis ermöglichen, das im Kind innere Bilder entstehen lässt. Rogge hebt in diesem Zusammenhang drei Kriterien hervor, die als Qualitätsmaßstab gelten können:

Mediengerechte Gestaltung von Kinderhörspielkassetten

- „Die Dramaturgie und die Handlung einer Kassette müssen sich an den Bedürfnissen und Wünschen, Fantasien und Assoziationen, den Wahrnehmungsbesonderheiten und den Gefühlen der Kinder orientieren."
- „Hörkassetten müssen Helden und Heldinnen präsentieren, an denen Kinder sich reiben können, Helden und Heldinnen, die Modelle sind, mit denen sie sich auseinander setzen."
- „Hörspiele müssen mediengerecht gestaltet sein, sie müssen den zuhörenden Kindern ihre Geschichten in Hör-Bildern erzählen, Bilder, die mittels Geräuschen, Musik und der Sprache eigene Vorstellungswelten entstehen lassen." (Rogge ^{2}2000, S. 598)

Dabei ist es im Sinne einer handlungsorientierten Medienerziehung wichtig, Kinder etwaige Qualitätsunterschiede selbst erfahren und erkennen zu lassen. „Ästhetische Bildung, die Ausbildung eines differenzierten Hörsinns, kann nicht … zwischen dem dritten und achten Lebensjahr erreicht werden, horästhetische Bildung ist eine lebenslange Aufgabe, deren Fundament in der frühen Kindheit gelegt wird." (Rogge ^{2}2000, S. 599 f)

Zu den wesentlichen gestalterischen *Elementen* des Hörspiels gehört:

- ein gegliederter, *klar strukturierter Ablauf*, der durch eine vom Sprecher gestaltete Einleitung auf das Geschehen hinführt und Handlungsszenen und -räume durch musikalische Zwischenspiele oder dramaturgische Montagen trennt;
- die Möglichkeit des Verweilens auf *verschiedenen Handlungsebenen*, die durch Sprecher- und Erzählerrollen, Regiehinweise sowie Geräusche- und Musikkulissen voneinander unterschieden werden;
- der Eintritt in einen *Verinnerlichungsprozess*, der durch Assoziatio-

nen der Hörer eine „innere Bühne“ entwirft.

Einfacher Handlungsverlauf, überschaubare Erzählepisoden, kurze Dialoge

Hörspiele, die für Kinder geschrieben sind, zeichnen sich aus durch einen einfachen, geradlinigen Handlungsverlauf, überschaubare Erzählepisoden oder kurze – durch einen Erzähler moderierte – Dialoge, eine nicht zu komplexe technische Dramaturgie, die Unterstützung von Raum-, Zeit- und Perspektivenwechsel durch musikalisch gestaltete Zwischenszenen, Leitmotive oder Liedeinlagen sowie durch eine Vermeidung von Hektik und abrupten Schnitten im Stimmenwechsel. Sprache und Erzählform sind dem Alter der Kinder angepasst, Intonationen, Klangfarbe und -stärke so gewählt, dass Personen charakterisiert, in ihrer Mimik und Gestik erkannt und zugleich voneinander unterschieden werden können (vgl. Schroll-Decker 1999, S. 58–62).

Die Themen der für Kinder produzierten Hörspielkassetten sind weitgehend an literarische Vorlagen angelehnt. Sie eröffnen – je nach Art der Gestaltung – unterschiedliche Wahrnehmungsprozesse zur Welterfassung und können auch dem noch leseunkundigen Kind vielfältige Zugänge zur Kinderliteratur bieten.

2.3 Kinderliteratur und ihre Hörspielfassungen

Das kindliche Weltverstehen basiert auf der Aneignung von Wissen und der Entwicklung intellektueller Strategien, mit deren Hilfe das Wissen strukturiert wird. Auf diese Weise kann das Kind immer komplexere Modelle über sich selbst und seine (Lebens-)Welt entwerfen und seine Verstehens- und Handlungshorizonte erweitern. Dazu gehört die sich erst allmählich entwickelnde Fähigkeit, Menschen, seien es die Eltern oder Spielpartner, mit ihren unterschiedlichen Interessen und Neigungen gegeneinander abgrenzen und im Vollzug eines Perspektivenwechsels deren Argumente verstehen bzw. akzeptieren zu können. Dies hat eine nicht unwesentliche Bedeutung in der kindlichen Auseinandersetzung mit Medien.

Der gestalterische Komplexitätsgrad darf das Kind nicht überfordern

Die Möglichkeit des Kindergartenkindes, die Handlungsstruktur, deren zeitliche Gliederung und den situativen Kontext eines Hörspiels erfassen zu können, ist zum einen von dem Stand der sozial-kognitiven sowie moralischen Entwicklung des Kindes abhängig. Zum anderen spielt der gestalterische Komplexitätsgrad der Hörspielkassetten eine Rolle. Erst wenn beide Voraussetzungen erfüllt sind, kann das Kind Stimmen den verschiedenen Charakteren zuordnen, gelingen ihm Perspektivenwechsel und vermag es ichbezogene Sichtweisen zu überwinden. Visionäre Rollenübernahmen befähigen das Kind zu elementaren Empathieleistungen, der Kompetenz, sich in das Denken und die Einstellungen anderer Menschen einzufühlen (vgl. Krenz 2001, S. 14f) und unterstützen die Entwicklung der personalen und sozialen Identität (vgl. Theunert/Lenssen 1999, S. 63). Dazu müssen zunächst die Medien (Kassette/Rekorder) selbst – als Bestandteil moderner Lebenswelten – in ihren kommunikativen Möglichkeiten erkannt werden. Vor allem aber ist es wichtig, die Themen und Problematiken des kindlichen Alltags in den Hörspielszenen aufzugreifen. So verstanden ist die über das Medium vermittelte Auseinandersetzung des Kindes mit der Welt auch bildend, da das Kind in einen Prozess eintritt, in dem es „über einen Sachgegenstand und/oder seine soziale Umwelt mit sich selbst in Beziehung steht". (Schäfer 1995, S. 87)

Hörkassetten ermöglichen eine weitgehend selbstbestimmte Auseinandersetzung mit der Welt

Kinderliteratur und ihre Hörspielfassungen stellen wichtige Inhalte innerhalb dieses Vermittlungsgeschehens dar. Ziel ist die Erlangung einer (sozialen) Handlungskompetenz, die sich auf eine kritische Auseinandersetzung mit den realen Lebensbedingungen bezieht. Hörspielfassungen können dabei die Funktion übernehmen, das noch nicht lesemündige Kind an diesem – weitgehend selbstbestimmten – Prozess teilhaben zu lassen. Für die Rezeption von literarischen Hörkassetten gilt es dabei,

- Kinder nicht mit einem komplett im Medienverbund verankerten *Hörangebot* zu überfrachten, sondern ihnen Möglichkeiten für eigene Gestaltungsspielräume zu lassen;
- *Hörinhalte* daraufhin zu analysieren, inwieweit sie den geistigen, emotionalen und sozialen Voraussetzungen der Kinder und ihrer Identitätsentwicklung entsprechen;
- Hören durch eine dem Kindesalter angemessene Gestaltung von *Hörerlebnissen* (Gliederung des dramaturgischen Ablaufs, Einbeziehung realer und irrealer Elemente, Länge der Erzählepisoden, Komik u. a.) als eine spezifische Erfahrungsquelle ins Bewusstsein zu heben.

Durch die technische Möglichkeit, Innen- und Außenräume akustisch unterscheiden, Stimmungsbilder identifizieren und Zeitperspektiven brechen zu können, bieten Hörkassetten nicht nur zusätzliche welterschließende Interpretationshilfen, sondern auch Ansätze einer hörerzieherischen und fantasieanregenden didaktischen Bearbeitung.

2.4 Didaktische Überlegungen zur Hörerziehung

2.4.1 Grundlegendes zur Bedeutung des Hörens

Hören ist eine grundlegende Sinnesleistung, auf deren Bedeutung der Philosoph Locke schon im 17. Jahrhundert mit dem Gedanken hingewiesen hat, dass nur das im Verstand sei, das zuvor mit den Sinnen erfasst wurde. Schleiermacher setzt sich unter dieser Perspektive in seinen „Pädagogischen Vorlesungen" (1826) ausführlich mit der Sinnestätigkeit auseinander, der er in bedeutsamer Weise die Aufnahme einer äußeren Welt in das menschliche Denken zuschreibt; Montessori entwickelt im Kontext der Reformpädagogik eigens für die Sinnesschulung konzipierte Materialien. Neuere Autoren wie Beck und Wellershoff greifen diese Gedanken auf und betonen eine ganzheitliche Betrachtung der menschlichen Sinnestätigkeit, wobei dem Hören im Zusammenhang mit der Sprache und ihrer Entwicklung eine zentrale Bedeutung in der Weltaneignung zugesprochen wird. Zuhören und Erzählen werden als zwei Dimensionen in der Wahrnehmung und Gestaltung der Lebenswelt betrachtet. Sie „sind heute bedrohte Fähigkeiten, weil die Verschriftlichung auch der gesprochenen Sprache die Möglichkeit der Mündlichkeit … beschädigt." (Beck/Wellershoff [2]1993, S. 65) Sprechen und Hören sind aber gerade Grundlage für eine gelingende Kommunikation im Alltagshandeln. Sie kann sich auch als innerer Dialog in der Person selber vollziehen. Das Hören ermöglicht darüber hinaus die Entstehung von gedachten Bildern, es ist eine grundlegende Erfahrung in unserer stark visuell geprägten Welt und trägt durch eine notwendigerweise genaue Analyse der gesprochenen Sprache zur bewussten Aufnahme sprachlich vermittelter Informationen sowie zur Erweiterung des passiven und auch aktiven Sprachvermögens bei. Dieses ist im (vor-)schulischen Vermittlungsprozess und in der kindlichen medialen Rezeption zu berücksichtigen. Eine gezielte Hörerziehung bietet die Chance, Kinder nicht nur für die Wahrnehmung und Interpretation von Geräuschen zu sensibilisieren, sondern sie zu einem bewussten und kritischen Zuhören anzuregen.

Sprechen und Hören sind Grundlage für eine gelingende Kommunikation im Alltagshandeln

2.4.2 Hörerziehung mit Hörspielkassetten

Die Auseinandersetzung mit kinderliterarischen Hörspielproduktionen im Kindergarten sollte Kinder darin unterstützen,

- selber und eigenaktiv in ein gestalterisches Verhältnis zu den Medien zu treten,
- die ihnen subjektiv wichtigen Themen mit Angeboten der medialen Welt selbstbestimmt zu bearbeiten und
- sich aus der je individuellen Sicht auf die Welt mit Ängsten, Fantasien und Freuden auseinander setzen zu können.

Kinder verfügen über sehr verschiedene medienbiografische Vorerfahrungen und aufgrund ihrer jeweiligen Entwicklungsstände über sehr unterschiedliche Kompetenzen z. B. hinsichtlich des Sprachverständnisses, der Analysefähigkeit von Realsituationen oder Fantasiegeschehnissen und des Interpretationsgeschicks in der Entschlüsselung von Symbolen. Daher sind gezielte didaktische Vor- und Nachbereitungen notwendig. Sie lassen sich auf das Konzept einer *Hörerziehung* beziehen, die einerseits auf eine Förderung akustischer Wahrnehmungsfähigkeiten, andererseits auf eine bewusste Rezeption und Inhaltsanalyse auditiv vermittelter Informationen ausgerichtet ist und auf vier didaktischen Eckpfeilern (vgl. Claussen 1981, S. 526–529; Engel 1993, S. 14–19; Seidel 1981, S. 531–533) ruht:

Konzept einer Hörerziehung

- „*Aufnahmefähigkeit*": Sie richtet sich auf die bewusste Erfahrung der eigenen Hörfähigkeit und die Förderung der auditiven Wahrnehmung durch ein gezieltes und konzentriertes Zuhören. Hierfür sind vor allem Anregungssituationen zur Auseinandersetzung mit Klängen und Geräuschen anzubieten, z. B. Ratespiele zum Erkennen von Geräuschen, Kim- und Memoryspiele zum Vergleich von Tönen (Schütteldosen) oder Richtungsortungen von Lautquellen und Lautstärken im Raum.
- „*Strukturfähigkeit*": Hierbei geht es vor allem um eine Förderung der für den Sprach- und späteren Leselernprozess notwendigen Lautdiskriminierung (Unterscheidung von Lauten in gesprochenen Wörtern) und eines damit verbundenen Differenzierungsvermögens. Als Spiele zur Schulung dieses Kompetenzbereiches werden insbesondere Hörszenen vorgeschlagen, in denen Handlungen durch Geräusche imitiert werden.
- „*Interpretationsfähigkeit*": Sie bezieht sich auf die Informationsentnahme aus akustischen verbalen und non-verbalen Vermittlungen: „Geräusche identifizieren und in ihrer Aussage für den Gesamt-

zusammenhang deuten, Musik in symbolischer Funktion wahrnehmen und verstehen, allein aus den Stimmen der handelnden Personen auf ihre Befindlichkeit und ihr Verhältnis zueinander schließen ..." (Engel 1993, S. 9)

- „*Handlungsfähigkeit*": Dieser Kompetenzbereich bezieht sich auf die Einsicht in akustische Gestaltungsmöglichkeiten und den kritischen Umgang mit medialen Manipulationen, die insbesondere durch die Eigenproduktion von Geräuschen, Geräuschecollagen und Klanggeschichten sowie Hörspielszenen gewonnen werden können.

Rahmenbedingungen für Hörerlebnisse schaffen

Die Hörerziehung steht in einem engen Zusammenhang zum Hörspiel, das als auditive Darbietung Informationen vermittelt, Emotionen weckt, Ideen assoziieren lässt sowie Konzentration und Aufmerksamkeit fördert und zum bewussten Zuhören anregt. Das Erlebnis des Hörens wird von Sinnzusammenhängen getragen, die dem Kind auch als „Ganzes" anzubieten sind, d. h. Hörkassetten sollten nur dann abgespielt werden, wenn genügend Zeit zur Verfügung steht, die literarische Erzählung oder Geschichte ohne Unterbrechung anhören zu können. Zur didaktischen Vorbereitung gehört daher auch die atmosphärische Gestaltung eines von äußeren Störfaktoren befreiten Raumes, in dem die Sitzanordnung, Kissen und Möglichkeiten nach personaler Nähe eine vertraute und beschützende Umgebung schaffen. Berücksichtigt werden sollte auch die Frage, ob die Länge und der Komplexitätsgrad der Hörspielfassung dem kindlichen Entwicklungsstand und der zu erwartenden Ausdauer angemessen sind.

Hörspiele können Kreativität frei setzen

Da Hörspiele gegenüber ihren literarischen Vorlagen immer Verkürzungen darstellen, wird es unter *inhaltsanalytischem Aspekt* notwendig, einen Vergleich der durch das Bilder-/Kinderbuch und die Hörkassette vermittelten Botschaft herzustellen. Textnahen Produktionen gelingt es, den Handlungsverlauf und die Aussage nicht zu verfremden, indem fehlende Segmente durch Erzählpassagen, Regieanweisungen, Geräusche oder Musik ersetzt werden. Bewusste inhaltliche Erweiterungen, die der Themenverarbeitung und Entwicklung innerer Bilder dienen, können durch das Hinzuerfinden einzelner Szenen im anschließenden Rollenspiel oder auch in bildnerischen oder musikalischen Gestaltungen unterstützt werden. Insofern kann Hörspielrezeption dazu beitragen, eine produktive Kreativität zu entwickeln. Zum besseren Verständnis komplexer Inhalte kann es sinnvoll sein, den Kindern zunächst das Bilderbuch oder die Geschichte vorzulesen und erst in einem zweiten Schritt die Hörspielfassung anzubieten. Dieses kann

zwar dazu führen, dass die Entstehung innerer Bilder durch bildliche Details der Buchillustrationen wesentlich besetzt wird; eine lebendige Hörspielfassung wird aber immer neue gedankliche und emotionale Anknüpfungspunkte bereithalten, die erweiterte Assoziationen hervorrufen. Spielszenen und Gespräche über die Inhalte können dazu beitragen, in einer nachbereitenden inhaltlichen Auseinandersetzung verschiedene Sichtweisen zu entfalten, die allmählich eine gegenseitige Akzeptanz und die Wahrnehmung des anderen fördern, bzw. Unklarheiten oder Spannungen aufzulösen.
Was können Kinder dabei lernen?

- Im „spielerischen Umgang mit technischem Gerät" können Kinder dessen „Funktionsweisen erproben".
- „Durch die Produktion von ... Hörspielen ... erhalten sie Einblick in die besonderen narrativen Strukturen des ... Mediums".
- „Kinder erhalten die Möglichkeit, ihre Sinne zu erkunden und so eine differenzierte akustische oder visuelle Wahrnehmung zu erreichen."
- „Durch das Verstehen der sie umgebenden Medienwelt erlangen Kinder Handlungskompetenz im Umgang mit derselben." (Eder 1999, S. 118)

Didaktische Überlegungen sollten auch *pädagogische Probleme* berücksichtigen, die sich mit dem Kassettenkonsum verbinden können. Hierzu zählt insbesondere das Dilemma, dass Kassettenhören dem Kind einerseits Stabilität und Vertrautheit vermittelt, andererseits aber zu einer „Ersatzkommunikation" werden kann, in der Medienfiguren an die Stelle echter Kommunikationspartner treten. „Im Gegensatz zu wirklichen Freunden sind *Bibi Blocksberg* und *Benjamin Blümchen* nie beleidigt, sie hauen nie zurück, und sie sind per Knopfdruck immer erreichbar." (Pöttinger 1997, S. 43) So genannte Vielhörer stehen damit in der Gefahr, sich aus der realen Umgebung zurückzuziehen und in eine „soziale Isolation" zu geraten, die zum „Realitätsverlust" führt. Eine Versuchung, der Kinder insbesondere in Situationen des Alleinseins unterliegen, besteht in der „Nebenbei-Berieselung", durch die Hörkassetten zur Gestaltung einer Geräuschkulisse genutzt werden und ihre Inhalte jede Bedeutung verlieren.

Vielhörer stehen in der Gefahr des „Realitätsverlusts"

Als offene Frage sollen zwei weitere Kritikpunkte formuliert werden: Trägt das Hören von Kassetten zur „Förderung der Gewaltbereitschaft" und zur „Übernahme von Rollenklischees" bei? Eine eindeutige Beantwortung ist nicht möglich. Untersuchungen haben zwar eine häufige Festschreibung von Leit- und Rollenbildern vor allem in jenen Hörspielkassetten aufgedeckt, die als Serien produziert werden; eine geschlechtsspezifische Identifikation mit eher gewalttätigen oder heldenhaften Jungenidolen bzw. den auf weiblichen Idealen basierenden Mädchenfiguren konnte jedoch nicht nachgewiesen werden (vgl. Pöttinger 1997, S. 50–52). Aufgabe der didaktischen Reflexion muss es daher vorrangig sein, unter inhaltlichen und gestalterischen Aspekten Billigproduktionen aus dem Hörangebot auszugrenzen und Hörkassetten nach grundlegenden – auch zur Bewertung von Kinderliteratur geltenden – Qualitätskriterien auszuwählen. Darüber hinaus kommt der Kindergartenarbeit insbesondere der Auftrag zu, soziale Situationen und Anregungspotentiale zu schaffen, aktuelle alternative Gesprächsangebote zu machen und bewusste Hörsituationen bereit zu stellen, in denen sich Kinder einzeln oder in Gruppen über einen bestimmten Zeitraum bewusst auf das Anhören von Kassetten konzentrieren, ohne diese nebenbei zur akustischen Raumgestaltung zu nutzen.

2.5 „Bär und Biene" – Methodisch-didaktische Überlegungen für den Hörspieleinsatz

„Bär saß oben auf einem orangenen Hügel unter einem orangenen Baum auf einem orangenen Stein ... Der Stein war sein Nachdenkplatz. Wenn Bär nicht mehr weiter wusste oder wenn er gerade besonders guter Dinge war, dachte er darüber nach, warum das so war." Mit diesen Worten beginnt die erste Episode aus einer Reihe von „kleinen Geschichten einer dicken Freundschaft" zwischen einem Bären und einer Biene (Sauerländer Verlag [3]2001). In ihrem Mittelpunkt stehen intensive Gespräche, aus denen sich starkes Vertrauen und uneingeschränkte Verbundenheit unter den äußerlich ungleichen Freunden entwickelt. Die Geschichten thematisieren kindliche Gedanken der für das Kindergartenalter typischen ichbezogenen Welterfassung: z. B. ob man den Mond fangen kann und ob die Sterne in der Luft an Drähten hängen; wo man sich aufgehalten hat, bevor man geboren wurde; wohin man geht, wenn man stirbt; ob man aufhören kann zu denken. Kindliche Gedanken kreisen auch um Gefühle und Ängste (um Alleinsein und Geborgenheit, Trennung und Abschied sowie Krankheit), aber auch um Anforderungen des Kinderalltags (Schwimmen lernen, ein Museum besuchen, zusammen arbeiten). Dabei werden viele der von Kindern in ihrem lebensweltlichen Kontext immer wieder aufgeworfenen, zum Teil fast philosophisch anmutenden Fragen in einer

Die Geschichten thematisieren kindliche Gedanken über sich und die Welt klaren und dem kindlichen Verstehensprozess angemessenen Weise beantwortet, ohne jedoch auf eine Offenheit für individuelle Anknüpfungspunkte und Prozesse des Weiterdenkens zu verzichten. Jede der dreißig Geschichten ist in sich abgeschlossen, sodass ihre unter dem Freundschaftsmotiv zusammengestellte Sammlung als Vorlesebuch für Kinder ab dem 4./5. Lebensjahr vielseitig einsetzbar ist.

Die literarisch-inhaltliche Bedeutung erwächst einerseits aus der vielfältigen Thematisierung von Freundschaft, die von Kindergartenkindern als eine stabile Beziehung erkannt wird. Andererseits entspricht die Bearbeitung der skizzierten Problem- und Wissensgehalte dem Stand und Schema der kognitiven Entwicklung, wie sie vergleichsweise Piaget für die präoperationale Phase mit der Kennzeichnung einer starken Ich-Bezogenheit beschrieben hat. Unterstützt durch die mediale Gestaltung werden die inhaltlichen Identifikationsmöglichkeiten durch die Sympathieleistungen der Rezipienten gegenüber den Protagonisten getragen.

Unter den Titeln „Bär und Biene“ und „Neues von Bär und Biene“ – beide Kassetten sind mit einer Laufzeit von jeweils fast 60 Minuten im Verlag Steinbach erschienen (2000/2001) – stellt die Hörfassung eine ungekürzte Lesung des Kinderbuches dar, die ihrer Vorlage sowohl hinsichtlich der Geschichtenfolge als auch der Textwiedergabe absolut entspricht. Die Hörgeschichten werden von einem Sprecher vorgelesen, dem durch eine ausgeprägte Intonation sowie die ausdrucksvolle Gestaltung von Stimmlage, Klangfarbe und -höhe eine anschauliche Charakterisierung von Biene und Bär gelingt; beide sind in ihren Sprechanteilen eindeutig zu identifizieren. Das Vorlesetempo wirkt ruhig, dabei aber lebendig, sodass dem zuhörenden Kind genügend Muße und Zeit bleibt, sich innere Bilder zu erschließen. Auf raumgestalterische Untermalungen wird bis auf vereinzeltes Einspielen von Naturlauten (Vogelstimmen, Zirpen einer Grille, Rauschen der Wellen) verzichtet. Das zuhörende Kind lernt so, sich auf das gesprochene Wort zu konzentrieren. Zur Inhaltserfassung ist es aufgrund der thematischen Vielfalt sicher ratsam, die Geschichten als einzelne Episoden zu behandeln und mit den Kindern in Gesprächen oder künstlerischen Gestaltungsprozessen so nachzubereiten, dass entwicklungsbegleitende Bezüge zur eigenen Biografie hergestellt und Identifikationsprozesse ermöglicht werden können. Ein solches Vorgehen wird durch die Gestaltung der Kassetten unterstützt: die jeweils ein bis sechs Minuten Laufzeit umfassenden Geschichten werden gegenseitig durch kurze Instrumentalmelodien abgegrenzt. Sie können voneinander unabhängig

Die Hörfassung fördert die Konzentration auf das gesprochene Wort und – da es keinen kontinuierlichen Handlungsverlauf gibt – in beliebiger Reihenfolge gehört werden und ermöglichen beim wiederholenden Anhören der Kassetten ein selbstgesteuertes, an eigenen Interessen und Motivationsanreizen orientiertes Rezeptionsverhalten der Kinder.

2.6 Die Rolle der Erzieher/innen

Abschließend soll der Versuch unternommen werden, einen berufsbiografisch orientierten Bezug herzustellen. Im Rahmen des „Situationsorientierten Ansatzes“ hat sich die Rolle von Erzieher/innen gewandelt. Im Mittelpunkt der Ausbildung steht die Anforderung, „Entwicklungsbegleiter/in“ zu werden. Dieses setzt einen authentischen Umgang der erziehenden Personen mit den Kindern voraus, der auf theoretischem pädagogischen Wissen, einer selbstkritischen Reflexionsfähigkeit und einer im Laufe des Berufslebens zunehmend auszubildenden Routine basiert. Zwischen die Anforderungen der pädagogischen Situation und die eigenen sowie institutionalisierten Bildungs- und Erziehungsvorstellungen tritt das selbstbestimmte, ausbalancierende Handeln. Erzieher/in sein, das heißt „mit viel *Selbst-, Sach- und Sozialkompetenz argumentativ und handelnd* im Kindergarten und außerhalb der Einrichtung wirksam und wahrnehmungsoffen tätig“ (Krenz 2002, S. 121) zu sein. Voraussetzung ist die Ausprägung einer Identität, die sich in personalen und sozialen Anforderungen sowie im eigenen biografischen Lebenslauf vergewissert. Um Kinder verstehen zu können, müssen eigene Kindheitsmuster reflektiert betrachtet, eigene Kindheitserinnerungen selbstkritisch verarbeitet werden und in bewusster Hinwendung zur Erzieher-/innen-Rolle eine Identifikation mit den Ansprüchen des beruflichen Leitbildes erfolgen. Zu ihnen gehört – im Sinne der Selbstverwirklichung – eine qualifizierte Teilhabe an Kommunikations- und Interaktionsprozessen, die sich in doppeltem Verweis auf die eigenen und die kindlichen Lebenswelten bezieht. Die Auseinandersetzung mit Kinderliteratur und ihrer medialen Präsentation kann zugleich Nähe und Distanz zur eigenen Lebenswirklichkeit herstellen, sodass neue (pädagogische) Perspektiven entwickelt, Einblick in andere Denk- und Erlebensweisen gewonnen und eine reflektierte Vermittlungs- und Beratungskompetenz erworben werden können. Dazu gehört es, kinderliterarische Texte und ihre Hörspielfassungen analysieren, interpretieren, bewerten und weitestgehend produktorientiert und kreativ bearbeiten zu können. Hierzu ist es notwendig, einen umfassenden Überblick über die kinderliterarischen und auditiven Angebote zu haben und durch eine intensive Auseinandersetzung mit der inhaltlichen und formalen Gestaltung medialer Verbundsysteme auch in jene kindliche Medienwelt einzutreten, aus der Erwachsene so oft ausgeschlossen bleiben. Dazu gehört meines Erachtens auch eine intensive aufklärende Elternarbeit sowie die Entwicklung von Kompetenzen im Rahmen der Medienerziehung, die den Kindern Orientierungshilfen und Handlungsstrategien im Umgang mit Medien anbietet und deren reflektierenden Gebrauch fördert. D. h., es wird im Sinne von pädagogischen Professionalisierungsansprüchen zunehmend notwendig, einen Überblick über das Medienverhalten der Kinder und die im familiären Umfeld vermittelten medialen Vorerfahrungen zu gewinnen, um angemessen auf das Vordringen umfassender Medienverbundsysteme reagieren zu können.

Literatur

Primärliteratur/Primärmedien

Moekaars, Stijn ([3]2001): Bär und Biene. Kleine Geschichten einer dicken Freundschaft. Sauerländer: Frankfurt am Main

Moekaars, Stijn (2000): Bär und Biene. Kleine Geschichten einer dicken Freundschaft. Steinbach „Sprechende Bücher", MC, Schwäbisch Hall

Moekaars, Stijn (2001): Neues von Bär und Biene. Steinbach „Sprechende Bücher", MC, Schwäbisch Hall

Sekundärliteratur

Aden-Grossmann, Wilma (2002): Kindergarten. Eine Einführung in seine Entwicklung und Pädagogik. Beltz: Weinheim, Basel

Baacke, Dieter ([2]1999): Die 0- bis 5-jährigen. Einführung in die Probleme der frühen Kindheit. Beltz: Weinheim, Basel

Beck, Johannes/Heide Wellershoff ([2]1993): SinnesWandel. Die Sinne und die Dinge im Unterricht. Scriptor: Frankfurt a.M

Claussen, Claus (1981): Wieder hören lernen. In: Grundschule, 13. Jg., H. 12, S. 526–530

Eder, Sabine (1999): „Jetzt laßt uns mal ran!" – Bedingungen, Methoden, Beispiele und Ziele medienpraktischer Arbeit mit Kindern. In: Schell, Fred; Elke Stolzenburg; Helga Theunert (Hrsg.): Medienkompetenz: Grundlagen und pädagogisches Handeln. KoPäd Verlag: München, S. 111–121

Eiland-Jung, Juliana (1997): Pädagogisch wertvoll oder einfach toll? Beurteilungskriterien für Kindertonträger aus der Sicht von Kindern und Erwachsenen. In: Beiträge Jugendliteratur und Medien, 49. Jg. (Neue Folge) H. 2, S. 82–86

Engel, Eva (1993): Hörerziehung mit Hörspielen. In: Grundschule, 25. Jg., H. 7/8, S. 9–11

Engel, Eva (1993): Hör-Spiele. Anregungen zum produktiven Umgang mit dem Kassettenrecorder. In: Praxis Grundschule, H. 4, S. 14–19

Finkbeiner, Anke (1997): „... und wenn man's hört, dann denkt man, man wär mittendrin ..." Zur Bedeutung des Hörspiels im Medienalltag von Kindern. In: Beiträge Jugendliteratur und Medien, 49. Jg. (Neue Folge), H. 2, S. 66–81

Germann, Heide (1993): Kinderhörspiele – Kinderkassetten. In: Grundschule, 25. Jg., H. 7/8, S. 12–15

Heidtmann, Horst (1993): Mit dem Hören spielen. Spiele, Übungen, Projekte. In: Grundschule, 25. Jg., H. 7/8, S. 27–29

Hengst, Heinz (1993): Wiederholung, Beweglichkeit, Verfügbarkeit ... Über Hörspielkassetten für Kinder. In: Grundschule, 25. Jg., H. 7/8, S. 30–32

Hurrelmann, Bettina (1980): Kinderliteraturforschung als literaturwissenschaftliche Pragmatik. In: Hurrelmann, Bettina (Hrsg.): Kinderliteratur und Rezeption. Beiträge der Kinderliteraturforschung zur literaturwissenschaftlichen Pragmatik. Burgbücherei Schneider: Baltmannsweiler, S. 1–51

Krenz, Armin (2001): Was Kinder brauchen. Entwicklungsbegleitung im Kindergarten. Luchterhand: Neuwied, Kriftel, Berlin

Krenz, Armin (2002): Der „Situationsorientierte Ansatz" im Kindergarten. Grundlagen und Praxis. Herder: Freiburg i. Br.

Neubauer, Wolfgang (1980): Medienerziehung in der Grundschule. Verl.-Ges. Schulfernsehen: Köln

Pöttinger, Ida (1997): Lernziel Medienkompetenz. Theoretische Grundlagen und praktische Evaluation anhand eines Hörspielprojekts. KoPäd Verlag: München

Rogge, Jan-Uwe (1996): Hören als Erlebnis. Die Bedeutung von Hörkassetten im (Medien-)Alltag von Kindern. In: Schill, Wolfgang; Dieter Baacke (Hrsg.): Kinder und Radio. Zur medienpädagogischen Theorie und Praxis der auditiven Medien. Frankfurt a.M., S. 30–39

Rogge, Jan-Uwe (^{2}2000): Kinderfunk und Hörspiele für Kinder. In: Lange, Günter (Hrsg.): Taschenbuch der Kinder- und Jugendliteratur, Bd. 2. Schneider: Hohengehren, S. 590–607

Schäfer, Gerd E. (1995): Bemerkungen zur Bildungstheorie des Situationsansatzes. In: Neue Sammlung, 35. Jg., S. 79–97

Schroll-Decker, Irmgard; Inga Peicher (1999): Zur Qualität von Hörspielkassetten für Kinder. Hörspielkassetten: ein Klassiker unter den Medien. In: Medien Praktisch, H. 3, S. 58–62

Seidel, Günter (1981): Hör-Spiele für Schulanfänger. In: Grundschule, 13. Jg., H. 12, S. 531–533

Theunert, Helga; Margrit Lenssen (1999): Medienkompetenz im Vor- und Grundschulalter: Altersspezifische Voraussetzungen, Ansatzpunkte und Handlungsoptionen. In: Schell, Fred: Elke Stolzenburg; Helga Theunert (Hrsg.): Medienkompetenz: Grundlagen und pädagogisches Handeln. KoPäd Verlag: München, S. 60–73

Topsch, Wilhelm (2002): Neue Medien im Unterricht. In: Kiper, Hanna; Hilbert Meyer; Wilhelm Topsch: Einführung in die Schulpädagogik. Cornelsen Scriptor: Berlin, S. 122–133

Vollbrecht, Ralf (2001): Einführung in die Medienpädagogik. Beltz: Weinheim, Basel

Vorderer, Peter/Ritterfeld, Ute/Klimmt, Christoph (2001): Spaß am Hören. Hörspielkassetten als sprachförderliche Unterhaltungsangebote für Vorschulkinder. In: Medien und Kommunikationswissenschaft, 49. Jg. H. 4, S. 461–479

Ausblick

Jens Thiele

Die Komplexität des Lernfeldes „Kinderliteratur" hat vor Augen geführt, dass eine frühe Förderung des Kindergartenkindes in Bezug auf Bildersehen, Erzählen, Sprachentwicklung und literarische sowie mediale Kompetenz als Basis gesehen werden muss für spätere Lebensqualifikationen. Unter dieser Prämisse sind die hier vorgestellten Wege literarischer Anregung und Förderung entscheidend für eine erfolgreiche Mitarbeit und Motivation in der Grundschule. „Wer früh gefördert wird, hat lange Vorteile" (Schmitt-Denter 2002, S. 752).

Frühe Förderung im Kindergarten muss heute heißen: das Kind in ästhetischen Zusammenhängen fördern, es nicht frühzeitig zu einem kleinen Spezialisten heranzüchten, sondern die kulturellen Verflechtungen wahrnehmen und vermitteln, in denen Kultur heute stattfindet und erfahren wird. Fördern im Kindergarten darf aber bei aller Einübung in Zusammenhänge, Entgrenzungen und Überlagerungen, wie sie der Medienverbund hervorbringt, das literarische und bildnerische Grundwissen nicht aus den Augen verlieren. Kinder benötigen einen gewissen Grundbestand an literarischen und bildnerischen Erfahrungen; sie benötigen eine gewisse Sicherheit im Umgang mit Kinderliteratur. Erst auf dieser Basis ist es möglich, dass sie die medialen Adaptionen, Umdeutungen und Spielarten verstehen und genießen können. Da sich traditionelle Formen der Kinderliteratur aber in Auflösung befinden, stellt sich den Erziehern/innen die Aufgabe, die Grunderfahrungen und Grundstrukturen literarischen Erzählens für Kinder nicht an die Medien preiszugeben.

Keine Frage: die Medien müssen der Literatur ihren eigenen Stempel aufdrücken, in ihren spezifischen dramaturgischen und ästhetischen Mustern erzählen, ihr eigenes Erzähltempo halten. Das kann ein Gewinn an neuen ästhetischen Erfahrungen sein, beinhaltet aber immer auch den Verlust an ursprünglicher Erfahrung mit dem literarischen Original.

Wer als Kind heute etwa an ein Märchen der Brüder Grimm über das Fernsehprogramm herangeführt wird, taucht ein in einen Pool aus irgendwie bekannten Bildern, Texten, Tönen, Figuren, Titeln und Handlungsschemata, in dem auch Elemente des Märchens sichtbar und hörbar werden, ohne dass aber ihre kulturelle literarische und psychologische Spezifik erkennbar würde. Das Kind blickt sowohl auf traditionelle, figurative Bilder als auch auf abstrakte Bilder, auf statische wie auf hochbeschleunigte Bilder (vgl. Thiele 2002). Computergenerierte Bilder tauchen neben Aquarellmalerei auf, Bildmotive aus 3-D-Animationsprogrammen wechseln sich mit flächigen Bildelementen ab, durchmischt mit Filmtricks und Special Effects.

Kinder lernen an Fernsehbildern viel: über schnelles Sehen, über Programmstrukturen, über Trickfilm und Animation, über Komik, Bewegung, Unterhaltung. Nur vom Wesen eines Märchens lernen sie in den Fernsehadaptionen fast nichts. Was vom Märchen, der Erzähl- und Buchkultur bleibt, ist lediglich eine flüchtige und ungenaue Spur, sind vage mythologische Zeichen inmitten eines Pools hochbeschleunigter Bild- und Tonfragmente, in dem sich Zeiten, Orte und Erzähltraditionen ehemals identifizierbarer Gattungen auflösen, durchmischen mit Bildern, Texten und Musiken aus anderen Kontexten der Hoch- und Trivialkultur.

Die Mediatisierung der Kinderkultur hat auch Einzug in die Kinderliteratur selbst gehalten. So gibt es Ansätze, die bereits im Bilderbuch die Auflösung linearer narrativer Prozesse betreiben. Es scheint, dass sich die Idee der Fragmentierung, des patchworkartigen Zusammenheftens von Erzählpartikeln zu einer gewissen Tendenz im Bilderbuch entfaltet. Nicht mehr die Einheitlichkeit des Stils und die Geschlossenheit der Form, sondern, im Sinne postmoderner Entgrenzung, Nonlinearität der Erzählung, Vielfalt der Bildstile und ein kritischer Reflex auf die Kategorie Bild werden dann zu bestimmenden Merkmalen (Beispiel: David Wiesner: „Die drei Schweine", Carlsen 2002).

Solche veränderten Konzepte des Erzählens, wie wir sie eigentlich aus Romanen, Filmen und neuen Medien kennen, zielen aber, wie in den verschiedenen Kapiteln des Handbuchs verdeutlicht wurde, an den Wahrnehmungsprozessen, dem Erleben und den Bedürfnissen der Kinder im Vorschulalter vorbei. Insofern wird es wichtig sein, dass Erzieher/innen die Entwicklung der Kinderliteratur kritisch mitverfolgen und sich über die Auswahl der Bücher und Medien vermehrt Gedanken machen. Wenn Kinder im Kindergarten lernen, dass literarisches Erzählen aus zwar anregenden, ästhetisch stimulierenden, aber letztlich beliebigen Fragmenten besteht, werden sie die eigentliche literarische Bedeutung für ihr eigenes Leben nicht mehr entdecken können. Dann reduziert sich literarische Erfahrung vor allem auf Unterhaltung. Literatur vermag aber viel mehr zu sein: der Sprachstil mit seinen besonderen Wörtern und Satzbauten, die Dramaturgie einer Erzählung, die Entwicklung eines Themas, das Auftreten klar konturierter Figuren, die damit verbundenen Identifikationen und Projektionen – sie können unter bestimmten Bedingungen zu einer wesentlichen Grunderfahrung des Kindes werden. Kinderliteratur kann fremde Welten öffnen, die Kinder mit Fantasie füllen, sie kann über die Welt informieren und aufklären, sie kann Trost und Hoffnung spenden – all dies immer erfahrbar durch Sprache und die damit verbundene eigene Fantasietätigkeit des Zuhörers oder Lesers. Kinderliteratur stellt damit wichtige psychische, soziale und kulturelle Basisqualifikationen bereit, die sich freilich nicht *gegen* die mediale Kultur richten, die Kinder heute vorfinden, sondern die *innerhalb* dieser Medienfülle eine wesentliche orientierende und hilfreiche Funktion besitzen.

> *Zwischen zwei Buchdeckeln lebte eine Geschichte. Sie war noch nicht fertig. Draußen wartete ein trauriges und ein glückliches Ende auf Einlaß. Jeder wollte rein. Die beiden gerieten in Streit. Geht jetzt diese Geschichte gut aus – oder nicht?*
> Jürgen Spohn
>
> Aus: Hans-Joachim Gelberg (Hrsg.):
> Eines Tages. Geschichten von Überallher,
> Beltz & Gelberg: Weinheim und Basel 2002, S. 2

Zitierte Literatur

Schmitt-Denter, Ulrich (2002): Vorschulische Förderung, in: Rolf Oerter/Leo Montada (Hrsg.): Entwicklungspsychologie, 5. vollständig überarbeitete Auflage, Beltz: Weinheim/Basel/Berlin, S. 752

Thiele, Jens (2002): Mediale Umschreibungen in den Bildangeboten für Kinder, in: Steitz-Kallenbach, Jörg/Thiele, Jens (Hrsg.): Medienumbrüche, Wie Kinder und Jugendliche mit alten und neuen Medien kommunizieren, Universitätsverlag Aschenbach & Isensee: Oldenburg, S. 95–112

Anhang

1. Institutionen zur Förderung von Kinder- und Jugendliteratur und Kindermedien

Arbeitsgemeinschaft Jugendliteratur und Medien (VJA) in der GEW
Geschäftsstelle: Gewerkschaft Erziehung und Wissenschaft (GEW)
Postfach 900409
D-60444 Frankfurt/M.
www.gew.de
www.aol-verlag.de/ajum

Arbeitskreis für Jugendliteratur e.V.
Sektion Bundesrepublik Deutschland der IBBY
Metzstr.14
D-81667 München
info@jugendliteratur.org
www.jugendliteratur.org/

Arbeitsstelle für Leseforschung und Kinder- und Jugendmedien (ALEKI)
Universität Köln
Bernhard-Feilchenfeld-Str. 11
50969 Köln
www.uni-koeln.de/ew-fak/Deutsch/Aleki/h_aleki.html

Börsenverein des Deutschen Buchhandels
– Vorlesewettbewerb –
Postfach 100442
60004 Frankfurt/M
www.vorlesewettbewerb.de/

Bundesvereinigung Kulturelle Jugendbildung
Deutsche Akademie für Kinder- und Jugendliteratur e.V.
Hauptstr. 42
D-97332 Volkach
www.bkj.de/

Einkaufszentrale der Evangelischen Bibliotheken (ekz)
Bismarkstr. 3
D-72764 Reutlingen
info@ekz-bibliotheksservice.de
ekz-bibliotheksservice.de/

Evangelisches Medienhaus GmbH
Augustenstraße 124
D-70197 Stuttgart
Tel. 0711–22276–38
Fax 0711–22276–65
www.evangelisches-medienhaus.de/emz.html

Forschungsstelle Kinder- und Jugendliteratur Ol-FoKi
Carl von Ossietzky Universität , Fakultät III
Postfach 2541
26015 Oldenburg
www.uni-oldenburg.de/olfoki

Kinder- und Jugendfilmzentrum in Deutschland
Küppelstein 34
42857 Remscheid
info@KJF.DE

Bundesverband Jugend und Film e.V.
Kennedyallee 105a
60596 Frankfurt
mail@BJF.info

Friedrich-Bödecker-Kreis
Landesverband Baden-Württemberg
Schloß Solitüde, Haus 3
D-70197 Stuttgart

Gesellschaft für Medienpädagogik und Kommunikationskultur (GMK)
Bundesgeschäftsstelle
Körnerstr. 3
D-33602 Bielefeld
www.medienpaed.de/gmk

Institut zur Erforschung und Förderung österreichischer und internationaler Literaturprozesse (INST)
PF 74A
1112 Wien
arlt@adis.at
www.adis.at/arlt/institut

Internationale Jugendbibliothek (IJB)
Schloß Blutenburg
D-81247 München
www.bkj.de/bkj-01/ijb.htm

Internationales Institut für Jugendliteratur und Leseforschung
Mayerhofgasse 6
A-1040 Wien
office@jugendliteratur.net
www.jugendliteratur.net/

Institut für angewandte Kindermedienforschung (Ifak),
Hochschule für Bibliothekswesen und Information Stuttgart
Wolframstr. 32
D-70191 Stuttgart
www.ifak-kindermedien.de/

Institut für Jugendbuchforschung der Johann Wolfgang Goethe-Universität
Grüneburgplatz 1
D-60323 Frankfurt
jubufo@rz.uni-frankfurt.de
www.uni-frankfurt.de/fb10/jubufo/

Österreichische Kommission für Kinder- und Jugendliteratur
Bundeskanzleramt/Sekt. 11
Freyung 1
A-1014 Wien

Schweizerischer Bund für Jugendliteratur
Gewerbestr. 8
CH-6330 Cham
www.swissbooks.ch/sbj
www.lesebacillus.ch

Schweizerisches Institut für Kinder- und Jugendmedien
Zeltweg 11
Ch-8032 Zürich
www.ds.unizh.ch/kjmedien/

Stiftung Lesen
Fischtorplatz 23
D-55116 Mainz
www.stiftunglesen.de/

STUBE – Studien- und Beratungsstelle für Kinder- und Jugendliteratur
Bräunerstr. 3/8
A-1010 Wien
www.stube.at

Verband deutscher Musikschulen (VdM)
Plittersdorfer Str. 93
53173 Bonn
VdM-Musikschulen@t-online.de
www.musikschulen.de

2. Zeitschriften zur Kinder- und Jugendliteratur

Beiträge Jugendliteratur und Medien
herausgegeben von der Arbeitsgemeinschaft Jugendliteratur und Medien in der GEW
Erscheinungsweise: vierteljährlich
Juventa-Verlag: Weinheim

Bulletin Jugend & Literatur
Kritisches Monatsmagazin für Kinder- und Jugendmedien, Leseförderung und Lesekultur
Erscheinungsweise: monatlich
Neuland-Verlagsgesellschaft mbH: Geesthacht
bulletin@neuland.com

Der Evangelische Buchberater
Zeitschrift für Buch- und Büchereiarbeit
Erscheinungsweise: vierteljährlich
Deutscher Verband Evangelischer Büchereien e.V. Göttingen

Eselsohr
Fachzeitschrift für Kinder- und Jugendmedien
Erscheinungsweise: monatlich
Plöger Medien GmbH: Annweiler
www.ESELSOHR-Online.de

Jugendliteratur
Die Zeitschrift des Schweizerischen Bundes für Kinder und Jugendliteratur
Erscheinungsweise: vierteljährlich
Schweizerischer Bundes für Kinder und Jugendliteratur: Cham
www.swissbooks.ch/sbj
www.lesebacillus.ch

JuLit
Informationen des Arbeitskreises für Jugendliteratur
Erscheinungsweise: vierteljährlich
Arbeitskreis für Jugendliteratur: München
info@jugendliteratur.org
www.jugendliteratur.org

1000 und 1 Buch
Das österreichische Magazin für Kinder- und Jugendliteratur
Erscheinungsweise: vierteljährlich
redaktion@1001buch.at
www.1001buch.at

3. Nützliche Internetadressen

www.kidnet.de (Adressen und Links rund um Kinder, Jugendliche, Familie, Bildung und Kultur)

www.lesefoerderung.de (Literaturhinweise zur Kinder- und Jugendliteratur und Literaturdidaktik, außerdem Informationen und Sekundärliteratur zu „Harry Potter")

www.lesenacht.de (Informationen und organisatorische Hinweise zur Durchführung von Lesenächten in Schulen und Bibliotheken; im Aufbau)

www.stuttgart.de/chilias (CHILIAS – Virtuelle Kinderbibliothek)
Mitarbeiter/innen der AJuM

www.hr-online.de/zuhoeren/stiftung.html
Stiftung Zuhören

Angaben zu den Autorinnen und Autoren

Dr. Claudia Blei-Hoch, Jg. 1969; ist Kunstpädagogin. Zur Zeit arbeitet sie als wissenschaftliche Mitarbeiterin an der Technischen Universität Dresden an einem Forschungsprojekt zur Bilderbuchrezeption von Vorschulpädagogen. Ihre Forschungsschwerpunkte liegen in den Bereichen Bilderbuchästhetik; Mediensozialisations- und Medienrezeptionsforschung; Ästhetische Forschung.

Renate Hinz, Jg. 1954, ist außerplanmäßige Professorin an der Carl von Ossietzky Universität Oldenburg. Sie arbeitet im Bereich Schulpädagogik mit dem Schwerpunkt Grundschulpädagogik.

Gudrun Kallenbach, Jg. 1954, ist Sonder- und Diplompädagogin sowie analytische Kinder- und Jugendlichenpsychotherapeutin (AKJP). Sie arbeitet als niedergelassene Kinder- und Jugendlichenpsychotherapeutin, Lehrtherapeutin und Supervisorin in der Akademischen Lehr- und Ausbildungsstätte für Psychologische Psychotherapie und Kinder- und Jugendlichenpsychotherapie der Carl von Ossietzky Universität Oldenburg.

Dr. Jörg Steitz-Kallenbach, Jg. 1955, ist wissenschaftlicher Mitarbeiter am Institut für Germanistik an der Carl von Ossietzky Universität Oldenburg. Seine Arbeitsschwerpunkte liegen in der Literaturdidaktik, in der Kinder- und Jugendliteraturforschung sowie in der Erforschung der Prozesse der literarischen Sozialisation. Er ist Mitglied der Forschungsstelle für Kinder- und Jugendliteraturforschung (OlFoKi) der Carl von Ossietzky Universität.

Dr. Jens Thiele, Jg. 1944, ist Professor für Visuelle Medien an der Carl von Ossietzky-Universität Oldenburg. Direktor der Forschungsstelle Kinder- und Jugendliteratur (OlFoKi). Seine Schwerpunkte in Forschung und Lehre liegen in der Geschichte, Theorie und Ästhetik visueller Medien, insbesondere des Bilderbuchs und des Spielfilms.

Sabine Wallach, Jg. 1955 ist seit 1991 künstlerisch-wissenschaftliche Mitarbeiterin im Fach Kunst und Medien der Carl von Ossietzky Universität Oldenburg. Ihre Arbeitsschwerpunkte liegen in den Bereichen Kinderfilmgeschichte und -analyse, Kindermedienkultur. Darüber hinaus ist sie in der Leitung eines Oldenburger Kinderkinos, arbeitet regelmäßig an Ausstellungskonzepten der Oldenburger Kinder- und Jugendbuchmesse mit und ist seit 2002 im Vorstand der Forschungsstelle Kinder- und Jugendliteratur der Universität Oldenburg.

Dr. Irmhild Wragge-Lange, Jg. 1941, ist Professorin an der Fakultät I, Erziehungs- und Bildungswissenschaften der Carl von Ossietzky Universität Oldenburg. Ihre Arbeitsschwerpunkte liegen in der Schulpädagogik und Medienerziehung.